美容・エステの
トラブル相談
Q&A

基礎知識から
具体的解決策まで

美容・エステ被害研究会 [編]

発行　民事法研究会

は じ め に

　より美しく、いつまでも若くありたいと願うのは、人として自然なことかもしれません。世の中には、そのような願いをより一層かきたて、いかにも簡単に、そしてリスクなくその効果が得られるかのようなエステティックや美容医療の広告宣伝があふれています。その一方で、エステティックや美容医療に伴うトラブルは、増加の傾向にあります。

　美容・エステ被害研究会は、大阪弁護士会所属の弁護士有志が集まり、エステティックや美容医療による被害についての研究や消費者被害の救済に取り組み、2004年9月、『Ｑ＆Ａ　美容・エステ110番』を発刊しました。今回は、その後の法律改正や最新の情報を盛り込み、消費生活センターの相談員や行政の職員、弁護士などが、エステティックや美容医療の相談を受けることを想定して、本書を発刊することになりました。

　エステティックや美容医療のトラブルには、身体的危害を伴うものと、金銭的な被害を被るものがあり、前者は医療過誤事件の側面が、後者には消費者被害的な側面があります。本書は、この両方の側面から、アプローチをしている点に特徴があります。

　本書は、Ｑ＆Ａの形式をとっていますが、設例の場面に限らず、さまざまな相談を受けたときに、解決に向けて、どのような考え方の道筋があるのか、また、どのような視点からのアプローチがあるのかの参考として利用していただきたいと考えています。また、巻末に列記してある資料は、インターネットで入手できるものも多くありますので、資料名を検索して、入手されることをお勧めします。

　本書が、エステティックや美容医療に関するトラブルの予防や被害回復に役立てていただけることを望んでいます。

　2018年11月

「美容・エステ被害研究会」代表　弁護士　西村　陽子

目 次

```
┌─────────────────────────────┐
│  『美容・エステのトラブル相談 Q&A』  │
│          目 次              │
└─────────────────────────────┘
```

第1章 エステについての相談

Ⅰ エステに関する基礎知識

Q1 美容外科とエステの違いは何か ……………………………………… 2

Q2 エステ被害の特徴にはどのようなものがあるか ………………… 6

Q3 エステサロンを開業するのに資格等は必要か ………………… 9

Q4 エステの業界団体による自主的な取組みにはどのような
ものがあるか ………………………………………………… 13

Q5 エステでの美顔術の方法、その効果および危険性はどの
ようなものか …………………………………………………… 17

Q6 エステで行う「ケミカルピーリング」の危険性はどのよ
うなものか ……………………………………………………… 22

Q7 エステでの痩身術の方法、効果および危険性はどのよう
なものか ………………………………………………………… 24

Q8 エステでの脱毛の方法、その効果および危険性はどのよ
うなものか ……………………………………………………… 29

　　《コラム①》医師法17条違反の場合の契約の効力

Q9 アートメイクの内容、危険性と問題点は何か …………………… 34

Q10 健康食品について痩身効果がうたわれているが効果はあ
るか、またその広告に問題はないか ………………………… 38

Q11 小顔矯正に効果はあるか、またその広告に問題はないか ……… 42

Q12 手技による医業類似行為（整体など）の資格制度、広告
に問題はないか ………………………………………………… 44

　　《コラム②》鍼灸を用いたエステ施術に美容効果はあ

目　次

るか

Q13 植毛・増毛・育毛の違いは何か、トラブルにはどのような
ものがあるか ……………………………………………………………… 47

《コラム③》植毛術、増毛術、育毛術の被害について
相談を受ける際の留意点

Ⅱ　エステに関する広告表示

Q14 いかにも有利だと思わせるエステの料金表示に問題はな
いか ……………………………………………………………………… 50

Q15 エステの効果をことさらに強調する広告に問題はないか ……… 52

Q16 エステの不当表示、誇大広告に対する規制はどのように
なっているか …………………………………………………………… 54

《コラム④》虚偽・誇大な広告と契約の効力

Ⅲ　エステに関する契約トラブル

Q17 エステ契約を締結する際、どのような点に注意すればよ
いか ……………………………………………………………………… 58

《コラム⑤》クレジット契約書は特商法の「契約書面」
になるか

Q18 特定継続的役務提供とされるのはどのようなエステか ………… 62

Q19 割安の長期間・多数回のコースを契約する際の注意点は
何か──過量契約（多数回一括契約） ………………………………… 66

Q20 次々契約とはどのような契約か──多数回契約 ………………… 70

Q21 一度契約したエステをやめるためにはどうすればよいか
──クーリング・オフ ………………………………………………… 74

《コラム⑥》キャッチセールスに限らない！

Q22 エステ契約をクーリング・オフした場合、関連商品について
もクーリング・オフできるか ………………………………………… 79

Q23 クーリング・オフ等ができない場合でもエステ契約を途

3

目 次

中で解約できるか——中途解約 ……………………………………… 83

　《コラム⑦》NOVA 最高裁判決

Q24　エステ契約を中途解約した場合、どのように清算するか …………… 87

Q25　エステ契約を中途解約した場合、関連商品についても解

　　　除できるか ……………………………………………………………… 91

Q26　騙されて締結したエステ契約を取り消すことはできるか⑴

　　　——主に特商法 ………………………………………………………… 95

Q27　騙されて締結したエステ契約を取り消すことはできるか⑵

　　　——主に消費者契約法 ………………………………………………… 99

Q28　未成年の娘が締結した契約を取り消すことはできるか ………… 103

　《コラム⑧》未成年者によるクレジットカードの無断

　　　　　　使用

Q29　クレジット契約のしくみはどのようになっているか

　　　——包括クレジットと個別クレジット ………………………………… 109

Q30　個別クレジット契約のクーリング・オフはできるか ……………… 115

Q31　エステ契約を取り消す場合、個別クレジット契約の取消

　　　しもできるか ……………………………………………………………… 119

Q32　エステサロンが倒産した場合、クレジット代金はどうな

　　　るか ……………………………………………………………………… 123

Q33　中途解約における抗弁対抗と解約処理方法はどうなって

　　　いるか …………………………………………………………………… 128

　《コラム⑨》債権譲渡型の個別クレジット——「ファ

　　　　　　クタリング」方式と割賦販売の適否

Q34　エステの効果がなかった場合、支払い済みの代金を返し

　　　てもらうことができるか ……………………………………………… 133

Q35　エステサロンの施術で被害を受けた場合、どのような請

　　　求ができるか …………………………………………………………… 137

4

目 次

Ⅳ　トラブルに遭ったらどうすればよいか

Q36　エステをめぐるトラブルはどこに相談すべきか、また、
　　　どのような解決方法があるか ………………………………………… 140

Q37　弁護士に依頼した場合、どれくらいの費用が必要か …………… 144

第2章　美容医療についての相談

Ⅰ　美容医療をめぐる基礎知識

Q38　美容外科の歴史や美容外科をめぐる状況について教えて
　　　ください ………………………………………………………………… 148

　　　《コラム⑩》美容外科と形成外科は何が違うか

　　　《コラム⑪》美容外科手術をするのに特別の資格が必
　　　　　　　　要なのか

Q39　美容外科被害の特徴は何か ……………………………………… 152

Q40　美容外科医を選ぶ際に注意すべき点は何か ……………………… 156

　　　《コラム⑫》大学病院や総合病院の「美容外科」で受
　　　　　　　　けられる美容医療

Q41　美容外科医から説明を受ける場合、どのような点に留意
　　　すればよいか ………………………………………………………… 161

Q42　眼瞼の美容外科手術の内容とそのトラブルは何か ……………… 164

Q43　鼻の美容外科手術の内容とそのトラブルは何か ………………… 168

Q44　顔の輪郭を変える美容外科手術の内容とそのトラブルは
　　　何か ……………………………………………………………………… 171

Q45　乳房・胸の美容外科手術の内容とそのトラブルは何か ………… 175

　　　《コラム⑬》豊胸術と被膜（カプセル）拘縮

Q46　包茎手術の内容とそのトラブルは何か …………………………… 182

Q47　脂肪吸引手術の内容とそのトラブルは何か ……………………… 185

5

目 次

Q48 メソセラピーや脂肪溶解注射施術の内容とそのトラブル
は何か ……………………………………………………………… 187

Q49 アザ・シミを取る手術の内容とそのトラブルは何か ………… 190

Q50 ニキビ・ニキビ痕の治療にはどのような方法があるか ………… 193

Q51 シワを取る美容医療にはどのようなものがあるか ……………… 196

Q52 皮膚などを切除するフェイスリフト手術の内容とそのト
ラブルは何か ……………………………………………………… 200

Q53 スレッドリフト手術の内容とそのトラブルは何か ……………… 202

Q54 注入による美容外科手術の内容とそのトラブルは何か ………… 205

Q55 審美歯科の内容とそのトラブルは何か ………………………… 209

Q56 植毛手術の内容とそのトラブルは何か ………………………… 212

Q57 ケミカルピーリングの内容とそのトラブルは何か ……………… 215

Q58 美容外科手術に健康保険は適用されるか ……………………… 218

《コラム⑭》保険診療と自由診療

Ⅱ 美容医療に関する広告表示

Q59 美容外科の広告はどのように規制されているか ………………… 223

Q60 美容外科のホームページに対する規制はどう変わったか ……… 227

《コラム⑮》広告と説明義務の関係

Ⅲ 美容医療に関する契約トラブル

Q61 手術代を払った後に手術をやめた場合、手術代を返還し
てもらえるか ……………………………………………………… 232

Q62 美容外科手術で予想外に高額な契約をさせられないため
に注意すべき点は何か …………………………………………… 236

Q63 美容外科手術で予想外に高額な契約をさせられてしまっ
た場合、代金を支払わねばならないか ………………………… 240

Ⅳ 被害に遭ったらどうすればよいか

Q64 どのような場合に医師の賠償責任を追及できるか ……………… 246

6

目　次

Q65 医師の賠償責任を追及した場合、どのような損害について請求できるか ……………………………………………………… 249

Q66 美容外科手術のミスを理由に賠償請求する場合の留意点は何か ………………………………………………………… 253

【資料1】ガイドライン等一覧 ……………………………………… 258

【資料2】開業規制に関する通達一覧 …………………………… 260

【資料3】危害情報等一覧 …………………………………………… 261

【資料4】苦情処理委員会等の報告書一覧 …………………… 263

【資料5】美容エステに関する建議、意見書、調査報告書等一覧 ………… 264

【資料6】通達──医師免許を有しない者による脱毛行為等の取扱い ……… 265

【資料7】通達──まつ毛エクステンションによる危害防止の徹底 ………… 266

【資料8】通達──パーマネント・ウェーブ用剤の目的外使用 ……………… 267

【資料9】通達──医療類似行為に対する取扱い ………………… 268

【資料10】国民生活センター「美容医療サービスチェックシート」（抜粋）… 270

【資料11】特定継続的役務提供の関連商品（特商法施行令抜粋）……… 271

【資料12】景表法に基づく措置命令一覧（健康食品）（消費者庁）……… 272

【資料13】景表法に基づく措置命令一覧（美容・エステ）（消費者庁）……… 276

【資料14】景表法による改善指示一覧（東京都）………………… 278

【資料15】景表法に基づく課徴金納付命令一覧（健康食品）（消費者庁）……… 279

【資料16】健康増進法に基づく勧告一覧（消費者庁）…………… 280

【資料17】特商法に基づく業務停止命令および指示一覧（消費者庁）………… 281

【資料18】クーリング・オフ書式例 ……………………………… 282

・執筆者紹介………………………………………………………… 283

凡　例

凡　例

[法令]

特商法	特定商取引に関する法律
特商法施行令	特定商取引に関する法律施行令
特商法施行規則	特定商取引に関する法律施行規則
薬機法	医薬品、医療機器等の品質、有効性及び安全性の確保等に関する法律
景表法	不当景品類及び不当表示防止法
あはき法	あん摩マッサージ指圧師、はり師、きゅう師等に関する法律

[判例集]

判時	判例時報
判タ	判例タイムズ

[その他]

経産省	経済産業省
厚労省	厚生労働省
通産省	通商産業省
国民生活センター	独立行政法人国民生活センター
日本エステティック協会	一般社団法人日本エステティック協会
日本エステティック業協会	一般社団法人日本エステティック業協会
日本エステティック工業会	一般社団法人日本エステティック工業会
日本エステティック振興協議会	一般社団法人日本エステティック振興協議会
日本エステティック機構	特定非営利活動法人日本エステティック機構
日本エステティック研究財団	公益財団法人日本エステティック研究財団
エステ	エステティック
エステサロン	エステティックサロン
包括クレジット	包括信用購入あっせん
個別クレジット	個別信用購入あっせん

　※　図の作成にあたっては、保阪善昭「美容医療の実際と問題点」ウェブ版

凡　例

「国民生活」2012年 7 月号 8 頁・同 8 月号20頁・同 9 月号20頁などを参照した。

第 1 章

エステについての相談

第1章　I　エステに関する基礎知識

I　エステに関する基礎知識

Q1　美容外科とエステの違いは何か

> 　美容外科、エステともよく広告で目にしますが、この2つは同じものでしょうか。

▶ ▶ ▶ Point

① 　美容外科は医師によって提供される医療行為（美容医療サービス）、エステサロンは美容術を実施する機関によって提供されるものであり、両者は全く異なります。

② 　美容外科で行う美容医療サービスは多様化していますが、身体への侵襲を含む医療行為です。

③ 　エステは美容術ですが、エステサロンで行われている施術の中には、本来、エステサロンでは実施できない医療行為が含まれていることがあるため、注意しなければなりません。

1　美容外科とエステの違い

　美容外科もエステも、容姿をより美しくしたり、より若くなったりする（アンチエイジング）ことを目的としている点で共通しており、一見すると同じようにみえる施術もあります。

　しかし、美容外科では、医師による医療行為（美容医療サービス——医療脱毛、脂肪吸引、二重まぶた手術、包茎手術、審美歯科、植毛など、美容を目的とした「医療サービス」）が実施されています。他方、エステにおいては、医師免許を有しない技術者、いわゆるエステティシャンが、美顔、痩身、脱毛な

2

どの美容術を実施しています。

2 美容外科における医療行為（美容医療サービス）の特徴

　美容外科で実施される美容医療サービスは、身体のあらゆる部位に及び、施術の内容も多様化しています。最近はメスを用いた外科手術のみならず、物質の注入などによる「切らない整形」（プチ整形などといわれています）も行われています。これらの美容医療サービスについては雑誌やホームページで派手な宣伝がなされており、美容外科によっては、気軽に「お化粧感覚」で施術を受けられるかのように表示しているところもあります。特に、プチ整形が普及してからはその傾向が顕著になりました。しかし、美容医療サービスは、あくまでも身体への侵襲を含む医療行為です。決して安易に受けるべきものではありません。

　美容医療サービスには、次のようなものがあります。

(1) 顔面に関する美容医療サービス

　まず、目もとの美容外科手術として、上眼瞼（上まぶた）に対する「重瞼術」（二重まぶた形成）、「眼瞼下垂修正術」、「除皺術」（シワ取り）など、下眼瞼（下まぶた）に対する「除皺術」（シワ取り）、陥凹部への物質（自家脂肪、コラーゲン、ヒアルロン酸、多血小板血漿（PRP））注入などがあります（Q42参照）。

　鼻の美容外科手術には、シリコンインプラントや軟骨を挿入したり、ヒアルロン酸を注入して鼻を高くする「隆鼻術」、鼻の形を整える「整鼻術」として軟骨縫合や鼻翼縮小術などがあります（Q43参照）。

　そのほか、顔面に関しては「フェイスリフト手術」（Q52参照）、顎（あご）・顔の輪郭を整えるための手術（Q44参照）などさまざまな美容外科手術があります。メスを使用することなく、注射でヒアルロン酸、ボツリヌストキシン製剤（これら、針を用いる注入剤を総称してフィラーといいます）などを注入する施術（Q54など参照）もあります。

第1章 I エステに関する基礎知識

(2) 身体に関する美容医療サービス

胸・乳房に関する「豊胸術」には、インプラントを挿入する方法、自家脂肪・ヒアルロン酸などのフィラーを注入する方法（Q45参照）などがあります。

痩身目的で行われる「脂肪吸引術」は、カニューレ（吸引管）を用いて、皮下脂肪層を吸引する手術です。

(3) 皮膚・脱毛、その他に関する美容医療サービス

皮膚に関して行われる施術として、レーザー光線を照射して疾患を治療するレーザー治療、薬剤を顔面に塗布し、積極的に皮膚の剥離を引き起こして疾患を治療する「ケミカルピーリング」（Q57参照）などがあります。レーザー光線の照射は、脱毛法としても用いられています。

その他、美容外科においては、「包茎手術」（Q46参照）も多く行われています。

③ エステにおける美容術の特徴

「エステティック」は、もともと「審美」という意味の言葉でしたが、転じて美顔、痩身、むだ毛の脱毛などを行う全身美容術（エステ）を指す言葉として用いられるようになりました。日本におけるエステ業は、「手技又は化粧品・機器等を用いて、人の皮膚を美化し、体型を整えるなどの指導又は施術を行う事業所」（総務省「日本標準産業分類」）であり、エステサロンはエステを行う施設、エステティシャンはエステを行う技術者です。

エステサロンで行われる美容術には、次のようなものがあります。

① 美顔　シミやシワ、ニキビ痕など、肌のトラブルを解消することを目的とする施術。

② 痩身　さまざまな手技、機器を用いて、体型を整えることを目的とする施術。

③ 脱毛　体のむだ毛を除去することを目的とする施術。

Q1　美容外科とエステの違いは何か

　エステサロンによっては、針を用いたニードル式電気脱毛法、レーザー脱毛法などを行っているところもありますが、これらはれっきとした医療行為であり、医師免許をもたない者が業として行うことは医師法17条に違反します（エステでの脱毛については、Q8参照）。

　このように、美容外科とエステサロンは全く異なります。エステで行うことが可能な施術は、あくまでも「美容術」の範囲にとどまり、高度の設備や専門性は期待できないということを、よく認識しておく必要があります。また、エステサロンや、個々のエステティシャンによって、技術や衛生管理の水準が異なる点についても、理解しておくべきでしょう。

5

第1章 Ⅰ エステに関する基礎知識

Q2 エステ被害の特徴にはどのようなものがあるか

私は、エステに通おうと思っています。ただ、友人から、エステに
はトラブルが多いと聞かされ、心配になりました。エステのトラブル
にはどのようなものがあるのでしょうか。

▶ ▶ ▶ Point
① エステに関するトラブルには、主に「契約に関するもの」と「安全に関
するもの」があります。
② 契約に関するトラブルの例としては、しつこく勧誘された場合など契約
締結過程に問題のあるものや、エステサロンが中途解約を拒否するなど中
途解約をめぐるものがあります。
③ 安全に関するトラブルの例としては、エステによりヤケド等が生じた
ケースがあります。安全に関するトラブルは、近年増加傾向にあります。

1 エステに関するトラブルの内容

エステサロンの数が増えるに従って、エステに関するトラブルも急増しま
した。国民生活センターにもさまざまなトラブルが報告されていますが、特
に、「契約に関するトラブル」、「安全に関するトラブル」が多く報告されて
います。その中でも後者に関し、利用者が身体に危害を受けたという相談
（危害情報）が年々増えてきています。

2 契約に関するトラブル

(1) 契約締結上のトラブル

契約に関するトラブルとして、たとえば、①エステの勧誘を受けた際、

6

「申込枠があと1つしかない」とせかされて契約したものの、実際にはそのような事実がなかったケース、②広告に「月額○○円」と手頃な価格が記載されているのを見てエステサロンに出向いたところ、高額なコース契約を一括で支払わされたケース、③「初回無料カウンセリング」の広告を見てエステサロンに出向いたところ、カウンセリングだけではなく、しつこく施術の勧誘をされたケースなどが報告されています。

(2) 中途解約にまつわるトラブル

期待した美容効果が得られなかった場合、あるいは、「必ず予約がとれる」と勧誘されて契約したにもかかわらず予約がとれなかった場合などに、利用者がエステサロンの利用を止めようと思うのは自然なことです。そのほか、転居などの事情により施術を受けられなくなり、中途で利用を止めざるを得ない場合もあります。

しかし、利用者は、エステサロンとの間で、長期にわたる多数回の施術についてのエステ契約を結び、多数回分の代金をクレジットにより一括払いしているのが普通です。以前は、中途解約を申し入れても、エステサロンがこれを拒否したり、高額の違約金を請求したりするなどというトラブルが数多くありました。

現在では、エステ契約について、特商法の特定継続的役務提供に該当する場合には、理由のいかんを問わず中途解約が認められるようになり、違約金についても上限が定められました（同法49条。Q23～Q25参照）。しかし、エステサロンによってはこれを守ろうとしないところもあり、トラブルがなくなったわけではありません。

③ 安全に関するトラブル

近年、エステの施術によって皮膚にヤケド、シミ、タダレが生じたなど、顧客が身体に危害を受けたという相談（危害情報）が増加してきました。

たとえば、エステで「光脱毛」を受けた際に皮膚が発赤した、その後赤み

第1章　I　エステに関する基礎知識

は引いたものの大きなアザが残存した、美顔マッサージを受けた後に顔が腫れた、痩身エステを受けた後に全身に痛みやかゆみが出たなどの被害が報告されています。

　そのほか、レーザーによる永久脱毛の施術を受けてヤケドをした、アートメイクをアイラインに入れたところまぶたが腫れて目が開かなくなった、まつ毛エクステンションをしたら翌日から目がかゆくなり3日後には目が開かなくなったなど、無資格者（医師免許や美容師免許をもたない者）による施術が行われ、トラブルが発生したケースも少なからずみられます。

Q3　エステサロンを開業するのに資格等は必要か

Q3　エステサロンを開業するのに資格等は必要か

エステサロンは誰でも開業できるのでしょうか。また、エステティシャンになるには、何か資格が必要でしょうか。

▶ ▶ ▶ Point
① エステ業そのものを規制する法律はありません。
② 美容を目的とする施術の中には、施術者に国家資格が必要なものがあります。これを無資格のエステティシャンが行うことは、法律違反です。
③ エステティシャンの国家資格制度はありません。

1　エステ業そのものを規制する法律はない

エステサービスを業として行うにあたり、法律による特別の資格は必要ではありません。したがって、エステサロンの開設・運営に際して、行政機関への届出なども要求されていないのが現状です。また、エステサロンの経営について衛生基準を定めた法律も存在していません。施術を行うエステティシャンにも特別な資格は不要です（3参照）。

他方、理髪店・美容院は、エステサロンと同様に美容を目的とする職業ですが、理容師法・美容師法に基づき、施術者の資格（免許）が必要です。また、理髪店や美容院の開業にあたっても保健所へ届け出なければならず、開業後もその運営について保健所の監督を受けています。ところで、エステサロンと同様に資格を必要としないネイルサロンについては、最近のトラブルの増加を受けて、全国の保健所による監督が実施されました（「ネイルサロンにおける衛生管理に関する指針について」（【資料2】(4)))。

美容を目的とし、利用者の身体や皮膚を対象とする施術を行っているにも

9

第1章　I　エステに関する基礎知識

かかわらず、エステサロンだけが規制の対象とされないままに市場拡大している現況は、明らかに好ましくありません。エステサロンの施術に関しては、健康被害を含むさまざまなトラブルが報告されています。エステサロンについても、理髪店・美容院と同様に、開業に際しての届出義務を課すとともに、衛生管理についても行政機関の指導監督を受けることがトラブルを防止するために望ましいといえます。

2　エステ業に関連する法規制

(1)　施術者の資格に関する法規制

　上記のとおり、エステ業の開設や運営について規制する法律はありません。しかし、以下の行為は、法律で定められたそれぞれの資格を有しなければ行うことができません。

① 医師法　　医師でなければ医療行為を行うことができません（医師法17条）。レーザー脱毛、アートメイクなどは医療行為（美容医療サービス）として医師免許が必要とされています。したがって、医師免許をもたない者が、こうした施術を行うことは医師法17条に違反します。

② 理容師法・美容師法　　理容・美容を業とするにはそれぞれ理容師免許・美容師免許が必要とされており、無資格者が理容・美容に関する施術を行うことは法律違反となります（理容師法1条の2・6条、美容師法2条・6条）。まつ毛エクステンションは美容師でなければできず、無資格のエステティシャンが行った場合には法律違反となります。なお、フェイシャルエステと呼称される、いわゆる美顔施術に関しては、「当該施術が容姿を整え、又は美しくするために化粧品又は医薬部外品を用いる等業を行うに当たって公衆衛生上一定の知識を必要とするような場合には」理容師法・美容師法の対象とされます（厚労省による通達（【資料2】(5)))。

③ あん摩マッサージ指圧師、はり師、きゅう師に関する法律　　同法に

10

より、医師以外のものがマッサージを行う場合には、あん摩マッサージ指圧師免許が必要とされます（1条）。マッサージの定義・基準は法律上定められていませんが、厚労省が示した「施術者の体重をかけて対象者が痛みを感じるほどの相当程度の強さをもって行うなど、あん摩マッサージ指圧師が行わなければ、人体に危害を及ぼし、又は及ぼすおそれのある行為」（疑義照会（【資料2】(3)②））という程度に至るようなマッサージについて、無資格のエステティシャンは行い得ないと考えられます。

(2) 安全・衛生に関する法規制

エステサロンで食品や化粧品等を使用、販売する場合、その効果効能の表示内容や医薬品の認可等については、薬機法の規制を受けます。また、エステサロン内に浴室を備える場合には、公衆浴場法に基づく都道府県知事の許可が必要となる場合があります。

(3) 契約の内容に関する法規制

エステ契約については、利用者（消費者）を保護するため、契約について次の法規制などが行われています。

① 特定商取引に関する法律（特商法）　エステ契約に基づく役務の提供が「特定継続的役務提供」にあたるときは、特商法の規制を受けます。同法では、書面交付義務（42条）、クーリング・オフ（48条）、中途解約（49条）、不実告知等の禁止および取消権（44条・49条の2）などが定められています。

② 消費者契約法　エステ契約締結にあたり、エステサロン（事業者）による不実告知等の行為によって利用者（消費者）が誤認・困惑した結果、エステ契約を結んだような場合、消費者には契約の取消権が認められます（4条）。

③ 消費生活条例　エステサロンの勧誘行為などが、都道府県や市が制定する消費生活条例により禁止される不当な取引行為に抵触する場合が

第1章　I　エステに関する基礎知識

あります。たとえば、大阪府消費者保護条例では、路上その他の場所において消費者を呼び止め、営業所その他の場所へ誘引する方法で消費者の意に反して契約の締結を勧誘する行為を不当な取引行為に指定しています。

(4)　業界における自主基準

エステ業の業界団体によって構成される日本エステティック振興協議会では、加盟団体、団体に加盟する事業所（エステサロン）が関連法令を遵守し、適正な営業を行い、消費者が安心して施術サービスを受けられるエステサロンをめざすとして、遵守事項をまとめた「エステティック業統一自主基準」を定めています（Q4参照）。

③　エステティシャンの国家資格制度はない

エステティシャンとして施術をするにあたって、法律上、特別の資格は求められていません。エステ業の業界団体（日本エステティック協会、日本エステティック業協会、CIDESCOなど）では、独自の民間資格制度を定め、エステティシャンの質の確保を図っています。しかし、これらは、あくまでも私的な団体による制度にとどまっています。

したがって、一口にエステティシャンといっても、各人により技術の内容に大きなばらつきがあり、一定の質が保証されているものとはいえません。

Q4　エステの業界団体による自主的な取組みにはどのようなものがあるか

Q4　エステの業界団体による自主的な取組みにはどのようなものがあるか

　エステ業界には、どのような業界団体がありますか。また、業界団体では、どのような自主的な取組みがなされているのでしょうか。

▶ ▶ ▶ Point

① 　エステ業の主な業界団体は３つあり、これを構成団体として、日本エステティック振興協議会が設立されています。

② 　エステティシャンやエステサロンの認証制度はありますが、国家資格ではありません。

③ 　エステティック機構やエステティック研究財団が作成した標準契約書があります。

④ 　日本エステティック振興協議会は、統一自主基準などを公表しています。

1　エステ業の業界団体

　エステ業界における主な業界団体としては、日本エステティック協会、日本エステティック業協会（AEA）、日本エステティック工業会があります。

　日本エステティック協会は、エステティシャンが会員となって、昭和47年に日本エステティシャン協会として設立され、平成13年に現在の名称に変更され、平成20年に一般社団法人化しています。個人会員 1 万4000名（エステティシャンが99.5%）、法人会員130社となっています（平成26年 4 月現在）。同協会では、エステティシャンの認定資格、認定校制度やエステサロンの登録制度を設けています。

13

第1章 Ⅰ エステに関する基礎知識

日本エステティック業協会は、エステ経営者の団体として、昭和62年に全日本エステティック連絡協議会として設立され、平成13年に、日本エステティック業協会と名称が変更され、平成21年には、一般社団法人化しています。会員数は、正会員155社（1143サロン）となっています。同協会では、認定エステティシャン養成制度を設けています。

日本エステティック工業会は、エステ関連の機器や化粧品の製造販売業を営む企業が中心となっている団体で、平成7年に設立され、平成21年には一般社団法人化しています。正会員数は39社です。

かつて、これらの業界団体の上位団体として、日本エステティック連合がありましたが、平成19年に解散し、同年10月に、上記の3業界団体を構成団体として、日本エステティック振興協議会（JEPA）が設立されています。

② エステ業の適正化に向けた取組み

エステは30年ほど前から日本において普及し始めましたが、これに伴いさまざまな消費者被害も発生するようになりました。

そのため、平成15年3月、経産省は、「エステティック産業の適正化に関する報告書」を出し、エステサロンの認証制度とエステティシャンの共通資格制度が必要であると提言し、平成19年4月には、「エステティックサロンの認証制度の在り方についての報告書」を出しています。

これを受けて、平成16年5月、日本エステティック機構（JEO）が設立され、平成23年には特定非営利活動法人化されました。同機構では、エステサロン認証基準を定めて、この基準に合致したエステサロンの認証活動のほか、エステティシャン試験やエステ機器についての認証活動を行っています。

また、平成4年5月、日本エステティック研究財団が、エステの安全性や衛生面での研究、営業者の経営倫理の確立を通して消費者被害の防止を図り、エステ業界の健全化を実現することを目的として設立され（平成25年に

公益財団法人化）、エステサロンの衛生基準に関する研究報告などを発刊しています。

Q3でも述べたように、エステサロンの開業やエステティシャンとなるための公的な規制はなく、以上に述べた資格制度や認証制度は、あくまでも民間によるものにすぎません。業界団体に加盟していないエステサロンも多数存在しており、いまだエステ業の適正化が十分に果たせているとはいえません。

3 エステ契約についての標準契約書

平成11年、特商法が改正されて特定継続的役務提供の規制が導入され、エステ契約のうち、特定継続的役務に該当するものについては、概要書面・契約書面の交付が義務づけられました（同法42条、Q17参照）。

日本エステティック研究財団は、標準契約書約款を作成しており、日本エステティック機構も、同機構指定の概要書面、契約書面を作成しています。

4 エステ業統一自主基準

日本エステティック振興協議会は、「エステ業統一自主基準」を策定しており、最も新しい内容は、平成28年11月に改訂された第3版です。

この統一自主基準には、契約に関する遵守事項、広告表示に関する遵守事項などが記載されています。たとえば、中途解約の際の使用済み関連商品の使用料金相当額を販売代金の40％相当をベースに契約期間の月割りにすること、クーリング・オフや中途解約の場合には1カ月以内に返金をすること、継続的役務提供の契約期間の上限を1年以内とすることなどです。支払能力を超えない金額の目安について、以前には目安金額（成人50万円、未成年者12万円）が記載されていたのに、現在はその記載がなくなっているなど、その基準内容は、消費者の保護を図るという観点からは、必ずしも十分とはいえません。

第1章　Ⅰ　エステに関する基礎知識

　したがって、これらの自主基準については、最低限の基準として遵守されるべきものであって、この自主基準を遵守しているからといって、法的にみて問題がないということはできません。

　なお、統一自主基準は、あくまで自主基準にすぎないものですが、日本エステティック振興協議会を構成する業界団体に属するサロンに対しては、加盟している団体から、統一自主基準に違反に関する事実の調査や中止勧告、中止命令をすることができます。

　また、日本エステティック振興協議会では、「美容ライト脱毛自主基準」を策定しています。厚労省は、平成13年11月、「用いる機器が医療用であるか否かを問わず、レーザー光線またはその他の強力なエネルギーを有する光線を毛根部分に照射し、毛乳頭、皮脂腺開口部等を破壊する行為は、医師免許を有しない者が業として行えば医師法17条に違反する」という通知を出しています。この自主基準では、上記通知に抵触しないために、エステサロンで行う美容ライト脱毛は、除毛、減毛の範囲とすることとし、使用する機器は適合審査制度に適合したものを使用し、講習会を受講したエステティシャンが行うこととしています。しかし、美容ライト脱毛とうたっていても、実際に行われている施術が厚労省の通知に抵触しない範囲にとどまっているかどうかはわかりませんし、絶対に安全かどうかは別問題です。

　なお、日本エステティック振興協議会では、広告表示に関しては、「エステティックの広告表記に関するガイドライン」という冊子をつくり、違法な不当表示、誇大広告などにあたる具体例を載せて紹介しています。

Q5 エステでの美顔術の方法、その効果および危険性はどのようなものか

Q5 エステでの美顔術の方法、その効果および危険性はどのようなものか

エステでの美顔術にはどのような方法がありますか。また、それぞれの美顔術について、効果や危険性はどうなっているのでしょうか。

▶ ▶ ▶ Point

① エステで行われている美顔術の中には医師法違反のものもあります。

② エステで行われている美顔術の美顔効果は、必ずしも科学的に証明されているわけではありません。

③ エステで行われている美顔術の中には、身体に危害を生じさせることがあるものもあるので、注意が必要です。

1 エステでの美顔術

エステで行われている美顔術には、〔表1〕のようなものなどがあります。

〔表1〕美顔術の種類と内容

美顔術の種類	内　容
① 低周波電流法	低周波電流を皮膚や筋肉に流す方法です。「筋肉を活性化」したり「顔の筋肉を強化」したりして、シワやタルミを除去するという効果があると宣伝されています。
② 冷気美顔法	－150度から－180度という超低温の冷気を肌に吹きつける方法です。「冷気を吹きつけることで血液の循環が促進されることになり、肌の新陳代謝が活性化され、肌がツヤツヤになり、ニキビやシワ、シミなどの肌のトラブルが解消される」などとうたわれています。

17

第1章　Ⅰ　エステに関する基礎知識

③　レーザー照射美顔法	レーザー光線を顔面の皮膚に照射する方法です。「光の刺激と電気の力で代謝機能を高め、シワ、シミを薄くすることができる」などと宣伝されています。
④　マッサージ	手や機械を用いてマッサージを施し、血液の循環をよくするという方法です。
⑤　パック	石膏、泥、海草などを使用してパックをする方法です。
⑥　ピーリング	皮膚の角質（主に老化物質）を除去する技法の総称を「ピーリング」といいます。原理としては、化学物質等により皮膚の表層部の小ジワやクスミなどを除去し、健常な皮膚に変え、さらにコラーゲンおよび真皮基質成分の産生を促進し、メラニン産生を抑制することとされています。このうち、酸等の化学薬品を皮膚に塗布して表皮剥離を行う技法を「ケミカルピーリング」といいます（Q6参照）。
⑦　イオン導入	肌に微弱な電流を流すことにより、美容成分の皮膚への浸透をよくし、肌の奥へ届けるとうたう方法です。
⑧　超音波美顔法	超音波による振動を利用して、有効な美容成分を肌の奥にまで届けたり、マッサージ効果を出したり、毛穴のクレンジング効果を出したりするとうたうものです。
⑨　光エステ	紫外線等をカットした特殊な光を肌に照射することにより、肌の状態を改善するとうたわれています。
⑩　ホワイトニング	美白効果があるというホワイトニング剤（ハイドロキノン、トラネキサム酸、コウジ酸など）を肌に塗布してマッサージをする方法です。

2 美顔術の効果

(1) シミは取れるか

　シミとは、一口にいうと色素沈着の1つです。何らかの刺激により、たくさんつくり出された皮膚の中のメラニン色素が、特定の場所に長期間とどまることにより生じます。シミは日焼け、カブレなどの外的刺激、ホルモンの影響（妊娠、ピルの使用など）、ストレスなどが複合して発生するといわれています。

エステでは、施術によって、血液の循環をよくし、肌の代謝機能を高め、肌を滑らかにしてシミを薄くしたり取り除いたりできるとうたっています。しかし、科学的には肌の血行をよくしたり、肌の新陳代謝をよくしたりすることだけによって、シミが消えることは考えられません。

(2) シワやタルミは取れるか

シワやタルミは皮膚の水分量が減ったり、皮膚の結合組織や弾力組織が老化したり弛緩したりすることによってできます。エステでは、低周波電流を皮膚や筋肉に流すことによって、顔の筋肉を鍛えて強化したり皮膚の活性化を図ったりして、肌のシワやタルミをなくすことができると宣伝しています。

しかし、全身が老化するのに伴って皮膚も老化しますから、顔面の筋肉だけを鍛えても、シワやタルミが取れるということはまずありません。

また、マッサージによってシワやタルミを取る効果があると広告しているエステもあります。しかし、マッサージは血行をよくする効果はありますが、シワやタルミを取る美顔効果があることは、科学的には証明されていません。

③ 美顔術の危険性

美顔術には、それぞれ次のような危険性があります（もちろん、下記以外の美顔術に危険性がないというわけではありません）。

(1) 冷気美顔法の危険性

冷気美顔法で超低温の気体を頬に数分吹きつけた際に、その部分が凍傷になり、色素沈着を生じたという被害例があります。

また、エステサロンがニキビ、シワ、シミなどを除去するという特定の治療目的のために、超低温の冷気を肌に吹きつけるという施術を行っているとき、その方法が、医師が治療行為として行っている「凍結療法」（細胞を凍らせ、細胞膜を破壊し、壊死させる治療）と同じものであれば、医師資格のな

第1章　Ｉ　エステに関する基礎知識

いエステティシャンが医療行為を行ったことになり、医師法に違反すること
は明らかです。

(2)　レーザー照射美顔法の危険性

レーザー照射美顔法はレーザー光線を顔面の皮膚に照射する方法ですが、
ヤケドや失明の危険があります。なお、医療用レーザーの使用は、「医師の
医学的判断及び技術をもってするのでなければ人体に危害を及ぼし、又は危
害を及ぼすおそれのある行為」（医行為）（厚労省による通知（【資料２】(6)））
ですので、医師資格のないエステティシャンが医療用レーザーを業として使
用することは医師法違反になります。

(3)　マッサージの危険性

「頬にできたシミを取るために、マッサージや電気などによる刺激を与え
たが、かえってシミがひどくなった」という被害例があります。また、肌の
状態がよくないにもかかわらず、「毒素が出ている途中である」、「もう少し
続けないと効果がない」などと言われて施術を続けたために症状が一層悪化
することもあります（【資料３】(2)②）。

(4)　パックの危険性

パックに使用されている酸性白土や野菜類などに特定の美容的効能や効果
があるという説明にも科学的な根拠は乏しく、むしろ、酸性白土、粘土石膏
などの鉱物や、アロエ、トマト、キュウリなどの野菜類、コーヒー、海草な
どは接触性皮膚炎やアレルギー性皮膚炎の原因となる危険性があります。そ
のため施術前にアレルギーテストを行わずにこれらを使用することはかなり
危険です。

(5)　超音波美顔法の危険性

超音波を発する美容器具を用いた顔面の施術で、消失していたアトピー性
皮膚炎が発症・悪化したことについて、エステ業者に賠償責任が認められた
事例があります（東京地裁平成13年５月22日判決）。

また、超音波美顔法の中でも、高密度焦点式超音波、強力集束超音波

20

（HIFU）や、それに類する超音波技術を応用した機器（HIFU 機器）による施術は、超音波を体内の特定部位に集中させることで加熱して、その部位に熱変成を生じさせるというものです。脂肪細胞に熱損傷を与えることにより治癒反応を促したり、代謝を高めたりするとされています。

　しかし、この施術は、「医師の医学的判断及び技術をもってするのでなければ人体に危害を及ぼし、又は危害を及ぼすおそれのある行為」（医行為）に該当すると考えられるため、本来エステサロンでは行えないものです。

　この施術がエステサロンで行われ、頬の神経の一部を損傷したり、顔に熱傷を負って炎症になり傷痕が残ったなどの被害例もあります（【資料3】(1)㉔）。

(6)　ホワイトニングの危険性

　カネボウ化粧品の美白化粧品による白斑被害で問題となったのは、ロドデノールというホワイトニング剤でした（【資料3】(2)①）。

　しかし、ロドデノール以外の美白成分（ハイドロキノン、トラネキサム酸、コウジ酸など）であっても絶対に安全とは言い切れませんし、また、使用者の体質や使用量・濃度によっては、肌に深刻なトラブルが出ることがあり得ます。

　なお、ハイロドキノン、トラネキサム酸、コウジ酸等の美白成分は、厚労省に医薬部外品として認可されていますが、白斑被害を引き起こしたロドデノールも厚労省に医薬部外品として認可されていたものですから、厚労省の認可があるから絶対に安全というわけではないといえます。

第1章 Ⅰ エステに関する基礎知識

Q6 エステで行う「ケミカルピーリング」の危険性はどのようなものか

エステで行われている「ケミカルピーリング」にはどのようなトラブルがありますか。

▶ ▶ ▶ Point
① ケミカルピーリングは、本来エステでは行ってはいけません。医師免許を有しない者が業として行えば医師法に違反します。
② ケミカルピーリングに使用される酸類には皮膚腐食性があるので、濃度や接触時間により化学ヤケドの危険性があります（Q57参照）。

1 ケミカルピーリングとは

皮膚の角質（主に老化物質）を除去する技法の総称を「ピーリング」といいます。このうち、酸等の化学薬品を皮膚に塗布して、シミ、シワ等に対して表皮剥離を行う技法は「ケミカルピーリング」と称されています（詳しくは Q57参照）。

2 ケミカルピーリングはエステでは行えない

厚労省は、通達において、「酸等の化学薬品を皮膚に塗布して、しわ、しみ等に対して表皮剥離を行う行為」（ケミカルピーリング）について、「医師が行うのでなければ保健衛生上危害の生ずるおそれのある行為であり、医師免許を有しない者が業として行えば医師法第17条に違反する」としています（【資料6】参照）。

22

３ エステで行うケミカルピーリングの危険性

　エステサロンでの「ケミカルピーリング」の被害としては、「施術直後に顔がピリピリし、夜真っ赤に腫れ上がり、翌日水ぶくれになった」、「あご部分だけヤケド状態」、「施術直後より肌が赤みを帯び、顔中傷あとのようになった」、「かさぶたができそのあとがシミになった」、「唇が裂けてあごの回りや顔面がふくれてボコボコ状態になった」などという報告が、国民生活センターに寄せられていました（【資料３】(1)②）。

　さらに、ニキビやニキビ痕の除去目的でケミカルピーリングをした後、口唇周辺の発赤、色素沈着、潰瘍が起こり、最終的に顔面に鶏卵大の肥厚性瘢痕が残ったという被害例もあります（東京地裁平成15年10月23日判決）。

第1章 Ⅰ エステに関する基礎知識

Q7 エステでの痩身術の方法、効果および危険性はどのようなものか

エステでの痩身術にはどのような方法がありますか。それぞれの痩身術について、痩身効果や危険性を教えてください。

▶ ▶ ▶ Point

① エステサロンごとに痩身術にさまざまな名称がつけられていても、各施術の組合せにすぎず、特殊な方法が行われているわけではありません。

② 医学的には、エステの痩身術はほとんど痩身効果があるとは考えられていません。

③ 施術内容によっては、身体に負担がかかる場合もあるため、自己の体調を考え、人によっては事前に医師の健康チェックを受けることが必要です。

1 エステでの痩身術

エステで行われている痩身術には、たとえば〔表2〕のような施術があります。

現在エステで行われているさまざまな痩身術については、各エステサロンで独自の名称をつけ、その方法があたかもそのエステサロンだけで行われているもので他とは違って効果があるかのような表示や広告が目につきます。

しかし、いろいろな名称がつけられていても、そこで行われている方法は、上記のような施術の組合せにすぎず、特殊な方法が行われているわけではないことに注意すべきです。

また、エステサロンの中には、エステで行う痩身術だけで、「運動せず、

24

Q7　エステでの痩身術の方法、効果および危険性はどのようなものか

〔表２〕エステにおける痩身術一覧

施術名	内　容
①　低周波電流痩身法	「低周波電流」を皮膚表面に流すことによって、筋肉や脂肪に対して電気的刺激を与える方法で、「寝たままでジョギングやエクササイズをしたのと同じような筋肉運動を可能にする」等とうたわれる（たとえば、EMS（Electrical Muscle Stimulation の略で電気刺激によって筋肉を収縮させる器具のこと）など）。
②　高周波電流痩身法	「高周波電流」を皮膚表面に流すことによって、筋肉や脂肪に対して、電気的刺激を与える方法（たとえば、ラジオ波痩身など）。
③　超音波痩身法	「超音波」を皮膚表面に流すことによって、筋肉や脂肪に対して、刺激を与える方法（たとえば、超音波トリートメント、キャビテーションなど）。
④　光痩身法	「光」を皮膚表面にあてることによって、脂肪を溶解させるとうたうもの。
⑤　脂肪冷却痩身法	脂肪細胞内の脂を冷却して結晶化させることで脂肪細胞を破壊し、代謝によって体外に排出されることで、治療部位の痩身効果を得ることができるとうたうもの。
⑥　吸引痩身法	機器を痩せたい部分にあてて吸引することで脂肪や筋肉などを柔らかくして、脂肪を燃焼させ排出させるとうたうもの。
⑦　熱風痩身法・振動痩身法	熱風やバイブレーターを利用して、身体に振動を与える方法。「振動が肥満部分を運動させる」とか、さらに、熱風の場合には、「血行がよくなり、新陳代謝が活発になり、老廃物の代謝がよくなることで消費カロリーが高まり、減量することにつながる」等とうたわれる。
⑧　パック痩身法	温めたパラフィンや海草等のパックを塗布して、発汗を促すというもの。
⑨　もみだし痩身法	手技（マッサージ）で「脂肪をもみだし、燃焼させる」とか「脂肪を柔らかくほぐし、代謝しやすくするとともにアドレナリンという脂肪分解ホルモンの働きを高める」とうたわれる。
⑩　リンパマッサージ	「リンパマッサージ（手技）によりリンパの循環をよくし脂肪酸の完全燃焼分解を促進する」とうたわれる。

25

第1章　I　エステに関する基礎知識

食事制限せず」に痩せられるかのようにうたっていることもありますが、実際には、食事制限を課している場合も見受けられます。

　ある大手のエステサロンは、運動も食事制限もないと広告しながら、実際の痩身コース内容には食事制限が含まれていたということで、平成5年に公正取引委員会はその広告が不当表示であるとして広告の禁止を命じました（排除命令）。

2　各痩身術の効果

　では、これらの方法で実際に痩せることはできるのでしょうか。

(1)　電気や超音波等による刺激を与える方法

　電流痩身法、超音波痩身法、熱風痩身法・振動痩身法などのように、電気や超音波等による刺激を与える方法は、他動的運動（自分で動かすのではなく、外から動かすこと）を身体に与えるものです。しかし、医学において肥満療法として研究されている運動療法は、自動的運動（自分で動かすこと）を利用した痩身法であって、他動的運動や筋肉刺激は運動療法の方法とは考えられていません。

　太るという現象は、脂肪細胞の数が増加したり、脂肪細胞自体が大きくなるということです。人間にとって脂肪の蓄積自体も大事な生体防御反応の1つです。医学的に体内脂肪が減少するという現象が起きているのは、自動的運動によるエネルギー消費のほか、飢餓状態や極度のストレスによるものしかなく、簡単には起きないしくみになっているのです。そのため、本来、自動的な筋肉運動によるエネルギー消費のほかには、痩身効果を期待することはできません。

(2)　吸引痩身法、もみだし痩身法、リンパマッサージ、パック痩身法などの方法

　医学的には、脂肪細胞を皮膚の外側から揉んで柔らかくすることはできませんし、痩身効果を派生するような交感神経の刺激を起こすこともあり得ま

26

せん。また、皮膚の外部から揉むことによって、皮膚のリンパ液の循環に多少の影響を与えるかもしれませんが、リンパ液は脂肪酸の燃焼には関与していません。そのため、これらの方法による痩身効果は期待できないといえます。

パック痩身法に関していえば、これらの方法によって促された発汗は、あくまでも一時的なものです。また、「汗と一緒に出る脂」とは、表皮表面からしみ出る皮脂のことであって、体内の脂肪とは異なります。ですから、痩身効果に結びつくほどのものではありません。

確かに、海草に含まれるミネラルやヨードが、脂肪代謝にあたり酵素や補酵素の働きをするということはありますが、それは細胞レベルのメカニズムであって、体表に塗布されたものがどの程度体内に取り込まれるかを明らかにしないと、痩身効果も明らかにならないものと考えられます。

③ 各痩身術の危険性

痩身術は、施術内容によっては、心臓に非常に負担がかかる場合もあり、医師による事前の健康チェックが必要な場合も出てきます。しかし、各エステサロンが必ずしも医師によるチェックを行っているわけではありません。ですから、このような危険性があることを念頭において、自己の体調を考え、人によっては事前に医師の健康チェックを受けることが必要でしょう。

また、各痩身術には、たとえば以下のような危険性があります（もちろん、これら以外の痩身術に危険性がないというわけではありません）。

(1) パック痩身法の危険性

アレルギーテストを実施しないで身体にパックを施すと、人によってはかぶれたりアレルギー症状を起こしたりする危険性があります。

それ以外にも、サウナに入り、パラフィンを巻き、その上から毛布を被って赤外線をあてる等で汗を出し、さらに極度の食事制限を受けて体調を崩し、ドクターストップを受けたという被害例があります。

第1章　Ⅰ　エステに関する基礎知識

(2)　超音波痩身法の危険性

　超音波痩身法の中でも、高密度焦点式超音波、強力集束超音波（HIFU）や、それに類する超音波技術を応用した機器（HIFU機器）による施術は、超音波を体内の特定部位に集中させることで加熱し、熱変性を生じさせるというものです。脂肪細胞に熱損傷を与えることにより、治癒反応を促し、代謝を高めたりするとされています。

　しかし、この施術は、「医師の医学的判断及び技術をもってするのでなければ人体に危害を及ぼし、又は危害を及ぼすおそれのある行為」（医行為）に該当すると考えられるため、本来エステサロンでは行えないものです。

　この施術がエステサロンで行われ、「施術開始後すぐに痛いと訴えたが、そのまま施術されたことで熱傷になり、その色素沈着が治るまでに半年かかると診断された」との被害例もあります（【資料3】(1)㉔）。

28

Q8　エステでの脱毛の方法、その効果および危険性はどのようなものか

Q8　エステでの脱毛の方法、その効果および危険性はどのようなものか

　エステでの脱毛にはどのような方法がありますか。それぞれの脱毛法について、効果や危険性を教えてください。

▶ ▶ ▶ Point

① 「レーザー光線又はその他の強力なエネルギーを有する光線を毛根部分に照射し、毛乳頭、皮脂腺開口部等を破壊する行為」は医療行為であり、医師免許を有しない者が業として行えば医師法に違反するため、エステでは行えません。

② 「毛乳頭、皮脂腺開口部等を破壊する行為」を行わない限りは、「永久」に脱毛することにはならないため、エステサロンが、医師法に違反しない範囲で行っている場合の脱毛施術は、「永久脱毛」をうたっていても「永久」脱毛ではありません（景表法5条1号違反になり得ます）。

1　エステの脱毛法の種類・内容と効果

　脱毛法には、〔表3〕のような方法などがあります。

　〔表3〕の③ニードル式電気脱毛法に関して、「毛のうへ針を挿入し、ⓐ直流を通電して水酸化ナトリウムを発生させて毛根部を破壊する（電気分解法）、ⓑ高周波電流を通電して抵抗熱により毛根部を破壊する（高周波法）、という方法による脱毛行為」は、医師法17条の「医業」に該当するとされています（厚労省通達〔【資料2】(1)①〕）ので、ニードル式電気脱毛法をエステで行っている場合には、医師法違反になります。

　〔表3〕の④光脱毛法については、「レーザー光線又はその他の強力なエネ

29

第1章　I　エステに関する基礎知識

〔表３〕主な脱毛法の種類・内容一覧

脱毛法	内　　容
①　ワックス脱毛法	ワックスを使って体のむだ毛を一時的に抜き取る脱毛法。
②　ツイザー法	毛をピンセットでつまんで、そのピンセットに電流を流して体のむだ毛を一時的に抜き取る脱毛法。
③　ニードル式電気脱毛法	毛穴に電気針を刺して、その針に電流を流し、毛を生産する場所である毛乳頭等を破壊する脱毛法。
④　光脱毛法	可視光線を毛に照射する脱毛法。この光は黒い物（メラニン色素）にのみ作用するので、黒い毛に光があたり、毛を焼くような状態になる。毛乳頭まで光による熱作用が届いて、毛は数日後に抜け落ちていくというしくみとされる。
⑤　レーザー脱毛法	黒い色素に集中する特殊なレーザー装置を使用し、レーザー光線を毛根や毛包（毛根を包んでいる部分）、毛乳頭に照射することで、毛の再生を弱め、あるいは活動を停止させる脱毛法。レーザー脱毛法は、毛根に直接働きかけるため、剃毛をしたままの状態で脱毛をすることができる。おおよそ１秒の照射で約１cm²の毛を処理することができるとされており、照射時間が両腋で約10分と短くてすむというのも、レーザー脱毛を勧める１つのうたい文句となっている。

ルギーを有する光線を毛根部分に照射し、毛乳頭、皮脂腺開口部等を破壊する行為」は医療行為であり、医師免許を有しない者が業として行えば医師法（17条）に違反するとされているため（厚労省通達（【資料６】）参照）、エステにおける光脱毛法で「毛乳頭、皮脂腺開口部等を破壊する行為」をして、永久的な脱毛を行っていた場合には、医師法違反となります（なお、警察による逮捕例も複数あります）。

　そのため、エステで行われる光脱毛では、通常、毛乳頭等は破壊しない程度の熱を生じるものなので、「永久脱毛」をうたっていても、厳密には「永久」脱毛にはなりません。それにもかかわらず、エステが「永久」脱毛をうたっている場合には、「優良誤認表示」として景表法５条１号違反になると考えられます（優良誤認表示については、Q15参照）。

　日本エステティック振興協議会は、「美容ライト脱毛自主基準」を策定し

30

て、エステサロンで行われる光脱毛については医師法に違反しないよう「除毛・減毛を目的に皮膚に負担を与えず毛の幹細胞を破壊しない範囲」で行うこととしたうえで、使用する機器についても、「美容ライト機器適合審査制度」に適合した機器を使用することと定めています。しかし、美容ライト脱毛とうたっていても、実際に行われている施術が上記の自主基準に抵触しない範囲にとどまっているかどうかはわかりませんし、絶対に安全かどうかは別問題です。

〔表３〕の⑤レーザー脱毛法は、「レーザー光線又はその他の強力なエネルギーを有する光線を毛根部分に照射し、毛乳頭、皮脂腺開口部等を破壊するという医療行為」に該当し、これを医師免許を有しない者が業として行えば医師法に違反するとされています（【資料６】参照）。

レーザー脱毛法がエステで行われた場合には、医師でない者が医業を行った場合として、医師法違反になります。

以前、無資格で脱毛行為を行っていたエステサロン経営者らが、平成27年11月５日、神奈川県警に逮捕されました。

② 脱毛法の効果

体毛は、成長期（まつ毛が２カ月～３カ月、手足の毛が３カ月～６カ月、陰毛が１年～２年）と休止期（陰毛が１年～１年半、そのほかが３カ月～５カ月）という一定の周期で生え変わります。

そのため、施術時に生えているすべての体毛を処理しても、休止期にある体毛の処理はできませんので、すべての体毛を処理するためには、毛周期にあわせて相当回数の施術を受ける必要があります。また、効果については個人差が大きく、また、脱毛する場所によってかなり異なるといわれています。

さらに、エステティシャンといっても、公的資格を有するものではなく、研修期間も各エステサロンでバラバラであり、エステサロンによってはエス

第1章　Ⅰ　エステに関する基礎知識

テティシャンになるための研修を全く行っていないところもあるくらいですので（Q3参照）、当然、その技術の優劣の差は著しく、脱毛効果もその施術をするエステティシャンにより相当の差が現れるものです。

③　脱毛法の危険性・トラブル

(1)　ニードル式電気脱毛法の危険性

　ニードル式電気脱毛法は、施術時に刺入痛や小出血、通電中の痛みがあり、脱毛後にも脱毛部分の腫れ、内出血、皮膚の知覚障害、リンパ腺障害などが一定期間続くことがあります。

　近畿弁護士会連合会消費者委員会が、過去に実施した「エステ・美容被害110番」では、電気針を毛穴に刺して電流を流すためヤケドをした、毛穴が化膿して毛のう炎になった、ヤケドの痕が色素沈着して黒くなった、ひどい例としては針の消毒がなされていなかったためB型肝炎に罹患したという相談が寄せられました。国民生活センターにも、危害を受けたという苦情が寄せられていました（【資料3】(1)①）

(2)　光脱毛法・レーザー脱毛法の危険性

　光脱毛法・レーザー脱毛法は、光やレーザーが黒い色素（脱毛の場合はメラニン色素）だけに反応することを利用することから、本来、日焼けしている部分や皮膚炎等で黒くなった部分に光照射やレーザー照射をすることはできません。というのも、その黒くなった部分に光やレーザーが反応して、ヤケドを起こす危険性があるからです。　そのため、もともと肌の黒い人や、乳輪、外陰部なども同様の理由で光脱毛やレーザー脱毛はできません。

　さらに、施術ができる場合でも、照射の時間や量を誤って過剰に照射したときは、ヤケドを起こす場合もあります。ヤケドになった場合、ヤケドが治っても、その痕が、色素脱失で部分的に白くなったり、色素沈着を起こしてシミになることもあります。国民生活センターへは、このような危害相談が依然としてなくなっていません（【資料3】(1)㉕）

32

Q8　エステでの脱毛の方法、その効果および危険性はどのようなものか

コラム①　医師法17条違反の場合の契約の効力

　レーザー等による脱毛、アートメイク、ケミカルピーリングは、エステにおいても行われているようです。

　しかし、これらについては、厚労省の通達（【資料6】）によって、医師が行うのでなければ保健衛生上危害の生ずるおそれのある行為であり、医師免許を有しない者が業として行えば医師法17条に違反するとされています。

---

(1)　用いる機器が医療用であるか否かを問わず、レーザー光線又はその他の強力なエネルギーを有する光線を毛根部分に照射し、毛乳頭、皮脂腺開口部等を破壊する行為（レーザー等による脱毛）

(2)　針先に色素を付けながら、皮膚の表面に墨等の色素を入れる行為（アートメイク）

(3)　酸等の化学薬品を皮膚に塗布して、しわ、しみ等に対して表皮剥離を行う行為（ケミカルピーリング）

　では、エステでこれらの行為が行われた場合（医師法17条違反の場合）、エステと顧客との契約の効力はどうなるのでしょうか。

　この点、弁護士資格のない者が法律事務の取扱いを行った場合（弁護士法72条違反の場合）には、委任者との契約の効力は、公序良俗違反（民法90条）により無効とされています（最高裁昭和38年6月13日判決。この判決では、弁護士法72条は強度の公益的要請から規定されていると判断されています）。

　医師法17条は、医療によって公衆衛生の向上・増進に寄与し、もって国民の健康な生活を確保しようとするものですから、弁護士法72条以上に強度の公益的要請をもつものといえますので、上記判例との比較からすれば、医師でない者が医業を行った場合にも、その契約の効力は公序良俗違反により無効とされるべきです。

　よって、レーザー等による脱毛、アートメイク、ケミカルピーリングなどがエステで行われた場合には、エステと顧客との契約の効力は無効となり、顧客は未払代金については支払う必要がなく、また、既払代金については返還請求ができることになると考えられます。

33

第1章 Ⅰ エステに関する基礎知識

Q9 アートメイクの内容、危険性と問題点は何か

アートメイクとはどのようなものでしょうか。安全性に問題はないのでしょうか。また、一度実施したアートメイクが気に入らない場合、やり直したり、消すことはできますか。

▶ ▷ ▷ Point

① アートメイクは、医療行為です。

② エステサロンでアートメイクを行うことは医師法に違反します。

③ アートメイクは消えないため、医師による除去手術が必要になります。

1 アートメイクとは

エステサロンで「アートメイク」として宣伝されているものの多くは、眉や唇の線をくっきりと描くいわゆる「落ちないメイク」のことを指しています。ほかにも、「アザやシミを消す（隠す）ため」のアートメイクと宣伝されていることもあります。

施術方法は、細い針の先端に色素を付着させ、それを肌に刺して皮下に色素を沈着させるというものです。いわゆる「落ちないメイク」として眉や唇に施術する際には、眉や唇と近い色を入れ、アザやシミを隠すための施術には、肌に近い色を入れることになります。

エステサロンの広告の中には、「表皮にしか色素を入れないので、入れ墨ではありません。数年間で消えます」と説明するものも見受けられますが、人の皮膚はその表面から表皮、真皮、皮下組織の三層から構成されていて、表皮の厚さはおよそ0.1 mmから0.3 mmと極めて薄いので、そもそも針の先端を表皮内に止めることは技術的に不可能です。そのため、アートメイクでも

34

針の多くは真皮に到達しており、入れ墨と同じ手法になりますから、数年経過してもきれいに消えるわけではありません。

アートメイクは、針で皮膚を刺すことにより皮膚組織に損傷を与えて出血させるだけでなく、針の消毒が万全でない場合は化膿性細菌やウイルス等の感染、針に付着させた色素に対するアレルギー反応、異物反応の可能性もある危険なものです。さらに、針が新しくても、墨の衛生管理等が不十分なことが原因になって感染を招く危険性もあります。

国民生活センターの危害情報（【資料3】(1)⑬）においては、眉へのアートメイクの施術後に、施術部位が化膿したとか、かさぶたのまま治らないなどの皮膚障害の発生や、アイラインのアートメイクで角膜に傷がついたなどという被害例が報告されています。

また、そのほかにも、肉芽腫ができたという被害例もあるようです。

② アートメイクは医療行為であり、エステでは行えない

厚生省は、「顔面にあるシミ・ホクロ・あざなどの部分の皮膚に肌色等の色素を注入する」行為について、医師法の医業に該当する旨を回答しています（平成元年6月7日医事35号）。

さらに、警察庁生活安全局生活環境課長からの照会に対しても、厚生省は、「電動式アートメイク器具を使用して皮膚の表面の墨等の色素を入れる行為」は医師法に規定する医業に該当する旨を回答しています（【資料2】(1)②）。

加えて、厚労省は、「針先に色素を付けながら、皮膚の表面に墨等の色素を入れる行為」について、医師が行うのでなければ保健衛生上の危害の生ずるおそれのある行為であり、医師免許を有しない者が業として行えば医師法（17条）に違反するとしています（同省通達（【資料6】））。

実際、過去に、アートメイクを行っていたエステサロンが摘発され、経営者に懲役1年の実刑判決がなされた例もありましたが（東京地裁平成2年3

第1章　Ⅰ　エステに関する基礎知識

月9日判決)、その後も同様の事案による逮捕が後を絶ちません。

　現在でもアートメイクを行っているエステサロンが見受けられますが、これは医師法違反にあたりうる危険な施術を行っているということなのです。

③　アートメイクは消えない

　アートメイクをしたものの、色素の注入が均一でないためムラになってしまった場合や、形が気に入らない場合、さらに時間の経過とともに変色してしまった場合など、その後にやり直したくなる場合が少なくありません。

　しかし、すでに説明したとおり、アートメイクでは針の多くは真皮に達しており、数年間が経過したからといって、きれいに消えてしまうものではありません。

④　除去するには医師による手術が必要

　入れ墨の痕を除去する医療行為としては、レーザーで皮膚を焼灼し、壊死した皮膚とともに色素を除去する方法や、皮膚を削り取る方法、皮膚を切除して縫合する方法などがありますが、アートメイクの除去にもこれらの方法が用いられることになります。

　これらの施術は、いずれも、入れ墨やアートメイクそのものよりも皮膚への損傷が大きく危険を伴うものですから、医師による手術および術後の管理が不可欠です。

　また、除去手術の痕が残る可能性が少なからずありますので、どうしてもアートメイクを除去したいという場合は、きちんと医師の診察を受け、除去方法について相談することが大切です。アートメイクの除去についてエステサロンに相談することは避けるべきです。エステサロンでは、さらにアートメイクを施すことによって形を整えようとしたり、肌の色の色素を注入することによって、以前のアートメイクを目立たないようにすることを勧めることがあります。しかし、アートメイク自体が医師法に反しうる危険な施術で

すから、このような施術を重ねて受けることは危険です。

さらに、追加の施術を受けることによっても、希望どおりに除去の効果が得られるとは限らないのです。

5 補 足

医師免許をもたずに客にタトゥー（入れ墨）を施したとして、彫り師が医師法違反の罪に問われた刑事裁判について、平成29年9月27日、大阪地方裁判所において、罰金15万円の有罪判決が出て、控訴がなされました。

控訴審である大阪高等裁判所は、平成30年11月14日、入れ墨（タトゥー）の施術は、医療及び保健指導に属する行為とはいえず、医療関連性は認められないので、医師法17条が禁止している医業の内容である医行為には該当しないとして、逆転無罪判決を出しました。

しかし、この高裁判決においても、美容目的でなされるアートメイクについては、入れ墨（タトゥー）とは同一に論じることはできず、美容整形の範疇としての医行為という判断が可能であるとしています。

上記高裁判決に対しては上告がなされており、最高裁判所が、医師法17条の医行為の解釈についてどのような判断を示すのかが注目されます。

第1章 Ｉ エステに関する基礎知識

Q10 健康食品について痩身効果がうたわれているが効果はあるか、またその広告に問題はないか

健康食品について、体験談を掲載し、「飲むだけで痩せる」とインターネットなどでよく宣伝していますが、本当に痩せるのでしょうか。このような広告に問題はないのでしょうか。

▶ ▶ ▶ Point
① 食事制限も運動もせず、痩せることはありません。
② 健康食品の痩身効果を標榜する広告には、景表法および健康増進法に違反するものが多くあり、消費者庁から措置命令も出されています。

1 健康食品とは

健康食品は、一般的には、健康の保持または増進に係る効果、機能等を表示して販売・利用されている食品全般を指しています。

食品安全基本法の制定に伴い内閣府に設置された食品安全委員会が、平成27年12月に「いわゆる『健康食品』に関するメッセージ」を出しており、ダイエット食品について、次のように記載しています。

体重を減らす効果をうたう食品（いわゆるダイエット用食品）は、人での安全性が実証されているものはほとんどありません。「運動や食事制限なしに痩せられる」といった類のうたい文句には注意が必要で、多くは効果もないと思われます。食べて痩せる食品は栄養状態を低下させる有害物といえます。仮に何らかの効果がある場合には、その作用の仕組みを考えれば、安全性におけるリスクが高いと考えられます。なかには医薬品成分やそれに類似した成分、規制対象となる成分が含まれているものもあり、重篤な肝障害に至った例や死亡した例もあります。医薬品成分が添加された製品は、「無承認

38

Q10 健康食品について痩身効果がうたわれているが効果はあるか、またその広告に問題はないか

> 無許可医薬品」（医薬品成分やそれに似た成分を違法に添加しているもの）であり、行政による取り締まりの対象になりますが、ネット上の販売が多く、一見「健康食品」のように販売されていることがあります。これらの食品を摂ることには注意が必要ですし、ましてや多量に摂ったり、体調が悪くなっても我慢して無理に続けたりしてはいけません。

　広告にはよく体験談が記載されていますが、体験談は、安全性・有効性を示す根拠にはなりません。効いたという事例がたくさんあげられていても「安全・有効であることが科学的にわかった」とは言えないのです。

　「健康食品」は消費者が自ら判断して摂取するか否かを決めるものであることに照らせば、消費者としてはあらかじめ情報を入手してその安全性等を知っておくことが重要であるといえます。食品安全委員会や厚労省では、「健康食品」の健康被害に関する情報をインターネットで提供していますので、参考にして、自分の健康状況や体調をよく考えたうえで選択することが大切です。

② 健康食品の表示に対する規制

　健康食品の広告・宣伝が活発化する中で、その効果を期待させる虚偽・誇大広告や不当表示も増えています。

　健康増進法31条1項は、「健康保持増進効果等」についての虚偽誇大表示（「著しく事実に相違する表示」および「著しく人を誤認させる表示」）を禁止しています。

　「健康保持増進効果等」の内容について、内閣府令で定める事項の中には「人の身体を美化し、魅力を増し、容ぼうを変え、又は皮膚若しくは毛髪を健やかに保つことに資する効果」が入っており、今回の質問のケースもこれにあたります。

　「事実に相違する」とは、広告等に表示されている健康保持増進効果等と実際の健康保持増進効果等が異なることを指し、「人を誤認させる」とは、

39

第1章　I　エステに関する基礎知識

食品等の広告等から一般消費者が認識することとなる健康保持増進効果等の印象や期待感と実際の健康保持増進効果等に相違があることを指します。

　景表法は、不当な表示（優良誤認表示および有利誤認表示）を禁止しています（5条。詳しくはQ14～Q16参照）。

　景表法および健康増進法に照らして問題となる表示について、消費者庁は「健康食品に関する景品表示法及び健康増進法上の留意事項について」（【資料1】(3)①）を公表しています。本留意事項の対象となる「健康食品」とは、健康増進法に定める健康保持増進効果等を表示して食品として販売に供する物をいいます。

　景表法および健康増進法に照して問題となる表示例として、次のようなものがあげられています。

① 　健康食品を摂取するだけで、特段の運動や食事制限をすることなく、短期間で容易に著しい痩身効果が得られるかのような表示
② 　最上級またはこれに類する表現を用いている場合
③ 　体験談の使用方法が不適切な表示

③　景表法と健康増進法による規制の違い

　景表法の規制の対象となる者は、商品・サービスを供給する事業者であり、広告媒体を発行する事業者（新聞社、出版社、広告代理店等）は、原則として規制の対象となりません。

　これに対し、健康増進法は「何人も」虚偽誇大表示をしてはならないと定めており（31条1項）、食品の製造・販売業者に限られないため、広告媒体を発行する事業者等も規制の対象となります。

④　違反行為に対する措置や罰則など

　景表法違反行為に対しては、その行為の差止めもしくは再発防止のための措置を命ずること（措置命令）ができます（【資料12】参照）。措置命令に違反

Q10　健康食品について痩身効果がうたわれているが効果はあるか、またその広告に問題はないか

した者および事業者やその代表者等には罰則の規定もあります（36条・38条・39条。Q16参照）。

　また、課徴金納付命令（景表法8条）も出されることになり、平成30年1月19日には、痩身効果を標ぼうする機能性表示食品の販売事業者9社に対して、合計1億円を超える課徴金納付命令が出されています（【資料15】参照）。

　健康増進法31条1項違反に対しては、消費者庁は、改善するよう指導を行い、国民の健康の保持増進および国民に対する正確な情報の伝達に重大な影響を与えるおそれがあると認めるときは、措置をとるべき旨の勧告ができます（32条1項）。平成28年3月1日には、ライオン株式会社に対して健康増進法に基づく勧告が出されて公表されています（【資料16】参照）。

　正当な理由なく措置をとらなかったときは勧告に係る措置命令ができます（健康増進法32条2項）。措置命令に違反した場合は、6カ月以下の懲役または100万円以下の罰金の規定があります（同法36条の2）。

41

第1章 Ｉ　エステに関する基礎知識

Q11 小顔矯正に効果はあるか、またその広告に問題はないか

　「小顔矯正」を標榜しているサロンがありますが、効果はあるのでしょうか。このような広告に問題はないのでしょうか。

▶ ▶ ▶ Point
① 「小顔矯正」でうたわれることの多い、「頭蓋骨の縫合線を詰め、骨を整えるという手技により、即効性と持続性のある小顔効果が得られる」などという広告には合理的・科学的根拠はありません。
② 「小顔矯正」という役務（手技）の表示については、消費者庁から措置命令が出されています。

1 「小顔矯正」の効果

　「頭蓋骨は23枚の骨でできていて、そのつなぎ目である縫合線が年齢とともに開いてくるが、その縫合線の隙間を埋めれば小顔になり、１回の施術で１cm〜４cmも顔の幅が変わり、長い顔も１cm〜２cm短くする小顔が実現できる」などと広告宣伝している「小顔矯正」を行うサロンがあります。

　「小顔矯正」は、手技により頭蓋骨の縫合線を詰め、骨を整えることにより、即効性と持続性のある小顔効果が得られることを標榜するサービスといわれています。　平成25年３月21日に報道発表された「国民生活センターADR の実施状況と結果概要について（平成24年度第４回）」の事案28「小顔矯正の施術代金の返金に関する紛争」において、小顔矯正の施術について、参考人である形成外科の専門医は「①縫合線は、そのすき間は１mmもないため、個人差があるものの、一般的には年齢とともに開くということはなく、

42

施術サービス契約書の施術効果の確認欄に記載されているような1～3cm単位での小顔矯正は不可能である。②下顎骨はそもそも1つの骨であり、縫合線が開くということはなく、圧力をかけて縫合線を埋めたり、えらを内側に入れたりすることは不可能である。③えらの施術前後の測定差が3.8cmまたは3cmという数値であるが、仮に下顎骨がこれほどに縮小すると上顎骨との接合部分に異常が生じる。④施術前後の測定箇所が客観的に記録されておらず、測定方法が正確とは言い難い。⑤骨格の変形により小顔矯正の効果が得られるというのであれば、施術前後のレントゲン写真等により客観的な判定が可能でなければならないが、1～3cmもの縮小を示す証拠資料は示されていない。⑥骨格を矯正して半永久的に元に戻らない施術であるとすれば、不可逆的に人間の骨を変形させる施術は医療行為に該当し、医療行為は医師免許を持つ医師しかできず、医師以外の者が医療行為を行ったときは医師法に違反する」等の意見を述べています。

　「小顔矯正」と広告・宣伝する施術の多くは頭蓋骨に圧をかける方法が多いようですが、即効性と持続性のある小顔効果が得られるとはいえず、反対に大きな力を頭蓋骨にかけることは身体への危険性の高い施術といえます。

2　「小顔矯正」と称する役務の表示に対する措置命令

　小顔矯正の役務に関する表示について、景表法5条に違反する行為（表示を裏づける合理的根拠が示されず、優良誤認に該当）であるとして、平成25年4月23日、同法7条の規定に基づき、消費者庁が措置命令を出しました。この措置命令は、役務を受けることで頭蓋骨の縫合線が詰まるとともに、頬骨等の位置が矯正されることによって、直ちに小顔になり、かつ、それが持続するかのように示していた表示が、この役務の内容について、一般消費者に対し、実際よりも著しく優良であると示すものであるとして出されたものです（Q14～Q16も参照）。なお、平成28年6月28日・29日に9事業者に対して、同様の措置命令が出されています（【資料13】）。

第1章　I　エステに関する基礎知識

Q12 手技による医業類似行為（整体など）の資格制度、広告に問題はないか

カイロプラクティックや整体術についての法的な資格制度はあるのでしょうか。具体的な効能効果を広告・宣伝しているところがみられますが、このような広告に問題はないのでしょうか。

▶ ▶ ▶ Point

① 手技による医業類似行為のうち、あん摩マッサージ指圧や柔道整復については法的な資格制度がありますが、整体術やカイロプラクティックには法的な資格制度はありません。

② 手技による医業類似行為の広告には問題のあるものが多くあります。

1 手技による医業類似行為による危害

消費者庁によれば、法的な資格制度がない医業類似行為の手技による施術で発生した危害情報が平成21年9月〜29年3月末までに1483件寄せられており、そのうち治療期間が1カ月以上の重症となる事故が240件と全体の約16％を占めています。法的な資格制度がない施術には、医業類似行為とされる、①いわゆるカイロプラクティックや②いわゆる整体、③心身の緊張を弛緩させることを目的としたリラクゼーションマッサージなどがあり、医学的観点から人体に危害を及ぼす可能性のある施術は禁止されていますが、その施術内容は事業者によりまちまちです（消費者庁危害情報（【資料3】(2)③））。

手技による医業類似行為のうち、あん摩マッサージ指圧（あん摩マッサージ指圧師、はり師、きゅう師等に関する法律（以下、「あはき法」と略します））や柔道整復（柔道整復師法）については法的な資格制度があり、これらは、

44

文部科学大臣の指定した学校または厚生労働大臣の認定した養成施設におい
て3年以上の教育を受け、国家試験に合格した者のみ業として行うことがで
きること、施術所を開設する場合は、所在地の都道府県知事に届け出なけれ
ばならないことが定められています。

「あはき法」により、医師以外の者がマッサージを業として行う場合に
は、あん摩マッサージ指圧師免許が必要とされます（同法1条）。マッサー
ジの定義・基準は法律で特に定められていませんが、「施術者の体重をかけ
て対象者が痛みを感じるほどの相当程度の強さをもって行うなど、あん摩
マッサージ指圧師が行わなければ、人体に危害を及ぼし、又は及ぼすおそれ
のある行為」の程度に至るようなマッサージについては、無資格の者が業と
して行うことは禁止されています（【資料2】(3)②）（同法13条の7）これに違
反すると罰則の適用もあります。

法的な資格制度のない整体術やカイロプラクティックなどの手技による医
業類似行為については、施術者の技術水準や施術方法がばらばらな状況にあ
ることが指摘されています。カイロプラクティックについては世界保健機関
（WHO）により定義づけられていますが、整体術について統一された明確な
定義はありません。

厚労省は「医業類似行為に対する取扱いについて」（【資料9】）により、
カイロプラクティックの取扱いについて、禁忌対象疾患の認識、一部の危険
な手技の禁止、適切な医療受療の遅延防止、誇大広告の規制などにつき、通
知しています。

2 広告の問題

あん摩マッサージ指圧や柔道整復の施術所についても、法律で定められた
事項（施術者の住所・氏名、施術所の名称・電話番号・所在地、施術日・施術時
間、その他厚生労働大臣が指定する事項）以外の広告は認められておらず（あ
はき法7条、柔道整復師法24条）、出身校・経歴、料金・施術金額、技能・施

第1章　Ⅰ　エステに関する基礎知識

術方法、流派名、適応症等の広告はできません。

　法的資格制度のない整体術やカイロプラクティックの施術所において、適応症の表示や疾病に効果があると受け取られるような広告がなされているものの中には、消費者に誤認や過度な期待を与えるおそれもあり、その場合には景表法違反にあたるものもあります。

　あん摩マッサージ指圧師の免許を得ていない施術所において「マッサージ」という語句を用いた広告がなされている場合には、あん摩マッサージ指圧が行われていると一般人に誤認を与えるおそれがあるので問題です。

コラム②　鍼灸を用いたエステ施術に美容効果はあるか

　「痩身鍼・灸」と宣伝しているようなエステサロンがありますが、鍼（はり）や灸の施術をするには「あん摩マツサージ指圧師、はり師、きゆう師等に関する法律」に基づく厚生労働大臣の免許が必要です。免許をもたない施術者が、鍼灸を行うことは違法ですし、同法により、適応症に関する広告は禁止されていますので、広告で美容効果をうたうことはできません。

　それでは、そもそも、鍼灸には美容効果があるのでしょうか。

　中医の資格をもつ呉澤森さんの書かれた『鍼灸の世界』（集英社新書）には、鍼灸療法が対象とする病気や症状、治療効果について、報告されていますが、直接的に痩身効果や美容効果があるとは紹介していません。また、外科の医師である渡邊裕さんの書かれた『医家のためのわかりやすい鍼治療』（金芳堂）や明治国際医療大学の名誉教授である尾崎昭弘さんの書かれた『図解鍼灸臨床手技マニュアル』（医歯薬出版）においても、直接的に痩身や美容に効く「経絡」（気や血の流れ）や「経穴」（ツボ）の紹介はありません。わずかに「肥満に対する円皮鍼による耳（胃点・飢点）鍼法」が紹介されているのみです。

　このように鍼灸療法の専門家の解説をみても、直接的に痩身や美容に効く鍼灸療法はありません。「痩身鍼で痩せられる」とか「鍼灸できれいになる」とは考えずに、鍼灸の治療で全身の健康状態が改善すると間接的には美容にも役立つと考えるべきではないでしょうか。

　なお、鍼治療に関するガイドラインとしては、WHOが策定した「鍼治療の基礎教育と安全性に関するガイドライン」があります。

Q13 植毛・増毛・育毛の違いは何か、トラブルにはどのようなものがあるか

Q13 植毛・増毛・育毛の違いは何か、トラブルにはどのようなものがあるか

薄毛の解消を目的とした「植毛術」、「増毛術」、「育毛術」が広告・宣伝されていますが、実際にどのようなことが行われていますか。その効果はあるのですか。また、どのようなトラブルがありますか。

▶ ▷ ▶ Point

① 「植毛術」は、頭皮内に他の部位から採取した毛根や人工毛髪を埋め込む手術です。エステでは行えません（Q56参照）。

② 「増毛術」は、毛髪や人工毛髪を結び付ける施術です。エステでも行うことができます。

③ 「育毛術」は、発毛効果を促進する施術の総称ですが、薬剤の処方は医師でなければできません。

1 植毛術

植毛術とは、自身の他の部位から採取した毛根や人工毛髪を頭皮に切れ込みを入れて植え込む手術（植毛術およびそのトラブルについては Q56参照）なので、エステで行うことは法律で禁止されています（医師法17条）。

2 増毛術

（1）増毛術の内容

増毛術とは、健康な頭髪の根元付近に複数の毛髪や人工毛髪を結び付けて固定して、たくさんの毛髪が生えているように見せる施術です。

（2）増毛術のトラブル

47

第1章　I　エステに関する基礎知識

増毛術のトラブルには、施術を受ける前に受けた説明ほどには、外形上の改善が見られない場合や、施術直後は増毛の効果に満足していたが、結び付けた複数の毛髪や人工毛髪の固定が十分ではなく、短期間のうちに頭髪から外れてしまった場合などがあります。

(3)　トラブル解決の指針

施術業者からの事前の説明内容（結び付ける毛髪の本数や標準的な固定期間など）と実際の増毛術の内容や効果に大きな違いがあれば、増毛術契約の債務不履行として、施術料金の返還を請求することも可能になるでしょう。

③　育毛術

(1)　育毛術の内容

育毛術とは、頭皮へのマッサージなどにより頭皮・毛根周辺の血流の促進や頭皮・毛根周辺の組織の健康状態を増進させて育毛効果を高める（非医療）施術や、食事制限や栄養指導を行って育毛効果を高めさせるという（非医療）生活指導などのほか、男性型脱毛症（AGA）の内服治療薬であるフィナステリド（finasteride。商品名：プロペシア）などの医薬品を処方する AGA 治療などがあります。

(2)　育毛術のトラブル

育毛術のトラブルには、育毛施術契約を締結するにあたり「必ず生える」というように育毛術の効果を断定的に説明し、さまざまな（非医療）施術を行ったり、長期間にわたって食事制限や栄養指導を行ってきたが、実際にはセールストークに反して育毛効果がなかったという例があります。

(3)　トラブル解決の指針

育毛施術業者からの事前の説明内容（育毛効果の見通し）と実際の育毛効果の結果に大きな違いがあれば、育毛施術契約の債務不履行として、施術料金の返還を請求することも可能になるでしょう。

また、過度の食事制限や誤った栄養指導の結果、健康状態を害したときは

Q13　植毛・増毛・育毛の違いは何か、トラブルにはどのようなものがあるか

損害賠償を請求することも可能になるでしょう。

コラム③　植毛術、増毛術、育毛術の被害について相談を受ける際の留意点

　植毛術、増毛術、育毛術は、いずれも外観の改善を目的とする点で一致しており、施術業者の責任を追及するにあたっては、手術ないし施術契約締結時の説明どおりの効果が得られたかどうかが問題になります。

　そこで、手術や施術の契約締結時点における説明内容——どの程度の効果があると説明されたのか、その効果が持続する期間はどの程度か、その効果は万人に対して発生するものなのか、その効果を得るためにはどのような経済的負担や生活上の不便があるのか、その効果が得られなかった場合にはどのような救済措置があるのか、手術や施術を受けるかどうかを決めるにあたって慎重な判断を妨げるような事業者の言動がなかったかなど——について確認する必要があります。

　なお、育毛術においては、提携医療機関による薄毛治療を併用させる場合がありますので、提携医療機関への通院、医薬品の投与を受けていないか、どのような医薬品が投与されたか、副作用の発生の有無および事前説明の内容についても、相談者からよく聞いて、把握する必要があります。

　次に、手術ないし施術により、その目的である外観の改善という効果が得られたのかどうかを判断する必要があり、その方法として、施術を受ける前の薄毛の状態が確認できる写真を施術業者から入手することが考えられます。

　植毛術の場合は、医療行為にあたりますので、カルテの作成義務があり、手術前後の頭部写真の撮影がされるのが通常です。増毛術や育毛術の場合も、施術前後の薄毛の状態を写真撮影していることが一般的ですので、医療機関に対してこれらの資料の提供を求めることになります。

　施術業者によっては、施術前後の資料の提供に応じなかったり、最低限の資料（最初と最後の施術時の写真のみなど）しか提供しない者がいますが、施術の効果が契約締結時の説明どおりであったかどうかを確認するためには、最初と最後の写真のみでは足りません。

　このように必要な資料の提供が得られない場合には、証拠保全手続（民事訴訟法234条）を行うことにより、施術業者の手元にある資料を入手できる場合もあります。

49

第1章　Ⅱ　エステに関する広告表示

Ⅱ　エステに関する広告表示

Q14　いかにも有利だと思わせるエステの料金表示に問題はないか

エステサロンの広告には、実際は違うにもかかわらず「ボディートリートメント1回・60分・6000円」とか、「痩身1万円コースが今なら5000円」、「1カ月間フリーパス3万円」などいかにも有利と思わせるものがありますが、そのような広告に問題はないのでしょうか。

▶ ▶ ▶ Point
① 　景表法では、優良誤認表示、有利誤認表示、おとり広告が禁止されています。
② 　有利誤認表示とは、価格や取引条件に関して、実際よりも、著しく有利であると誤認させる不当表示です。
③ 　おとり広告とは、実際にはそのとおり購入することができないものであるのに、これを購入できると誤認させる不当表示です。

1　景表法による広告規制

景表法は、次の3種類の不当表示を禁止しています（5条）。

① 　優良誤認表示　　商品・サービスの品質、規格、その他の内容について著しく優良であると誤認させる不当表示（Q15参照）
② 　有利誤認表示　　商品・サービスの価格、その他の取引条件について著しく有利であると誤認させる不当表示
③ 　その他誤認されるおそれのある表示　　おとり広告に関する表示など、一般消費者に誤認されるおそれがあると指定された6つの告示

50

② 有利誤認表示とは

　有利誤認表示とは、商品やサービスの価格などの取引条件について、実際のものや事実に相違して競争事業者のものより著しく有利であると一般消費者に誤認される表示です（景表法5条1号）。

　たとえば、質問のように「ボディートリートメント1回・60分・6000円」という記載があれば、トリートメント1回を6000円で受けられると思いがちです。しかし、実際には、エステサロンで設定した複数回のコース契約しか受け付けておらず、コース料金を何十万円も支払わせていたとします。このように、多数回にわたる一括契約しか受け付けないにもかかわらず、手頃な価格で1回ごとの美容サービスを受けられるかのような表示がなされているとすれば、有利誤認表示にあたります。また、「痩身1万円コースが今なら5000円」というような表示についても、期間限定の特別料金と思わせながら、実際にはほとんど1年中その価格で提供していた、あるいは、その割引価格での販売が常態化していて通常価格となっていたというような場合は、有利誤認表示となります（消費者庁の不当な価格表示の考え方（【資料1】(4)②参照）。

③ おとり広告とは

　一般消費者に誤認されるおそれのある表示（景表法5条3号）の1つとして、「おとり広告に関する表示」（平成5年4月28日公正取引委員会告示第17号）があります。サービスの供給量が著しく限定されているにもかかわらず、その旨を明示していない表示やサービスの供給期間、供給の相手方または顧客1人あたりの供給量が限定されているにもかかわらず、その旨を明示していない表示などがこれにあたります。1カ月フリーパス3万円とうたいながら、実際には混んでいてサービスを受けられないというような場合には、おとり広告に該当する可能性があります（消費者庁「おとり広告に関する表示等の運用基準」（【資料1】(4)④）参照）。

第1章　Ⅱ　エステに関する広告表示

Q15 エステの効果をことさらに強調する広告に問題はないか

　エステサロンの広告には、「すぐに痩せる」とか「施術を受けることで小顔になる」などという広告がよくありますが、そのような広告に問題はないのでしょうか。

▶ ▶ ▶ Point
① 　優良誤認表示とは、商品やサービスの品質、規格その他の内容について、実際よりも、著しく優良と誤認させる不当表示です。
② 　景表法によれば、効果、性能の表示について合理的根拠を示すことができなければ、優良誤認表示とみなされます（不実証広告規制）。
③ 　特定継続的役務提供は、特商法により、誇大広告が禁止されています。

1 優良誤認表示とは

　景表法は、①優良誤認表示、②有利誤認表示、③その他誤認されるおそれのある表示を禁止しています（5条。Q14参照）。

　このうち、優良誤認表示とは、商品やサービスの品質、規格その他の内容について、実際のものや事実に相違して競争事業者のものより著しく優良であると一般消費者に誤認される表示です（景表法5条2号）。

　たとえば、「施術を受けることで、直ちに小顔になり、かつ、それが持続する」とか「通常あり得ないような短期間で急激な痩身が可能である」かのような表示については、優良誤認表示となります。質問の広告も、この優良誤認表示にあたります。

52

② 不実証広告規制

　景表法によれば、消費者庁長官または都道府県知事は、優良誤認表示にあたるかどうかを判断するため必要があると認めるときは、事業者に対し、表示の裏づけとなる合理的な根拠を示す資料の提出を求めることができます（同法7条2項）。その結果、当該資料が提出されないときは、不当表示とみなされ、景表法に基づく行政処分（Q16参照）を受けることになります。

　消費者庁長官や都道府県知事は効果のないことを立証する必要はなく、資料提出を求められた事業者のほうが、「この施術を受けることで、直ちに小顔になり、それが持続する」とか「すぐに痩せる」という効果があることの合理的根拠を示さなければならないのです（合理的な根拠の判断基準については、消費者庁の「不当景品類及び不当表示防止法第7条第2項の運用指針——不実証広告規制に関する指針——」（【資料1】(4)③）を参照）。

③ 特商法による規制

　エステ契約が特定継続的役務提供にあたる場合（Q17参照）、特商法により、①役務または権利の種類・内容、②役務の効果・目的、③役務の対価・権利の販売価格、④対価・代金の支払時期および方法、⑤役務の提供期間、⑥国、地方公共団体、著名な法人その他の団体または個人の関与などについて、著しく事実に相違する表示をし、実際のものよりも著しく優良であり、もしくは有利であると人を誤認させるような表示をすることが禁じられています（特商法43条、特商法施行規則37条）。

　なお、特商法においても、上記のような表示に該当するか否かを判断する必要がある場合には、消費者庁長官または都道府県知事は、事業者に対し、その表示の裏づけとなる合理的な根拠を示す資料の提出を求めることができ、その提出がないときには、上記の誇大広告に該当するものとみなされます（同法43条の2）。

第1章　Ⅱ　エステに関する広告表示

Q16 エステの不当表示、誇大広告に対する規制はどのようになっているか

エステサロンの広告には、問題のある広告も多いと聞きますが、問題のある広告をなくすために、どのような規制等がされていますか。

▶ ▶ ▶ Point
① 景表法に違反した表示に対して、措置命令が出されることがあります。
② 景表法に違反した場合には、課徴金が課されることがあります。
③ 特商法違反に対しては、指示、業務停止命令の行政処分を課されることがあります。
④ 適格消費者団体は、不当表示や誇大広告の差止請求ができます。

1 景表法違反行為に対する措置命令

　景表法に違反をした場合（Q14・Q15参照）には、消費者庁長官は、①表示が景表法に違反するものである旨を一般消費者に周知徹底すること、②再発防止策を講じて、役員および従業員に周知徹底すること、③今後、同様の表示を行わないことなどの措置命令を出すことができます（同法 7 条）。

　景表法は、以前は公正取引委員会の所管でしたが、平成21年 9 月から、消費者庁の所管となっています。

　そして、景表法の改正により、平成26年12月以降は、調査権限および指示権限のみを有していた都道府県知事も、合理的資料提出要求権および措置命令権限も有するようになりました（同法33条11項）。

　美容やエステに関して、これまでに出された措置命令（東京都の改善指導を含む）には、【資料13】・【資料14】のようなものがあります。

54

措置命令に違反した場合には、罰則の規定もあります（同法36条・38条・39条）。

2 課徴金制度

平成26年11月に改正された景表法により、平成28年4月から、課徴金制度が導入されました（同法8条～25条）。

景表法における課徴金制度とは、事業者が不当表示（優良誤認表示、有利誤認表示）を行ったときに、不当表示を行った事業者に対し、課徴金対象期間に取引をした商品・役務の売上額に3％をかけた金額の課徴金の納付を命じる制度です。課徴金対象期間とは、不当表示を始めてから終了するまでの期間と終了後の一定期間で最大3年間です。違反した事業者が相当の注意を怠った者でないと認められるときや、課徴金額が150万円未満となる場合、不当表示をやめた日から5年を経過したときは、課徴金は課されません。

なお、事業者が、不当表示を行った事実を消費者庁長官に自主申告した場合や、所定の要件・手続のもとで、消費者に対して返金措置を実施した場合には、課徴金額の減免がなされます。

詳しくは、消費者庁「不当景品類及び不当表示防止法8条（課徴金納付命令の基本要件）に関する考え方」（【資料1】(4)⑤）を参照してください。

3 特商法による規制

エステ契約が特定継続的役務提供にあたる場合（Q17参照）は、特商法により、役務の内容または効果その他省令で定める事項について、著しく事実に相違する表示をし、実際のものよりも著しく優良であり、もしくは、有利であると人を誤認させるような表示をすることが禁じられており（同法43条、特商法施行規則37条）、合理的な根拠を示す資料の提出を求められても、それを提出できないときには、禁止された表示に該当するものとみなされます（同法43条の2。Q15参照）。

55

第1章　Ⅱ　エステに関する広告表示

　このような誇大広告等の禁止に違反した場合には、特商法により、消費者庁や都道府県知事から違法不当な状態を改善するために必要な措置をとるべきことの指示を受け、場合によっては業務停止命令を受けることもあります（同法46条・47条。【資料17】）。

　また、誇大広告等の禁止に違反した場合や指示や業務停止命令に違反した場合には罰則の規定もあります（特商法70条2号・71条2号・72条1号）。

4　差止請求権

　景表法の不当表示に対しては、適格消費者団体がその差止請求を行うことが可能です（同法30条）。また、特定継続的役務提供に該当するときには、特商法によっても、適格消費者団体は、その誇大広告にする差止請求が可能です（同法58条の22）。

　なお、平成30年11月現在、特定非営利活動法人消費者機構日本、特定非営利活動法人消費者支援機構関西など全国で19の適格消費者団体が存在します。

┌─コラム④　虚偽・誇大な広告と契約の効力 ─────────

　美容外科やエステの広告に問題がみられることは、Q59・Q60やQ14〜Q16で述べているとおりです。

　美容外科については、医療法により広告できる事項が限られており、虚偽・誇大な広告は禁止されています。また、景表法による優良誤認表示、有利誤認表示の禁止は、美容外科、エステの双方の広告に及んでいます。そして、特定継続的役務提供にあたるエステや美容医療に関しては、特商法による規制により誇大広告が禁止されています。

　これらの規制に違反した場合には、行政処分の対象となり、罰則が設けられている場合もありますが（Q16・Q59参照）、これらの法規に違反したことにより、契約が当然に無効となるわけではありません。

　一方、消費者契約法4条1項・2項によれば、不実告知、断定的判断の提供、不利益事実の不告知がなされ、消費者が誤認したときには、契約の取消しをすることが可能です（Q27参照）。

56

Q16 エステの不当表示、誇大広告に対する規制はどのようになっているか

　契約取消しの要件として、不実告知などが、「契約締結の勧誘をするに際して」行われることが必要とされていますが（消費者契約法4条1項・2項）、これまで、消費者庁の逐条解説では、不特定多数に向けてなされた広告等は、「勧誘」に含まれないという解釈が示されていました。しかし、最高裁平成29年1月24日判決により、「事業者による働きかけが不特定多数の消費者に向けられたものであったとして、そのことから直ちにその働きかけが、勧誘にあたらないということはできない」との判断が示され、この最高裁判決を受けて、逐条解説は改訂されています。

　したがって、広告に、不実告知、断定的判断の提供、不利益事実の不告知が含まれている場合に、その広告によって消費者の意思形成に直接影響を与えていると評価できる場合には、「勧誘」にあたるとして、消費者契約法による取消しができる可能性があります。

　なお、特定継続的役務について不実告知、事実不告知がなされた場合には、特商法49条の2により、契約の取消しができますが、この場合も同じように考えるべきでしょう（Q26参照）。

第1章　Ⅲ　エステに関する契約トラブル

Ⅲ　エステに関する契約トラブル

Q17　エステ契約を締結する際、どのような点に注意すればよいか

> 　特商法という法律には「特定継続的役務提供」という形でサービス契約が規制されていて、エステ契約はその中に入っていると聞きました。すべてのエステ契約が規制対象となるのでしょうか。また、エステ契約の締結にあたってどのような規制がありますか。

▶ ▶ ▶ Point

①　１カ月を超える期間で、５万円を超える金額のエステ契約は、特商法における「特定継続的役務提供」に該当します。

②　特定継続的役務提供契約における「概要書面」は契約締結前に、「契約書面」は契約締結後に、別々に交付する義務があります。

③　「概要書面」や「契約書面」の記載事項は法律で決められています。

1　特商法における「特定継続的役務提供」

　特商法は、８類型７取引（訪問販売、電話勧誘販売、通信販売、特定継続的役務提供、連鎖販売取引（いわゆるマルチ商法）、業務提供誘引販売取引（いわゆる内職商法・モニター商法）、訪問購入、ネガティブオプション）について規定していますが、「特定継続的役務提供」はその中の１つの取引類型です。

　特定継続的役務提供とは、役務提供事業者が、特定継続的役務を、政令（特商法施行令）で定める期間（エステと美容医療は１カ月、それ以外は２カ月）を超える期間にわたり提供することを約し、相手方がこれに応じて政令で定

58

める金額（5万円）を超える金銭を支払うことを約する契約をいいます（特商法41条、特商法施行令11条）。

「特定継続的役務」として政令で指定されているのは、①エステティック、②語学教室、③学習塾、④家庭教師等の在宅学習、⑤パソコン教室、⑥結婚相手紹介サービス、⑦美容医療の7役務です（平成29年6月30日の改正で「美容医療」が追加。Q18参照）（特商法施行令12条）。

継続的役務サービス契約は、長期にわたる契約をさせられることから、後日トラブルになることが多い取引類型です。エステ契約の場合、商品を買う場合のようにサービスの内容をあらかじめ確認することができず、期待したような効果が得られるかどうかを事前に確認することもできません。したがって、契約を締結するにあたっては、最低限の情報として、施術内容、料金体系、中途解約をした場合の返還金額等、契約内容について、書類で事前にしっかりと把握しておくことがとても重要となります。

② 概要書面と契約書面

(1) 二段階の書面交付義務

特商法42条1項は、事業者に対して、契約を締結する前に「取引の概要について記載した書面」（いわゆる概要書面）を交付することを義務づけ、同条2項は、契約を締結した場合には「契約の内容を記載した書面」（いわゆる契約書面）を交付することを義務づけています。

(2) 概要書面の交付時期と記載内容

施術の提供期間が1カ月を超える期間で契約金額が5万円を超えるエステ契約については、エステサロンは契約を結ぶまでに契約内容を説明した書面（概要書面）を渡さなければならないことになります（特商法42条1項）。契約後のトラブルを防止するためには、契約するかどうかを判断するにあたって、必ず、契約内容について説明した概要書面をもらい、これをよく読んだうえで決めることが重要です。

59

第1章　Ⅲ　エステに関する契約トラブル

　そして、特商法42条1項、特商法施行規則32条は、「概要書面」に一定の事項を記載しなければならないとしています。　具体的には、①エステサロンの名称、②施術の内容、③関連商品の商品名・種類および数量（例、化粧品・器具など）、④代金の額、⑤支払時期等、⑥施術の期間、⑦クーリング・オフに関する事項、⑧中途解約に関する事項、⑨抗弁権の接続に関する事項（Q29③参照）、⑩前払保全措置の有無と内容、⑪特約のある場合はその内容です。

(3)　契約書面の交付時期と記載内容

　特定継続的役務提供契約に該当する場合は、エステ契約を締結すると契約書面を作成して交付することが法律上の義務となっており、契約書面には法律で定められた事項がすべて記載されていなければなりません。また契約書面は契約が成立したこと、また契約内容を消費者に知らせる重要な書面ですので、契約締結前の概要書面で代替することはできず、契約が締結された後に遅滞なく交付する必要があります（特商法42条2項）。

　契約書面に記載しなければならない事項としては、概要書面に記載しなければならない(2)で記載した事項に加えて、⑫契約担当者、⑬契約年月日、⑭関連商品の事業者名等があります（特商法施行規則33条）。特商法42条2項および3項において契約書面の主な記載事項が法定され、さらに特商法施行規則33条から36条で、その他の記載事項や記載内容、様式等を規定しています。

　また、タイトルが「契約書」となっていても法律で定められた事項が記載されていなければ法定の「契約書面」とはいえません。Q21で説明するように、特定継続的役務提供契約では、クーリング・オフの期間は法定の「契約書面」を「受け取った日」から起算しますので、法定の「契約書面」といえるかどうかはクーリング・オフができるかどうかを判断するうえで非常に重要な意味をもちます。

(4)　書面不交付に対する行政処分・罰則

60

特商法では、このような概要書面や契約書面の交付をしないことに対して、行政処分や罰則の規定も定められており、平成28年の特商法改正では行政処分（指示・公表（同法46条2項（新設）））・業務停止命令（同法47条）・業務禁止命令（同法47条の2（新設））や罰則（6カ月以下の懲役または100万円以下の罰金。同法71条1号）の内容がさらに強化されています。なお、クーリング・オフ期間の進行との関係については、Q21②を参照してください。

┌─ コラム⑤　クレジット契約書は特商法の「契約書面」になるか ─┐

　特定継続的役務提供のエステ契約をクレジットで申し込んだ場合、個別クレジット契約書だけしか渡されていないことがあります。この個別クレジット契約書をもって特商法の「契約書面」とすることはできるのでしょうか。

　通達（【資料1】(5)①）は、「所定の記載事項が満たされていれば、法の他の規定に基づく交付書面または割賦販売法等他の法令上義務づけられている交付書面等と併せて一葉に記載することも可能である」としています。

　これは、キャッチセールスでエステ契約を締結した場合、本来は、特商法5条の契約書面と同法42条2項の特定継続的役務提供の契約書面のそれぞれの書面を交付する必要があるところ、訪問販売と特定継続的役務提供で要求されている記載事項があわせて記載されていれば、兼用していずれの「契約書面」としても扱うことができることを明らかにしたものです。したがって、理論上は、個別クレジット契約書についても、通達のいう「所定の記載事項が満たされていれば」、特定継続的役務提供契約の「契約書面」として扱うことは可能といえます。特商法も割賦販売法も、「契約書面」が独立の書面であることは要求していませんので、1通の書面をもって必要な記載事項が記載されていれば、それぞれの法律が要求する「契約書面」として扱うことは可能です。

　したがって、交付された複写式の個別クレジット契約書（控え）を見て、特商法が要求している記載事項がすべて記載されているか、記載されている文字や色は基準に従っているか等を丁寧にチェックし（特商法施行規則32条参照）、法定の「契約書面」として扱うことができるかどうか判断することが大切です。

└─────────────────────────────┘

第1章　Ⅲ　エステに関する契約トラブル

Q18　特定継続的役務提供とされるのはどのようなエステか

特定継続的役務提供に指定されている「エステティック」というのはどのようなものでしょうか。また、「美容医療」が特定継続的役務提供に追加されたと聞きました。どのような内容ですか。

▶▶▶ Point

① 特定継続的役務提供に指定されている「エステティック」（エステ）とは、「人の皮膚を清潔にし若しくは美化し、体型を整え、又は体重を減ずるための施術を行うこと（美容医療に掲げるものを除く）」（特商法施行令別表第４・１）です。

② 特定継続的役務提供に、「美容医療」が追加されました。

③ 「美容医療」の定義は、「人の皮膚を清潔にし若しくは美化し、体型を整え、体重を減じ、又は歯牙を漂白するための医学的処置、手術及びその他の治療を行うこと（美容を目的とするものであって、主務省令で定める方法によるものに限る）」（特商法施行令別表第４・２）です。

1　特定継続的役務提供と指定されている「エステティック」とは

特商法の規制対象となる特定継続的役務提供は、身体の美化などの心身に関する目的を実現させることをもって誘引が行われるもので、役務の性質上その目的の実現が確実でないもので、政令（特商法施行令）で定めるものです（特商法41条2項）

そして、特商法施行令は、「人の皮膚を清潔にし若しくは美化し、体型を整え、又は体重を減ずるための施術を行うこと」（美容医療に掲げるものを除

62

く）を特定継続的役務提供と指定しています（12条・別表第４・１）。

　これが、エステサロンにおける、美顔、全身美容、痩身、体型補正、脱毛などの「施術」に該当します。

　「施術」と定義されていますので、人に何らかの作用を施すものである必要があります。リラックスさせるために音楽をかけたりアロマを炊いたりすることは施術に該当しません。

② 特定継続的役務提供に指定されている「美容医療」とは

　これまで特定継続的役務提供は、エステなどの６役務に限定されていましたが、平成28年特商法改正を踏まえて、特商法施行令および特商法施行規則が改正され、「美容医療」が特定継続的役務に追加指定されました。この改正は、平成29年12月１日に施行されました。

　特定継続的役務に指定された「美容医療」の定義は、「人の皮膚を清潔にし若しくは美化し、体型を整え、体重を減じ、又は歯牙を漂白するための医学的処置、手術及びその他の治療を行うこと（美容を目的とするものであって、主務省令で定める方法によるものに限る。）」です（特商法施行令12条・別表第４・２）。

〔表４〕特定継続役務提供に指定された美容医療

施　術	方　法
①　脱毛	光の照射または針を通じて電気を流すことによる方法
②　にきび、しみ、そばかす、ほくろ、入れ墨その他の皮膚に付着しているものの除去または皮膚の活性化	光もしくは音波の照射、薬剤の使用または機器を用いた刺激による方法
③　皮膚のしわ又はたるみの症状の軽減	薬剤の使用または糸の挿入による方法
④　脂肪の減少	光もしくは音波の照射、薬剤の使用または機器を用いた刺激による方法
⑤　歯牙の漂白	歯牙の漂白剤の塗布による方法

そして、主務省令である特商法施行規則31条の4は、施術および方法について、〔表4〕のとおり指定しています。

なお、「美容医療」が指定役務に追加されたことにより、エステの定義は、「美容医療に掲げるものを除く」と改正されました。

特定継続的役務提供の期間と金額については、1カ月を超える期間であり、かつ5万円を超える金額となっている点は、エステと同じです（なお、特定継続役務提供に該当する美容医療については、「特定継続的役務提供（美容医療分野）Q&A」（【資料1】(5)②）が参考になります）。

そして、中途解約の際の違約金の上限に関する通常生ずる損害額は、エステが「2万円又は契約残額の100分の10に相当するいずれか低い方」（下線筆者。以下同様）であるのに対し、美容医療は「5万円又は契約残額の100分の20に相当する額のいずれか低い方」と規定されているので、注意が必要です（特商法施行令2条・別表第4・2）。中途解約に係る清算等についてはエステで解説していることがあてはまるのでQ24を参照してください。

③ 美容医療における関連商品とは

クーリング・オフや中途解約の対象となる関連商品については、特商法施行令14条別表第5第2号において、美容医療の関連商品が指定されています。

具体的には、①動物および植物の加工品（一般の飲食の用に供されないものに限る）であって、人が摂取するもの、②化粧品、③マウスピース（歯牙の漂白のために用いられるものに限る）および歯牙の漂白剤、④医薬品および医薬部外品（薬機法2条2項の「医薬部外品」をいう）であって、美容を目的とするものとされています。

エステの関連商品とされている「石けん」、「浴用剤」、「下着」は指定関連商品となっていませんが、医薬品および医薬部外品が広く関連商品として指定されています（関連商品に関してはQ22・Q25を参照）。

4　美容医療に対する特商法の規制と残された課題

　平成29年の特商法施行令および特商法施行規則の改正により、脱毛や美顔の施術などの継続的な役務提供によって消費者被害が発生した場合に、エステサロンによるものであれば特商法の適用があり、施術実施主体が医療機関の場合は適用されないというこれまでの不合理な解釈は解消されることになりました。そして、１回施術ではない、継続的な美容外科施術を特商法の適用対象とすることが可能となり、書面交付義務、クーリング・オフ、中途解約などの規制が及ぶことになりました。

　しかし、特定継続的役務提供の「美容医療」として規制されるためには2で述べた施術および方法の要件を満たさなければなりません。

　今回、「美容医療」を特商法の規制対象にしたことは大きな前進ですが、規制対象となる「美容医療」は、特商法施行規則に列記された施術および方法に限られ、継続的役務の形で行われることが多い育毛、植毛については列記されていません。したがって、薄毛治療などの注射・塗り薬・投薬等の方法による治療はトラブルが多数報告されているにもかかわらず、今回の改正によっても、特定継続的役務提供に該当しません（Q13・Q56参照）。

　また、フィラー（コラーゲン、ヒアルロン酸、ボツリヌストキシンや非吸収性ハイドロジェルなどの注入剤）を注入する美容医療が「切らない、縫わない美容外科」として流行していますが（Q１・Q54参照）、このようなフィラー注入術は、身体のあらゆる部位に対していろいろな目的で行われており、皮膚のしわ又はたるみの症状の軽減だけに用いられている施術ではありません。

　今回の改正により特定継続的役務提供として規制対象とした美容医療の施術および方法が、現時点の被害実態をすべて網羅しているとはいえませんし、将来にわたって新たに出てくる施術および方法を網羅できるものでもないでしょう。今後も美容医療の消費者被害の発生状況を踏まえて調査を続け、施術および方法の追加について検討する必要があります。

第1章　Ⅲ　エステに関する契約トラブル

Q19 割安の長期間・多数回のコースを契約する際の注意点は何か──過量契約（多数回一括契約）

> 30回・25万5000円のリフトアップコースと60回・45万円のリフトアップコースがあり、「60回コースのほうが1回の単価が1000円安いのでお得です」と勧められました。契約期間はどちらも6カ月でした。1回あたりの単価が安い60回コースのほうがお得だと思って契約しました。しかし、仕事が忙しいので土日しか通うことができません。どうしたらよいでしょうか。

▶ ▶ ▶ Point

① 多数回一括契約は、特定継続的役務提供契約として中途解約できますが、中途解約時に手数料や違約金が発生するので注意が必要です。

② 事業者が消費者契約の締結について勧誘するに際し、当該消費者契約の目的となる分量等がその消費者にとって過量であることを知っていた場合において、その勧誘により契約の意思表示がなされたときは、消費者はその契約を取り消すことができます（消費者契約法4条4項）。

③ 過量であること（過量性）の判断は、契約の内容や取引条件のほか、「消費者の生活状況」や「当該消費者の認識」も総合考慮して決められます。

1　多数回一括契約における問題点

1回あたりの単価計算をすれば、7500円と8500円の違いとなることから、「毎回1000円安く施術が受けられます」と勧誘されたら迷う人も多いと思います。確かに1回あたりの単価だけをみれば、60回コースを選ぶのが賢明で

66

あるように思われます。しかし、60回の割安なコースを選ぶためには一括で45万円もの大金を前払いで支払うことになりますので当初の予算と比べてどうなのか、また6カ月という契約期間内に60回通うこと、つまり月10回もエステサロンに通い続けることができるのかなど、慎重に検討すべきです。また、高額なコース契約のためにクレジット契約を利用する場合には、クレジット会社の金利（手数料）が契約代金に上乗せされていることも注意すべき点です。結局、1回ごとの料金が安く見えても支払総額は30回コースと60回コースでは19万5000円も差がありますし、本当に自分がその施術を6カ月間に60回も受けたいのか、クレジットで契約する場合は、金利がかかってまでエステの施術を受けたいのか等、自分にとって過量ではないかよく吟味して契約を結ぶか決めることが大切です。

　質問のケースではいずれも1カ月を超える期間の5万円を超える契約なので、特定継続的役務提供契約に該当します。したがって、後日、クーリング・オフ期間が経過しても（Q21参照）、エステサロンに通えなくなった場合には中途解約することもできますが（Q23参照）、中途解約手数料や違約金が発生するなど、長期の契約が実際には割安にならない場合もあります。

2　消費者契約法へ過量契約取消権を導入

(1)　消費者契約法4条4項新設

　消費者契約法には、平成28年の改正により、過量な内容の消費者契約について取消権が規定されています（4条4項）。この改正は平成29年6月3日施行されました。この規定の具体的な内容としては、物品、権利、役務その他の消費者契約の目的となるものの分量、回数または期間（分量等）が「当該消費者にとっての通常の分量等」を著しく超えるもの（過量契約）を事業者がそれと知りつつ勧誘した事案につき、消費者に取消権が認められるとするものです。

(2)　過量性の判断

67

第1章　Ⅲ　エステに関する契約トラブル

　この「当該消費者にとっての通常の分量等」については、「消費者契約の
目的となるものの内容及び取引条件並びに事業者がその締結について勧誘を
する際の消費者の生活状況及びこれについての当該消費者の認識に照らして
当該消費者契約の目的となるものの分量等として通常想定される分量等をい
う」と定義されています（消費者契約法 4 条 4 項前段）。この分量等がどの程
度のものかは①「消費者契約の目的となるものの内容」、②「消費者契約の
目的となるもの……取引条件」、③「事業者がその締結について勧誘をす
る際の消費者の生活状況」および④「これについての当該消費者の認識」と
いう要素を総合的に考慮したうえで、一般的・平均的な消費者として、社会
通念をもとに判断されます。

　エステ契約の場合、施術部位、施術の内容や期間などの違いはあっても、
通常、身体の美化に向けられる施術ですので、「消費者の生活の状況」を考
えた場合、施術には一定の時間を要することから、消費者がいつでも無制限
に通うことができるとは考え難く、契約期間内で通いきれる分量等はおのず
と限られてくるはずであり、結果的に過量性は認められやすいと思います。
つまり、契約期間内に通いきれないほどの施術回数のエステ契約を締結させ
られた場合には、一般的・平均的な消費者を基準としても社会通念上過量と
判断される場面はあると思います。

　質問の場合、月10回リフトアップの施術を受けなければ契約期間内に施術
を終了することはできません。施術の内容からみて、1 日に複数回や連日で
リフトアップ施術を消化することは適切な施術ではないと思われますし、顧
客がサロンには土日しか通えない等の事情がある場合、消費者契約法 4 条 4
項前段における過量性が認められる可能性があるでしょう。

(3)　事業者の認識──過量性の認識

　ただ、この取消権が認められるためには、2 つ目の要件として、事業者が
消費者契約の締結について勧誘するに際し、当該消費者契約が過量な内容の
消費者契約に該当することを知っていたことが必要となります。これは、特

商法の訪問販売や電話勧誘販売の1回の契約における過量販売の要件とは異なる点です（特商法9条の2第1号・24条の2第1号。電話勧誘販売の過量販売解除権については平成28年改正により導入）。

　この点、エステサロンが、契約した施術は1日に複数回または連日で複数回の施術をすることは不適切であり、顧客は土日しかサロンに通うことができない等の事実を把握しつつも勧誘していたような場合は、「過量だと思わなかった」とエステサロン側が主張したとしてもエステサロン側は過量性判断の考慮要素について認識しており、単にその評価を誤ったにすぎず、エステサロン側の過量性の認識は認められることになります。

　また、特商法の過量販売解除権では勧誘と（契約に向けた）意思表示の因果関係は不要とされていますが、消費者契約法の過量契約取消権では、因果関係が必要とされています（Q20の〔表5〕参照）。

　したがって、エステサロン側が過量な内容のエステ契約だと知りながらエステ契約の勧誘をし、その勧誘によって顧客がエステ契約の申込みまたは承諾の意思表示をしなければ取消権は行使できないことになります。

⑷　行使期間

　平成28年の改正により、消費者契約法の取消権の行使期間は追認できるときから「6カ月」であったものが「1年間」に伸長（同法7条1項）されています。したがって、この取消権の行使期間は、追認をすることができる時から1年、契約締結時から5年です。

第1章 Ⅲ エステに関する契約トラブル

Q20 次々契約とはどのような契約か──多数回契約

　最初に①１回3000円のお試し美白コースの施術を受け、その日に、②20回で８万円の美白コース（期間は３カ月）を勧められ、契約しました。美白コースに３回ほど通ったときに、③「キャンペーン期間中なのでフェイシャルエステコースを追加契約したほうがいい、今なら10回コース３万5000円（期間は２カ月）で大変お得ですよ」と勧められ、追加契約をしました。20回コースの期間は今月中に通いきらないといけませんが、あと８回残っています。10回コースはまだ１度も行っていません。週末だけしかサロンには通えないので、今から契約を取り消すことはできませんか。

▶ ▶ ▶ Point

① 消費者契約法４条４項後段では、同種契約の過量な内容の消費者契約取消権が規定されています。

② 消費者契約の目的となっているものが「同種」であるか別の種類であるかは、事業者の設定した区分によるのではなく、過量性の判断対象となる分量等に合算されるべきかどうかという観点から判断されます。

1 同種の次々販売

　質問の契約①から③のうち、特商法の特定継続的役務提供の適用がある「１カ月を超える期間で、５万円を超える金額」の契約は、契約②20回・８万円（期間３カ月）の美白コースのみです。それ以外の契約は特定継続的役務提供に該当しません。しかし、消費者契約法４条４項後段は、過去の同種契約とあわせて過量販売に該当する場合、いわゆる次々販売の事案を想定し

70

た取消権を規定しています。消費者がすでに同種の契約を締結していた場合には、消費者が新たに締結した消費者契約の目的となるものの分量等だけでなく、すでに締結していた同種の契約の目的となるものの分量等も考慮に入れ、これらを合算した分量等が、その消費者にとっての通常の分量等を著しく超えるものであることが要件となっています。

消費者契約の目的となっているものが「同種」であるか別の種類であるかは、事業者の設定した区分によるのではなく、過量性の判断対象となる分量等に合算されるべきかどうかという観点から判断されるので、その目的となるものの種類、性質等に照らして別の種類のものとして並行して給付を受けることが通常行われているかどうかによって判断されます。

エステ契約の場合、施術コース名により別の種類と考えるのではなく、施術の種類や性質に照らして、その顧客が契約したすべてのコースを無理なくその期間内に消化することができるかどうかを慎重に検討すべきでしょう。

質問の場合、契約②と契約③は、美白コースとフェイシャルエステコースとエステサロン側の名称は異なりますが、いずれも美顔を目的とする同種の施術内容、性質等のものと捉え、契約①の初回お試しコース後、契約②の20回・8万円の美白コースの施術をまだ3回しか受けていない段階でこれと一緒には消化しきれない契約③の10回・3万5000円のコースを勧誘しているのであれば、通常の分量等を著しく超えるものと判断できると思います。

なお、消費者契約法4条4項前段は、一括での過量販売の事案を想定しており、同項後段は過去の同種契約とあわせて過量販売に該当する場合（いわゆる「次々販売」）の事案を想定した条文になっています。

2 美顔と痩身のエステの場合

では、美顔を目的とする施術ではなく、美顔と痩身エステを契約した場合は取消権を主張する余地はないのでしょうか。

実務上重要といわれているのは、個別事案における過量性の判断です。

第1章　Ⅲ　エステに関する契約トラブル

個々の事案ごとに契約の類型や個別具体的な事情を踏まえて、「物品、権利、役務その他の当該消費者契約の目的となるものの分量等が当該消費者にとっての通常の分量等を著しく超えるもの」という要件に該当するか否か具体的に判断することが重要となります。

　消費者庁は、いわゆる次々販売事例において、「新たに締結する消費者契約とすでに締結されている消費者契約の目的となるものが同種であるかどうか」について、「ネックレスとブレスレットは、いずれも身を飾るための装身具であり、具体的な種類、性質、用途等に照らしての判断となるものの、通常は同種であると判断されるもの」としています（消費者庁ホームページ「消費者契約法の一部を改正する法律に関する一問一答〔平成28年10月版〕」（【資料１】(6)②）14頁（問11））。

　同様に考えるならば、美顔エステも痩身エステも「身体を美化する目的」のエステと捉え、過量性の判断対象となる分量等に合算されるべきと考えることができると思います。

③　事業者の認識等の要件

　消費者契約法の過量契約取消権の規定は、Q19に記載したとおり、事業者が過量と知りつつ勧誘したこと（事業者の認識）が要件とされています。

　また、「勧誘と（契約に向けた）意思表示の因果関係」の要件が必要なことや「取消権行使期間」の要件も消費者契約法４条４項前段と同様です。

④　取消しの対象

　すでに同種契約があり、さらに同種の契約を締結していた場合に過量性が認められ、取消しの対象となるのは、すでに締結していた同種の契約ではなく、消費者が新たに締結した消費者契約に係る意思表示になります。

　質問の場合では、前述のように合算して過量性が認められた場合に取消しができるのは、１度も通っていない契約③の10回・３万5000円コースの契約

に係る意思表示ということになります。

5 特商法との比較

　特商法の訪問販売や電話勧誘販売に規定されている過量販売解除権は立証責任や要件の面で消費者契約法よりも消費者に有利です（〔表5〕参照）。

〔表5〕消費者契約法と特商法の規定との比較

（〔　〕は立証責任の所在を示す）

		特商法	消費者契約法
対象取引		訪問販売／電話勧誘販売	消費者契約全般
要件	過量性	日常生活において通常必要とされる分量等を著しく超えること〔消費者〕	消費者契約の目的となるものの分量等が当該消費者にとっての通常の分量等(※)を著しく超えること〔消費者〕 ※①消費者契約の目的となるものの内容及び②取引条件、③事業者がその締結をする際の消費者の生活の状況及び④これについての当該消費者の認識に照らして通常想定される分量等をいう。
	例外	当該契約の締結を必要とする特別の事情があったとき〔事業者〕	
	事業者の認識	・一つの契約の場合（第1号）は不要 ・次々販売の場合（第2号）は過量性の認識必要〔消費者〕	勧誘の際に過量性の認識必要〔消費者〕
	勧誘と意思表示との因果関係	不要	必要〔消費者〕
行使期間		契約締結時から1年	追認をすることができる時から1年／契約締結時から5年
効果		申込みの撤回又は契約の解除	取消し

（出典）消費者庁ホームページ「消費者契約法　逐条解説〔平成29年12月〕」61頁（4条）

第1章 Ⅲ エステに関する契約トラブル

Q21 一度契約したエステをやめるためにはどうすればよいか──クーリング・オフ

エステサロンに行って痩身エステの契約をしました。予算は20万円でした。しかし、説明を聞くうちに1回の施術料が安くなる30回・30万円痩身特別キャンペーンコースに惹かれ、契約をしてしまいました。家に帰ると、家族に反対されてしまいました。今から契約をやめるにはどうしたらよいですか。

▶ ▶ ▶ Point

① 特定継続的役務提供契約（1カ月以上の期間で、5万円以上の契約）には、クーリング・オフの適用があります。

② クーリング・オフは「法定」の契約書面を交付された日から8日間行使できます。

③ 「法定」の契約書面として取り扱うことができない契約書面が交付された場合は、8日間を過ぎてもクーリング・オフができます。

④ エステサロンが顧客のクーリング・オフの行使を妨害している場合には、「法定」の契約書面が交付されていても、あらためて「再交付書面」が顧客に交付されるまでクーリング・オフができます。

⑤ クーリング・オフの起算は「法定」の契約書面を受け取った日を含めて8日間として計算します（初日を参入）。

⑥ クーリング・オフは、発信主義なので、書面を発送すればエステサロンに到着しなくても契約は解除できます。

74

Q21　一度契約したエステをやめるためにはどうすればよいか——クーリング・オフ

1　クーリング・オフの意義

　特定継続的役務提供に該当する場合（Q18参照）、エステサロンでは法律で決められた記載事項がすべて正しく記載された書面（法定の「契約書面」）を受け取った日を含めて8日以内であれば、無条件で契約を解除することができます（特商法48条1項）。エステの契約は、長期間にわたる複雑な内容の契約であるため、消費者にとって提供されるサービスの内容を把握することが難しく、取引内容がわかりにくいといわれています。また、事業者には倒産などのリスクもあり、消費者が先払いで長期契約をすること自体リスクの高い取引です。そこで特商法は、契約を締結したあとに、契約内容で重要な事項を記載した書面を事業者に交付させ、取引内容を消費者に開示し、その時点から8日間の熟慮期間を定めました。特定継続的役務提供契約は、エステなどの役務契約とともに化粧品や健康食品などの「関連商品」を購入している場合には、関連商品にもクーリング・オフの制度が適用される点に特殊性があります。

2　特定継続的役務提供におけるクーリング・オフをするためには

　特商法48条1項によれば、クーリング・オフをするには、①法定の「契約書面」を渡された日を含めて8日以内であること、②書面で解除の意思表示をすること、が必要です。

⑴　①「契約書面」の支払日を含めて8日以内

　まず、上記①の期間ですが、エステサロンで法定の「契約書面」が渡されていなければ、法定書面不交付といい、いつまでもクーリング・オフをすることができます。「契約書面」（通常は「契約書」というタイトルで契約時に渡されている書面）を渡されていたとしても、エステのサービスの内容、代金額、事業者の氏名等、特商法42条2項および特商法施行規則33条・34条で定められた事項が記載されていないときには、「法定」の契約書面の交付が

75

あったとはいえませんので、法定書面不備としていつまでもクーリング・オフができると考える余地があります。

また、エステサロンが事実と異なる説明をして顧客を誤信させてクーリング・オフをさせなかったり、威迫して困惑させてクーリング・オフをさせなかった等、エステサロンが顧客にクーリング・オフの行使を妨げる行為を行った場合は、クーリング・オフ期間は延びることになっています。

エステサロンのクーリング・オフ妨害行為によってクーリング・オフ期間が延びた場合には、エステサロンがあらためて「クーリング・オフ妨害行為を行ったためにまだクーリング・オフできること」と「クーリング・オフは当該書面を受け取ってから8日間であること」等を記載した書面（法定の「再交付書面」）を交付し、顧客が「再交付書面」を受け取ってから8日経過するまでは、クーリング・オフをすることができます（特商法48条1項カッコ書）。

(2) ②書面による解除の意思表示

次に、上記②の要件として、解除をするには、条文上、書面ですることが必要とされています。具体的に「平成××年△月○○日の契約を解除します」ということを書いて、エステサロンに発送してください。後日のために証拠を残すという意味で、内容証明郵便（配達証明付）で発送するのが一番よいのですが、普通のハガキや封書でも構いません。ただし、ハガキや封書の場合は、必ず表裏のコピーをとって、簡易書留郵便や特定記録郵便で発送し、「書留・特定記録郵便物等受領証」を手元に残してください。なお、口頭でなされたクーリング・オフについては、書面と同等の明確な証拠がある場合は口頭のクーリング・オフも有効としている裁判例があります（福岡高裁平成6年8月31日判決）。

そして、クーリング・オフは発信主義ですので、書面を発送すれば、それがエステサロンに到達したかどうかにかかわらず、契約は解除されます（特商法48条3項）。

Q21　一度契約したエステをやめるためにはどうすればよいか——クーリング・オフ

　なお、エステの代金を支払うためにクレジット契約の申込みをしていた場合には、クレジット会社にもクーリング・オフをした旨の通知を出しておいたほうがよいでしょう（Q29参照）。

　【資料18】に、エステサロンに対する解除通知とクレジット会社に対する通知の文書例を掲載していますので、参考にしてください。

③ クーリング・オフの効果

　クーリング・オフがなされると、契約の効力は最初からなくなることになります。したがって、顧客は代金を支払う必要はありません。クーリング・オフまでの間、顧客が痩身術などのサービスを受けていたとしても、その代金を支払う必要はありません（特商法48条6項）。もし、エステサロンにすでに代金を支払ってしまっていた場合には、その金銭を返すように請求することができます（同条7項）。悪質なエステサロンの場合、クーリング・オフをしたにもかかわらず、損害賠償や違約金の請求をしてくる場合があるかもしれませんが、このような請求を受けても支払う必要はありません。

　なお、痩身クリームや健康食品などの「関連商品」を買い、これについてもクーリング・オフをした場合、手許の化粧品や健康食品はエステサロンに返す必要がありますが、返送または引取りの費用はエステサロンが負担をすることになっています（特商法48条条5項）。詳しくはQ22を参照してください。

コラム⑥　キャッチセールスに限らない！

　クーリング・オフという制度は、もともとは、訪問販売によって契約をした場合に認められていました。街頭で声をかけられてエステサロンに連れていかれ、契約を締結されたというようないわゆる「キャッチセールス」の場合は、訪問販売類型に入るのでクーリング・オフができましたが、自分からエステサロンに行って契約した場合にはクーリング・オフ制度は利用できませんでした。

　しかし、平成11年の特商法改正により、1カ月を超える期間の5万円以上

77

第1章　Ⅲ　エステに関する契約トラブル

の料金のエステ契約については、「特定継続的役務提供」として、クーリング・オフが設けられました（特商法48条1項）。

　したがって、現在は、エステ契約が特定継続的役務提供に該当すれば、店舗契約であってもクーリング・オフができます。また、特定継続的役務提供に該当しなくても、キャッチセールスやアポイントメントセールなどの訪問販売等に該当する場合には、従前どおり、訪問販売等のクーリング・オフを検討することができます。

　なお、訪問販売等のクーリング・オフには、関連商品についてのクーリング・オフ規定がありませんので、エステ契約とともに関連商品の契約についてもクーリング・オフをしたい場合は、特定継続的役務提供におけるクーリング・オフを検討したほうがよいでしょう（Q22参照）。

Q22 エステ契約をクーリング・オフした場合、関連商品についてもクーリング・オフできるか

Q22 エステ契約をクーリング・オフした場合、関連商品についてもクーリング・オフできるか

> エステサロンで契約を申し込んだとき、自宅でも手入れをするようにと美顔器や化粧品を買わされました。エステ契約のクーリング・オフをした場合、手許にある美顔器や化粧品についてもクーリング・オフはできるのでしょうか。

▶ ▶ ▶ Point

① 特定継続的役務提供契約のエステ契約と一緒に「関連商品」を購入した場合は、役務提供契約と一体のものとして扱い、「関連商品」の購入契約もクーリング・オフができます。

② 「関連商品」は、特商法施行令（政令）の別表に記載されているので、別表に記載がない商品は関連商品にはなりません。美顔器も化粧品も関連商品に記載されています。

③ ただし、関連商品の中には政令指定消耗品があり、政令指定消耗品を顧客が自分の判断で使用した場合（店員が勝手に封を切って使用させた場合等は除く）には、使用した商品の通常の最小単位についてはクーリング・オフができません（エステ契約では、化粧品や健康食品等を指定）。

1 関連商品のクーリング・オフ

(1) 関連商品も一緒にクーリング・オフができる

　エステ契約では、施術に関連して化粧品などの商品がセットになって販売されていることがありますが、このような関連商品についてもクーリング・オフが認められています（特商法48条2項）。どのようなものが関連商品にあ

79

たるかについては、特商法施行令14条・別表第5第1号で定められています。エステサロンの場合、①健康食品、②化粧品、石けん、浴用剤、③下着、④美顔器、脱毛機など（電気、電磁波、超音波を用いるもの）が関連商品にあたります（【資料11】）。また、関連商品を購入している場合には、関連商品もクーリング・オフができることを契約書面に明記しなければなりません（Q17参照）。

　質問の美顔器や化粧品は関連商品ですので、エステ契約のクーリング・オフをする場合、美顔器や化粧品の購入契約も一緒にクーリング・オフによって解除することができます。エステサロンが関連商品を販売しているにもかかわらず、契約書面に記載せず、「この商品は推奨品であって、関連商品ではない」と主張する場合には、契約書面に関連商品の記載がなされていないと思われますので、法定の「契約書面」の交付がないとしてクーリング・オフ期間経過後もなおクーリング・オフができることになります（Q21参照）。

(2)　エステ契約と契約日が異なる場合

　また、役務提供契約と商品の購入契約の締結日が異なっていても、役務提供には購入が必要であるとして販売されている以上は本条の関連商品に該当します。この場合は、商品を販売した時点で関連商品に関する事項を記載して契約書面を交付する義務があると考えるべきです。

(3)　販売業者がエステサロンではない場合

　もし、関連商品の販売業者が、エステサロンである役務提供業者とは別の事業者である場合には、関連商品の販売業者にもクーリング・オフの通知を出しましょう。

２　クーリング・オフの方法

　クーリング・オフの要件や方法は、Q21で説明した内容と同じです。法定の契約書面を渡されたときからその日を含め8日以内に、書面で申し入れます。なお、1つの書面で、エステ契約と美顔器購入契約の両方についてクー

Q22 エステ契約をクーリング・オフした場合、関連商品についてもクーリング・オフできるか

リング・オフをすることは、もちろん可能です。

　顧客がエステ契約は解除したいが、関連商品はほしいという場合は関連商品はクーリング・オフをしない選択もできますが、関連商品についてクーリング・オフをする場合は、エステ契約を解除することが前提となりますので、エステ契約はそのままにしておいて、美顔器や化粧品の売買契約だけをクーリング・オフにより解除することはできません。

　クーリング・オフをすれば、代金を支払う必要はありません。クーリング・オフをした化粧品や手許の美顔器はエステサロンに返送することになります（この場合、返還に要する費用はエステサロンの負担になります（特商法48条5項））。

③ 消耗品を使用した場合のクーリング・オフ

　関連商品には、政令が指定する消耗品（政令指定消耗品）が規定されています。関連商品のうちで消耗品として、①健康食品、②化粧品、石けん、浴用剤のみが指定されています（特商法施行令14条2項・別表第5第1号イ・ロ）。

　政令で消耗品として指定されている商品を顧客が自分の判断で使用した場合には、クーリング・オフ期間内であっても、関連商品のクーリング・オフができない場合があります。消耗品について、顧客が使用またはその全部または一部を費消したときにはクーリング・オフをすることができない旨を記載した契約書面を受け取っていた場合に、これらの消耗品を使用または消費したときには、クーリング・オフができなくなるのです（特商法48条2項ただし書）。しかし、契約書面に、消耗品を使用するとクーリング・オフを認めないことが記載されていない場合には、政令指定消耗品を消費した場合にもクーリング・オフをすることができます（特商法施行規則34条2項・36条2項）。

　そして、ここで問題となる「使用または消費」をしたというのは、一般的な目安としては、商品価値の回復が困難になったときです。容易に包装し直

81

せる包装を破いただけでは「使用または消費」とはいえませんが、化粧品の密封された容器の蓋を開けた場合は「使用または消費」となります。

この「使用または消費」とはあくまで顧客自ら使用または消費した場合です。エステサロンの店員が勝手に封を切って使用させたり、「洗顔フォームのポンプが壊れていないかプッシュして確認してください」などと言い、顧客に封を切らせ、ポンプを押させたような場合には、原則どおり、クーリング・オフが認められます（特商法48条2項ただし書カッコ書）。

また、化粧品を何本かのセットで購入したような場合、開封した分については クーリング・オフできませんが、購入した商品全部がクーリング・オフできなくなるのではありません。通常販売されている最小単位、つまり小売り単位（化粧水等であれば1本、健康食品であれば1箱）でクーリング・オフができなくなります。また，化粧品セットのうちクリームだけを消費した場合、他の化粧水、ファウンデーション、口紅等についてはクーリング・オフができます。

4 関連商品の引取費用は事業者負担

クーリング・オフを行った場合、顧客がすでに商品を受け取っている場合には、エステサロンの負担によってその商品を引き取ってもらうことになります。施術をすでに受けている場合でも事業者にその対価を支払う必要はなく、エステサロンは利用料を請求することはできません。

また、エステサロンは、クーリング・オフを行った顧客に対して、損害賠償や違約金の請求をすることもできませんし、すでに頭金などを支払っている場合は、エステサロンは顧客に対して、速やかに頭金をすべて返還しなければなりません（Q21参照）。

Q23　クーリング・オフ等ができない場合でもエステ契約を途中で解約できるか──中途解約

Q23 クーリング・オフ等ができない場合でもエステ契約を途中で解約できるか──中途解約

　２年間60回・30万円コースで痩身の長期契約を申し込みました。最近、仕事が忙しく、期間内に残りの施術回数すべてを消化することはできないと思うようになりました。エステ契約が特定継続的役務提供契約に該当する場合には、クーリング・オフや取消権があることはわかりましたが、クーリング・オフはできない、取消事由もない場合に契約を途中で解除することはできるのでしょうか。

▶ ▶ ▶ Point

① 　クーリング・オフも取消しもできない場合でも、特定継続的役務提供であれば、「中途解約制度」があります。契約書面に規定がなくても中途解約ができます（強行規定）。

② 　中途解約を申し出ると違約金を請求される場合がありますが、法律上、違約金の上限が制限されているので、上限を超える違約金を請求されていないかチェックすることが必要です。

③ 　NOVA 最高裁判決は、外国語会話教室の受講契約の解除に伴う受講料の清算について契約時単価と異なる清算時単価を用いる約定について、特商法49条２項１号に定める額を超える額の金銭の支払いを求めるものとして無効としました。

［1］ 法律で認められた中途解約権

　平成６年、通産省（現経産省）は、多発する中途解約トラブルに対応するため、自主規制規約を制定するよう行政指導し、これにより業界団体が標準

83

第1章　Ⅲ　エステに関する契約トラブル

約款をつくるなどの動きがありました。しかし、エステ業に開業規制がないこともあって業界団体の組織率が低く、自主規制によるだけでは十分な規制が行えませんでした。

　そこで、平成11年、訪問販売法（現特商法）が改正され、エステ契約については、クーリング・オフ期間を過ぎた後でも、中途解約をすることが認められるようになりました（特商法49条1項）。中途解約すると、中途解約したときから将来に向かって契約を解消することになります。この規定は強行規定であり、契約書面に中途解約ができるという定めがなくても、当然に中途解約が可能であり、中途解約ができないという記載があればその部分は無効となります（同条7項。これを強行規定といいます）。また、違約金の上限も設けられました。ただし、Q17で説明したようにこの法律が適用される契約は、1カ月を超える期間でかつ5万円を超えるエステ契約に限られます。

　このような経緯で、エステ契約については、法律上、中途解約権が認められるようになりましたが、今でも「エステサロンに中途解約を申し入れたが、すでに支払った料金を返してくれない」といった相談が寄せられることがあります。法律で中途解約権が認められており、違約金の金額についても制限されていることをきちんと理解しておきましょう。

② 中途解約が認められるためには

　中途解約するには、理由は必要ありません。施術を受けたが自分にあわない、期待したものと違っていた、エステサロンの人とあわない、引越しをする、質問のように多忙等さまざまな消費者の自己都合によって中途解約をすることが認められています。なお、中途解約する場合には、関連商品もまとめて解除することができます（Q25参照）。

　中途解約の方法としては、エステサロンに「契約を解除する」という申入れを行います。特商法上、書面ですることとはされていませんが、中途解約したことを明確にするために、書面で申入れをしたほうがよいでしょう。中

途解約の場合は、クーリング・オフと異なり、到達主義であり、エステサロンに到達した時に、契約解除の効果を生じます（民法97条1項）。

通知の方法は、内容証明郵便（配達証明付き）が最も確実ですが、簡易書留郵便や特定記録郵便で通知する場合には、日本郵便株式会社のホームページ上の追跡サービスの「検索結果詳細（郵便物等）」画面をプリントアウトして、解約通知書面および「書留・特定記録郵便物等受領証」とともに保管しておきましょう。

③ 中途解約の効果

中途解約の申入れをすると、事業者に解除の意思表示が到達した時から将来に向かって効力がなくなります。したがって、それまでに受けた施術分の料金を支払えばよく、まだ受けていない施術の代金を支払う必要はありません。コース料金を前払いしている場合は、まだ施術を受けていない分については、その対価相当の金員は、契約に基づかずに受領していることになるので、不当利得となり、施術料金の清算を請求できます。

特商法の中途解約における清算ルールでは、消費者は「提供済み役務の対価」と一定の解約料を支払い、残りの部分の支払いは免除されます。エステサロンによっては、違約金と称してすでに受け取った料金を返金しない場合もありますが、違約金については、法律で一定の制限がされていますので、これを超える違約金を支払う必要はありません（特商法49条2項）。

また、解除があった場合にのみ適用される高額の単価を定める特約は、実質的に損害賠償の予定または違約金の定めとして機能するものであって無効です（特商法49条7項）。したがって、そのような特約が記載されている場合であっても、清算ルールにおける「提供済み役務の対価」の計算に用いる単価は契約締結の単価を上限として計算することになります。契約時単価より高い清算単価は無効となります（最高裁平成19年4月3日判決（NOVA最高裁判決）、コラム⑦、Q24参照）。

第1章　Ⅲ　エステに関する契約トラブル

コラム⑦　NOVA 最高裁判決

　NOVA 最高裁判決（最高裁平成19年4月3日判決）は、「本件料金規定においては、登録ポイント数に応じて、1つのポイント単価が定められており、受講者が提供を受ける各個別役務の対価額は、その受講者が契約締結の際に登録した登録ポイント数に応じたポイント単価、すなわち、契約時単価をもって一律に定められている。本件契約においても、受講料は、本件料金規定に従い、契約時単価は一律に1200円と定められており、被上告人が各ポイントを使用することにより提供を受ける各個別役務について、異なった対価額が定められているわけではない。そうすると、本件使用済ポイントの対価額も、契約時単価によって算定されると解するのが自然というべきである。上告人（NOVA）は、本件使用済ポイントの対価額について、本件清算規定に従って算定すべきであると主張する。しかし、本件清算規定に従って算定される使用済ポイントの対価額は、契約時単価によって算定される使用済ポイントの対価額よりも常に高額となる。本件料金規定は、契約締結時において、将来提供される各役務について一律の対価額を定めているのであるから、それとは別に、解除があった場合にのみ適用される高額の対価額を定める本件清算規定は、実質的には、損害賠償額の予定又は違約金の定めとして機能するもので、上記各規定の趣旨に反して受講者による自由な解除権の行使を制約するものといわざるを得ない。

　そうすると、本件清算規定は、役務提供事業者が役務受領者に対して法49条2項1号に定める法定限度額を超える額の金銭の支払を求めるものとして無効というべきであり、本件解除の際の提供済役務対価相当額は、契約時単価によって算定された本件使用済ポイントの対価額と認めるのが相当である」とし、外国語会話教室の受講契約の解除に伴う受講料の清算について定める約定が特商法49条2項1号に定める額を超える額の金銭の支払いを求めるものとして無効であるとしています。

Q24　エステ契約を中途解約した場合、どのように清算するか

Q24 エステ契約を中途解約した場合、どのように清算するか

(1)　エステサロンで、施術料45万円（１万5000円×30回）の美顔コースを契約し、45万円を前払いし、20回分の施術を受けた後に中途解約しました。入会金10万円を別途支払っている場合とそうでない場合とで清算方法はどのように異なりますか。

(2)　また、30回で60万円のコースについて、キャンペーン期間中ということで、45万円で契約しました。20回分施術を受けた後に中途解約する場合の清算方法はどうなるのでしょうか。

▶ ▶ ▶ Point

①　特定継続的役務提供に該当するエステ契約では、中途解約が役務提供開始前であれば、法律上、違約金の上限は２万円です。

②　特定継続的役務提供に該当するエステ契約では、中途解約が役務提供開始後であれば、すでに受けた施術代金分と違約金として２万円または契約残金の10％に相当する額のいずれか低い額を合計した金額以上を支払う必要はありません。

③　「入会金」もエステ契約の対価の総額に含まれます。また、キャンペーン価格で購入した場合、キャンペーン価格をもとにした契約の単価を算定し、契約残額を計算します。

1 施術前の清算

　施術をまだ受けていない段階で中途解約する場合は、施術料金を支払う必要はありません。もし施術代金を前払いしていれば、エステサロンに対して

87

第1章　Ⅲ　エステに関する契約トラブル

返還を請求することができます。

　これに対し、エステサロン側は、違約金を請求しようとするでしょう。しかし、違約金の定めがある場合でも、違約金は、「契約の締結及び履行のために通常要する費用の額」に法定利率の遅延損害金を加えた額を超えることはできません（特商法49条2項2号）。この金額は、エステサロンの場合、特商法施行令16条・別表第4で2万円までとされているので、エステサロンは、2万円およびこれに対する遅延損害金を超えて違約金を請求することはできないことになります。なお、クーリング・オフができる事案であれば、このような金額を支払う必要がないので（Q21参照）、中途解約を検討する前にクーリング・オフができないか検討するとよいでしょう。

② 施術後の清算

　次に、施術を受けた後に中途解約する場合、エステサロン側が請求できるのは、すでに「提供された役務の対価」と「解除によって通常生ずる損害の額」に限られており（特商法49条2項1号イロ）、中途解約の時点で、これを上回る代金を前払いしている場合には、超過部分について返還を求めることができます。なお、入会金についても、この清算ルールに従って返還すべき性格のものであり、「入会金は返還しない」等の特約は無効になります。入会金名目であれば清算の必要がないとなると、名目上入会金を高額にして役務の対価を少額にする操作が行われてしまい、違約金を制限した趣旨が損なわれることになりますし、特商法49条2項の条文には入会金は列挙されていません。

　エステサロン側が請求できる「解除によって通常生ずる損害の額」については、特商法施行令15条別表第4で、2万円または契約残額の10％に相当する額のいずれか低い額とされています。この「契約残額」とは、契約に関する役務の総額から、すでに提供された役務の対価に相当する額を差し引いた額のことで、「入会金」も契約に関する役務の対価の総額に含まれます。

Q24 エステ契約を中途解約した場合、どのように清算するか

③ 違約金の計算方法

では、実際に違約金の計算をしてみましょう。

(1) 質問(1)

たとえば、質問(1)の入会金なしの事案で、45万円を前払いし、全30回分のうち20回分の施術を受けた後に中途解約するという場合、すでに施術を受けたのは、30万円分であり（1回あたり1万5000円×20回）、まだ施術を受けていないのは、15万円分です（1万5000円×20回）。この場合、エステサロン側が違約金として請求できる金額は、契約残額15万円の10％である1万5000円と2万円を比較して低いほうの金額である1万5000円ということになります。したがって、施術を受けていない契約残額15万円から違約金1万5000円を差し引いた13万5000円の返金を求めることになります。

また、質問(1)の入会金ありの事案では、契約残額15万円と入会金10万円の合計額の10％である2万5000円と2万円を比較して低いほうの金額2万円が違約金となります。したがって、入会金10万円とまだ施術を受けていない契約残高15万円の合計額25万円から違約金として2万円を差し引いた23万円の返金を請求できることになります。

解除によって通常生ずる損害額＝
「当該特定継続的役務提供契約が締結された時の全体の価格－すでに提供された役務の対価の価格」×10％に相当する額
または2万円のいずれか低い額

《質問(1)　入会金10万円なしの場合》
（45万円－30万円）×10％＝1万5000円
　　→通常生ずる損害額は、2万円と比べて低いほうなので、1万5000円

《質問(1)　入会金10万円ありの場合》
（入会金10万円＋45万円—30万円）×10％＝2万5000円
　　→通常生ずる損害額は、2万円と比べて低いほうなので、2万円

89

第1章　Ⅲ　エステに関する契約トラブル

なお、通達は、役務提供の開始時に発生するもの等（いわゆる初期費用）についても、「提供された役務の対価」といえる合理的な範囲に限ってこれに含めることができるとしていますが（【資料１】(5)①）、その費用の具体的な内容を事前に明らかにし、中途解約の場合には請求することを明示しておく必要があります（消費者庁ホームページ「特定継続的役務提供Q＆A」（【資料１】(5)③）Q14・Q15）。その場合でも、特商法施行令16条により「契約の締結及び履行のために通常要する費用の額」として定められた金額（２万円）を超えて初期費用と認められる場合は、極めて例外的だと思われます。

(2)　**質問(2)**

次に、質問(2)の「30回で60万円のコースについて、キャンペーン期間中ということで45万円で契約し、20回分施術を受けた後に中途解約する」という場合は、どうでしょうか。この場合、エステサロン側は、45万円という金額はサービス価格であるとして、本来のコース価格である60万円を基準に違約金を計算しようとする可能性があります。「提供された特定継続的役務提供の対価に相当する額」を算出するにあたり、１回２万円によるのか（60万円÷30回）、１回１万5000円によるのか（45万円÷30回）ということです。

この点、全国的に英会話教室事業を行っていたNOVAの語学教室事業の中途解約清算金の計算にあたり、最高裁は、契約時単価（購入代金総額を利用予定回数で割る）が正当な計算方法となると判断をしていますので、この判断に従い、契約の清算にあたっては、あくまで契約時単価を用いて、１回あたりの施術料金を１万5000円として計算するべきです（コラム⑦参照）。

そうすると、この場合、顧客がエステサロンに対して支払う「契約の解除によって通常生ずる損害の額」は、エステ１回分を１万5000円として計算した契約残額である15万円（１万5000円×残り10回）の10％の１万5000円か２万円の安いほうとなりますので、契約残額である15万円から違約金１万5000円を引いた13万5000円の返金を求めることになります。

90

Q25 エステ契約を中途解約した場合、関連商品についても解除できるか

Q25 エステ契約を中途解約した場合、関連商品についても解除できるか

　エステサロンで美顔コースの契約をし、あわせて化粧品（1万5000円）や美顔器（5万円）も買いました。ところが、夫が急に転勤になったので、美顔コースを中途解約しようと思いますが、化粧品や美顔器を返品して代金を返してもらうことはできるのでしょうか。

▶▶▶ Point
① 　特商法49条5項は、エステ契約が中途解約された場合においては、関連商品の販売契約についても解除を行うことができるとしています。
② 　関連商品は、政令の別表第5に記載されています。別表第5に該当しない商品は関連商品になりません。
③ 　エステ契約の中途解約と一緒に関連商品も解除した場合もエステサロンが請求できる違約金は制限されるので（特商法49条6項）、特商法上の違約金の上限規定を上回っていないか確認しましょう。
④ 　中途解約を主張する前に、クーリング・オフや取消権の行使ができないかを十分に検討しましょう。

1 関連商品の中途解約の清算方法

　役務提供契約が中途解約された場合には、関連商品の売買契約についても中途解約を行うことができます（特商法49条5項）。

　エステサロンの場合、①健康食品、②化粧品、石けん、浴用剤、③下着、④美顔器、脱毛機など（電気、電磁波、超音波を用いるもの）が関連商品（特商法施行令14条別表第5第1号）にあたりますので、美顔コースの契約を中途

91

第1章　Ⅲ　エステに関する契約トラブル

解約したうえで、化粧品や美顔器の契約も解除することができます。

　関連商品の中途解約の通知は、役務提供契約の中途解約と同時、または役務提供契約の中途解約以後に行います。通知方法はエステ契約の中途解約の場合と同じです（Q23参照）。そして、関連商品を中途解約する際に支払済み代金がある場合の清算ルールは、次のとおり法律で制限されています。

2　違約金の制限

　特商法49条の定める中途解約されたエステ契約の場合と同様に、エステサロンに対する支払済みの代金の清算が必要になります。エステサロンとの契約書面に、損害賠償額の予定や違約金の記載がある場合でも、以下に説明するように法律で違約金の上限が定められていますので、エステサロンの言い分をうのみにせず、内容を必ず確かめる必要があります（特商法49条6項）。この規定は、消費者契約法9条1号（平均的損害を超える損害賠償等を定める条項の無効）を具体化したものとして位置づけられています。

3　関連商品引渡し前の中途解約の場合

　まず、関連商品が引き渡される前に中途解約した場合には、エステサロン側は、「契約の締結及び履行のために通常要する費用の額」を超えて違約金の請求をすることはできません（特商法49条6項3号）。この「通常要する費用の額」とは、具体的には、契約締結に際しての契約書作成費や印紙代、配送費といった実費が考えられます。

4　関連商品引渡し後の中途解約の場合

　次に、関連商品が引き渡された後に中途解約する場合ですが、商品を返却した場合は、その商品の通常の使用料に相当する額か、販売価格から残存価格を差し引いた残額が通常の使用料相当額を超える場合はその額になります（特商法49条6項1号）。具体的には、化粧品のような消耗品の場合は、封を

92

切っていない未使用分について商品を返還し、使用済み分の化粧品代金を支払えばよいでしょう。

美顔器の場合は、使用料をどのように算定するか問題になりますが、通常、使用料については、同種の商品がレンタルされている場合には、そのレンタル料が目安になるでしょう。減価償却期間や減価償却費用をベースにしたり、販売価格を美顔コースの施術期間で割るなどして算定することも考えられます。また、商品を返還しない場合には、販売価格（美顔器5万円）が違約金の上限となります（特商法49条6項2号）。

化粧品の場合、エステサロン側が「あなただけの特別仕様だから引き取れない」などと主張する場合もあるようですが、封を切っていない化粧品については、商品としての価値がなくなっているとは考えられませんので、エステサロンに引取りを要求しましょう。日本エステティック振興協議会作成の「エステティック業統一自主基準」でも未使用で商品の消費期限内のものは、販売代金全額を返金して引き取るものとすると規定しており、「特別仕様」等の区別はされていません。

5 無償のエステ契約の場合

実際には、エステの施術を受けるための契約なのに、契約書には化粧品などの関連商品を購入し、無償でエステの施術をサービスとして受けるという内容になっていることがあります。これは、エステ契約については特商法により中途解約ができるようになったため、化粧品の売買契約の形式をとり、特商法の適用を免れようとする脱法行為です。また、クレジット会社では、エステなどの継続的役務提供についてはクレジット契約を受け付けなくなってきているので、化粧品の売買の形をとってクレジット契約を成立させやすくしたとも考えられます。しかし、社会通念上、多数回のエステの施術を無償で受けられるとは考えられず、実際には、化粧品の代金部分にエステの施術代金が含まれていると考えられます。このように、実態としてエステの施

第1章　Ⅲ　エステに関する契約トラブル

術を受ける契約をしている場合には、特商法の適用があり、中途解約ができると考えられます。

　経産省の通達も、役務提供の部分は無料と称していても、抱合せで販売される商品等の価額と合計した額が5万円を超えている場合には、特商法の適用があるとしています（「特定商取引に関する法律等の施行について」（平成29年11月1日）【資料1】(5)①参照）。

　結局のところ、役務提供の部分は無料と称していても、抱合せで販売される商品等の価額と合計した額が5万円を超えている場合は特定継続的役務提供として特商法の適用があるので、実態にあった法定の「契約書面」が交付されていない、または交付された書面が不備である可能性が高く、実務的には、中途解約を検討する前にクーリング・オフの主張を検討するとよいでしょう。

6　クーリング・オフと中途解約はどちらを優先すべきか

　クーリング・オフも中途解約も、関連商品の解除をすることができますが、クーリング・オフの場合は、損害賠償や違約金の請求がされないこと、関連商品の引取費用は事業者負担となるなど、クーリング・オフのほうが圧倒的に顧客に有利ですので、まずは、クーリング・オフができないかを十分に検討する必要があります。

　なお、中途解約と取消権では、取消権のほうが顧客に有利ですので（Q26参照）、①クーリング・オフ、②取消権、③中途解約の主張については、①→②→③の順に検討するとよいでしょう。

94

Q23　騙されて締結したエステ契約を取り消すことはできるか(1)──主に特商法

Q26 騙されて締結したエステ契約を取り消すことはできるか(1)──主に特商法

　　エステサロンで、「このコースに3カ月通うことで確実に10kg痩せることができます」と言われてエステ契約をしました。しかし、3カ月経っても2kg～3kgしか痩せません。騙されて契約させられたように思うのですが、契約をなかったことにできませんか。

▶ ▶ ▶ Point

① 　特定継続的役務提供に該当するエステ契約は、エステサロンが不実の告知や事実不告知を行った場合、顧客がそれを誤信して契約締結したときは契約を取り消すことができます。

② 　エステ契約を不実の告知や事実不告知により取り消した場合には、関連商品の販売契約も一緒に解除できます。

③ 　民法は、特商法・消費者契約法よりも顧客である消費者にとっては主張・立証が難しいです。

1 特商法による取消し

　質問の場合、特商法49条の2による取消しを主張できると思われます。

(1) 規定の概要

　特商法の平成16年改正により、特定継続的役務について、勧誘の際に役務の内容や効果に関して、不実のことを告げ、あるいは故意に事実を告げなかったことにより、消費者が告げられた内容が事実である、あるいは、告げられなかった事実がないと誤認した場合には、契約を取り消すことができると規定されました（特商法49条の2・44条、特商法施行規則37条の2）。

95

特商法では、役務の種類・内容・効果のほか、顧客が契約の締結を必要とする事情に関する事項や役務の提供を受ける者の判断に影響を及ぼすこととなる重要なものについても不実告知により取消しができるとしています。それゆえ、従前は、消費者契約法よりも特商法のほうが取消しの範囲が広いといわれていました。しかし、平成28年消費者契約法改正により、不実告知を理由とした誤認取消しの対象である「重要事項」として、いわゆる動機部分に関する事由が追加されましたので、消費者契約法における不実告知による取消しにおける重要事項の範囲は拡大されています（消費者契約法4条5項3号。Q27②(2)参照）。

(2) **取消要件**

特定継続的役務提供契約を取り消すためには次の事由が必要です（特商法49条の2）。

① 特定役務提供事業者の勧誘行為であること

② 特定継続的役務提供契約の締結について勧誘するに際しての行為であること

③ 特商法44条1項に定める禁止行為に違反して不実の告知を行い、または同条2項に定める故意による事実の不告知を行ったこと

④ 特定継続的役務提供受領者が不実告知の内容が事実であると誤認したことまたは告げられなかった事実が存在しないと誤認したこと

⑤ それらの誤認と特定継続的役務提供受領者の意思表示との間に因果関係があること

したがって、エステの勧誘の際、質問のように「3カ月通うことで確実に10kg痩せることができます」（役務の効果についての不実告知）と言われたり、また、「このままではお肌がボロボロになってしまう」（契約の締結を必要とする事情に関する不実告知）など事実と違うことを告げられた場合には、他の要件を満たせば、特商法の不実の告知により契約を取り消すことができると考えられます。取消しの効果は特商法に規定がないので、民法により、

取り消した場合は遡って無効となります（民法121条）。

2 取消しに伴う関連商品販売契約の解除

では、質問のケースで関連商品を購入させられていた場合にはどのように考えればよいでしょうか。特定継続的役務提供に該当するエステ契約が取り消された場合は、中途解約時の関連商品の解除権の規定が準用されます（特商法49条の2第3項で同法49条5項ないし7項の規定を準用しています）。したがって、エステ契約を取り消した場合、取消しと同時または取消し後に関連商品の販売契約を解除することができます（同法49条5項準用）。この解除がなされるとエステサロンが請求できる損害賠償額は制限されますし（同条6項準用）、上記規定に反する特約を無効とする規定も置かれています（同法49条7項準用）。関連商品の清算ルールはQ25を参照してください。

3 取消しと中途解約はどちらを優先すべきか

エステ契約の取消しも中途解約もどちらでも選択できる場合には、取消しの主張を先行させるべきでしょう。

関連商品の販売契約を解除した場合の清算ルールは中途解約も取消しも同じですが、エステ契約の中途解約の場合は、解約をすると契約は将来に向かって無効となり、特商法の清算ルールによる解約料を請求される可能性があります。一方、エステ契約を取り消した場合は、契約は遡って無効となりますので、清算ルールではなく、提供済み役務により顧客が受けた利益、つまり、現存利益の範囲でのみ返還義務が生じます。エステ契約の場合、受けた施術が顧客にとって全く効果がなかったり、危害を及ぼすものであれば、顧客に何らの利得はないため、現存利益はないと考える余地もあります。

したがって、どちらも主張できる場合には、エステ契約を取り消し、関連商品も一緒に解除したほうが顧客に有利です。

第1章　Ⅲ　エステに関する契約トラブル

4　民法による取消し

　特商法49条の2第2項は、同法9条の3第3項を準用しているので、同法49条の2による取消しが認められる場合でも民法による詐欺や強迫による取消しを主張することもできます。したがって、契約者が、錯誤（民法95条）や詐欺（民法96条）、あるいは強迫（同条）によって契約を結んだ場合には、民法の規定に基づいて契約の無効や取消しを主張することもできますが、詐欺による取消しを主張する場合には、エステサロンに顧客を「錯誤に陥らせようとした」、「その錯誤によって契約させようとした」という二段の故意があったことを、顧客の側で立証しなければなりません。エステサロンがきちんと提供すべき情報を提供しなかった場合、エステサロンの沈黙は欺罔（だます行為）にあたるというべきですが、この場合も、エステサロンの故意を立証するには、難しい面があります。さらに、エステサロンから強迫されて、無理やり契約をさせられたというような場合は、契約の取消しが可能です。しかし、強迫といえるためには、エステサロンに強迫についての二段の故意があったことの立証が必要です（顧客に畏怖を生じさせる故意と畏怖によって意思表示をさせようとする故意）。また、畏怖したといえるためには、顧客は意思決定の自由を奪われた状態であったことまでが必要ですから、単に、威迫・困惑させられたという程度では、強迫による取消しを主張することはできません。

　したがって、民法における錯誤、詐欺、強迫等は、特商法よりも顧客にとって主張・立証が難しいといえるでしょう。

98

Q27 騙されて締結したエステ契約を取り消すことはできるか(2)──主に消費者契約法

Q27 騙されて締結したエステ契約を取り消すことはできるか(2)──主に消費者契約法

エステサロンで、「このままだと２、３年後に肌が必ずボロボロにな
る。適切なお手入れのためにうちのエステをして、Ａ化粧品を使った
ほうがいい。若いのに肌がボロボロになったら大変ですよ」と言われ
てエステ契約とＡ化粧品の購入契約をしました。エステ契約は３回
コースで３万円、Ａ化粧品は5000円でした。エステの有効期間は１
カ月です。私は「２、３年後に肌がボロボロ」になると言われたの
で、契約したのですが、家族から「騙されている」と言われました。
今からでも契約をなかったことにできますか。

▶ ▶ ▶ Point

① 　１カ月を超える期間で５万円を超えるエステ契約でなければ、特商法の
特定継続的役務提供に該当しません。

② 　消費者契約法の不実の告知や不利益事実の故意の不告知により取消しを
する場合、関連商品について解除する規定はないので、エステ契約と商品
の販売契約をそれぞれ取り消さなければなりません。

③ 　消費者契約法は、特商法よりも主張・立証が難しい面がありますが、特
商法の適用がないエステ契約にも使えます。消費者契約法には特商法とは
異なる取消権も存在するので確認してみましょう。民法の詐欺や強迫より
消費者契約法の主張・立証は容易です。

1 　消費者契約法を検討する

質問のケースは役務と関連商品の金額をあわせても５万円を超えないの

99

第1章　Ⅲ　エステに関する契約トラブル

で、特商法の特定継続的役務提供の適用がありません。

　そこで、次に消費者契約法の取消事由がないか確認しましょう。

　消費者契約法は、民法の特別法として平成13年4月1日から施行された法律です。この法律は、エステサロンと顧客というような事業者と消費者の間に存在する契約の締結、取引に関する構造的な「情報の質及び量並びに交渉力の格差」に着目して、消費者の利益を守るために制定されたものです。

2　誤認類型の取消事由

(1)　取消事由

　取消事由となる誤認類型として、①事業者が、重要事項について事実と異なることを告げ、消費者が告げられた内容が事実であると誤認し、それによって契約を締結した場合（不実告知。消費者契約法4条1項1号）、②事業者が、契約の内容について、将来における価格等、変動が不確実な事項について断定的な判断を提供し、消費者がその断定的判断の内容が確実であると誤認し、それによって契約を締結した場合（断定判断の提供。同項2号）、③事業者が重要事項に関して消費者の利益となる事実を告げて不利益となる事実を故意に告げず、消費者が不利益事実が存在しないと誤認し、それによって、契約を締結した場合（不利益事実の不告知。同条2項）の3種類が規定されています。なお、平成30年消費者契約法改正により、同項の不告知要件は緩和され、「重過失」も含まれます。

(2)　民法（詐欺・錯誤）との比較

　民法における詐欺や錯誤の場合と比較すると、消費者契約法においては、契約の「重要な事項」という限定はありますが、事業者側に騙そうとした故意があったことを立証する必要がなく、動機を表示していることが必要であるという要件がない点では、民法の詐欺や錯誤よりも主張しやすくなっています。また、不実告知における「重要な事項」は、物品・役務の内容や対価等の契約条件に限定されていましたが、平成28年消費者契約法改正により、

「物品、権利、役務その他の当該消費者契約の目的となるものが<u>当該消費者</u><u>の生命、身体、財産その他の重要な利益についての損害または危険を回避す</u><u>るために通常必要であると判断される事情</u>」（下線筆者）といった、いわゆる動機部分に関する事由まで拡大されました（消費者契約法4条5項3号）。したがって、従前の消費者契約法よりも重要事項の範囲が拡大した分、不実告知の取消しの主張はしやすくなったといえます。

(3)　質問ケースの検討

質問のケースが、真実に反して「このままだと2、3年後には必ず肌がボロボロになるので、エステ契約とA化粧品が必要」と言われ、化粧品を購入したような場合、肌がボロボロになるという「身体」についての「損害又は危険」を「回避するために」は、「消費者契約の目的となるもの」であるエステ契約や化粧品が「通常必要であると判断される」ので、「物品、権利、役務……の当該消費者契約の目的となるものが当該消費者の生命、身体、財産その他の重要な利益についての損害または危険を回避するために通常必要であると判断される事情」の不実告知に該当し、消費者はエステ契約の申込みの意思表示とA化粧品を購入する意思表示を取り消すことができます（「消費者契約法の一部を改正する法律に関する一問一答」（【資料1】(6)②）問15参照）。

③　困惑類型の取消事由

ところで、エステについては、キャッチセールスでエステサロンに連れて行かれて執拗に勧誘され、帰ることができない状況で契約を結ばされた場合は、困惑類型の取消権が主張できます。消費者契約法は、困惑類型として、④不退去（消費者契約法4条3項1号）、⑤退去妨害（同項2号）を規定しています。

民法における強迫の場合と比較すると、困惑ケースとして④不退去、⑤退去妨害という類型が明文化されていますので、消費者が困惑したと言うこと

第1章　Ⅲ　エステに関する契約トラブル

の立証は比較的容易であると考えられます。この場合、消費者の意思決定の自由が奪われたことがあればよく、「畏怖」までは要件とならないので、強迫に至らない程度の戸惑いや困惑であっても取消しが認められることになります。

　さらに、消費者契約法は、つけ込み型不当勧誘類型として平成28年改正により、⑥過量契約取消権を新設しています（Q20・Q21参照）。

4　平成30年消費者契約法改正

　③のとおり、平成28年の消費者契約法改正により、⑥過量契約取消権が新設されましたが、さらに、平成30年の消費者契約法改正により、取り消しうる不当な勧誘行為として、⑦不安をあおる告知（社会生活上の経験不足の不当な利用）、⑧恋愛感情等に乗じた人間関係の濫用、⑨加齢等による判断力の低下の不当な利用、⑩霊感等による知見を用いた告知、⑪契約締結前に債務の内容を実施等の５つの取消権が新設されました。

　⑦の「重要な事項について過大な不安をあおる告知」（平成30年消費者契約法改正後法４条３項３号）には、容姿・体型その他の身体的特徴が含まれており、特定継続的役務提供は該当しないエステ契約の場面では、検討すべき取消事由です。

　このように消費者契約法には特商法とは異なる取消権があるので、消費者契約法の取消類型に該当するかどうかは、特商法の適用がないエステ契約の場合にのみ検討するのではなく、それ以外の場合にも検討しましょう。なお、平成30年消費者契約法改正の施行日は、2019（平成31）年６月15日です。

102

Q28 未成年の娘が締結した契約を取り消すことはできるか

Q28 未成年の娘が締結した契約を取り消すことはできるか

　17歳の娘が、親の私に何の相談もなしにエステサロンと契約を結び、リフトアップの施術を1回受けてきました。今からでも契約を取り消すことはできるのでしょうか。

　娘は契約書に記入する際、「17歳だと担当者に告げたが、20歳と書くように」と言われたと話しています。

▶▶▶Point

① 　未成年者が契約を締結する場合には、親権者である親の同意が必要です。同意のない契約は、未成年者、親権者のどちらからも取り消すことができます（未成年者取消権）。

② 　親から処分を許された財産（お小遣いなど）で契約をした場合には取消しはできませんが、エステ契約の総額が高額であり、月々の分割払い金額が小遣いの範囲内ではないケースでは取消権が主張できます。

③ 　自分は成年者であるとか、未成年者であるが親の同意を得ているなどとエステサロンを誤信させるような言動（詐術）を行った場合には未成年者取消権は主張できません。しかし、単に黙っていたとか、エステサロンの担当者に「未成年」と告げたが、誘導されて20歳と書いたケースなどは取り消すことができます。

1 未成年者の契約は取り消すことができる

　未成年者が契約を締結するには親権者である両親の同意が必要であり、同意のない行為は未成年者あるいは親権者から取り消すことができます（未成

103

第1章　Ⅲ　エステに関する契約トラブル

年者取消権。民法5条2項）。つまり、親権者であるあなたの一方的な意思表示によってエステサロンとの契約を取り消すことができます。エステサロンに対してはっきりと、「○年○月○日付の○○契約を親権者として取り消す」旨の意思を伝えてください。また、後に証拠を残すため、できれば内容証明郵便（配達証明付）で申入れをしてください（Q23参照）。

② 未成年者取消権が主張できない場合

ただし、取消しできないケースが2つあるので注意が必要です。

⑴　処分が許された場合

第1のケースは、娘さんが親から自由に処分してよいと与えられた財産（いわゆるお小遣い）の範囲で行った場合です。この場合は、本来、子（娘）の自由に委ねられた行為ですので、親の同意は不要であり、取り消すことはできません（民法5条3項）。ただし、クレジット契約の場合、1回の支払金額が低額であっても、総額が多額になっていますので、処分を許された財産ではないと考える余地がありますので、取消しができる可能性があります。

⑵　未成年者による詐術があった場合

第2のケースは、子（娘）がエステサロンに対して、自分は成年者であるとか、未成年者であるが親の同意を得ていると誤信させるような言動（詐術）を行った場合です（民法21条）。子（娘）が単にエステサロンに対して未成年者であることを黙っていたような場合には、取消しは可能ですが、エステサロンの担当者から年齢を尋ねられて20歳と答えていたり、「17歳だが親の許可を得ている」等と述べていたような場合には、取り消せないことがあります。しかし、未成年者取消権が制限されるほどの詐術といえるためには、エステサロンが未成年者の詐術を信用した（誤信した）ことが必要ですので、未成年者が単に20歳と答えていても、風貌から14歳か15歳とわかる場合であったり（この場合、20歳という誤信はない）、エステサロンが親の許可

を得ているという未成年者の言葉を軽率に信じ、後述する業界の自主基準に記載されている親の同意書の提出や電話確認も行っていない等の事情がある場合には、未成年者取消権が主張できる場面があると思われます。

(3)　質問のケース

質問のケースでは、娘は契約書に記載の際、17歳だと担当者に告げたが、20歳と書くようにと言われたということですので、エステサロンの担当者は未成年であることを知っていながら誘導して契約書に虚偽の記載をさせており、エステサロンには、20歳だと誤信したという事情はないので、未成年者が詐術を使った場面とはいえないことから、取消しができます。

なお、「エステティック業統一自主基準」では未成年者との契約に関する遵守事項として「未成年者と継続的役務の契約をする場合には、親権者の同席のもと、親権者の同意をえなければならない。親権者の同席が難しい場合は、親権者に『同意書』の作成を願い、これを受領し、さらに電話等で親権者の意思確認を行う必要がある」と規定しています。

③　未成年者取消権の効果

親権者も未成年者も未成年者取消権を主張することができます。未成年者取消権の効果は、取消しによって、契約は初めに遡って無効となりますから、お互いに受け取った物や金銭は不当利得として返還しなければなりません（民法121条・703条）。したがって、エステサロンがすでに顧客から金銭を受け取っていた場合は、受け取った代金を全額返還するのが原則となります。

では、顧客がすでに施術を受けている場合はどうでしょうか。民法121条ただし書は現に利益を受けている限度（現存利益）において返還義務を負うと規定していますので、浪費した場合のように利益が現時点で残っていないときには返還義務は負いません。

質問のリフトアップの施術を1回受けた場合、娘さんに現存利益が存在し

105

第1章 Ⅲ エステに関する契約トラブル

ていれば施術相当額の金銭による返還が必要ですが、17歳の若い女性にリフトアップ施術が必要とは思われませんので、施術自体が意味のないものとして娘さんには何らの現存利益はないといえると思います。

なお、親権者がうっかりして代金の一部でも支払ってしまうと未成年者の行為を追認（民法122条）したことになり、取り消せないこともあるので十分注意してください。

④ 成年年齢引下げの議論とエステ契約

平成30年の通常国会で、民法の成年年齢を引き下げて18歳とする改正法案が成立しました（2022（平成34）年4月施行）。エステ契約は18歳や19歳の若者の被害も多く、若年者の自立促進や消費者被害の拡大防止等のための施策が整備されないまま、未成年者取消権が使えなくなれば、18歳、19歳が標的となって消費者被害は拡大するおそれがあります。昨今、エステの広告やホームページはきらびやかで若者や女性たちの心を惹きつける画像や文章であふれています。18歳、19歳の若者と社会経験を積んだ30代、40代の成年と比較すれば、契約に対する知識のみならず、契約への心構え、理解度などは大きく異なっている場合が多いと思います。かかる知識や経験の不足は、コンプレックスに影響する勧誘が繰り返しなされると、その精神的幼さや経済観念の低さから支払える額以上の契約を締結してしまうというトラブルを発生させます。民法の成年年齢引下げの議論は、未成年者取消権に変わる消費者救済の保護制度（若年者取消権等）が検討・導入されてから慎重に検討されるべきではないかと思います。

なお、平成30年6月8日に成立した消費者契約法改正によると、消費者契約法4条3項に新たな困惑類型が追加されています。その中に、社会生活上の経験が乏しいことから、社会生活上の重要な事項または身体の特徴もしくは状況に関する重要な事項に対する願望の実現に過大な不安を抱いていることを知りながら、その不安をあおり、正当な理由がないのに、物品、権利、

役務その他のその消費者契約の目的となるものがその願望を実現するために必要である旨を告げ、これを消費者が誤信し、契約した場合には、取り消すことができる旨の規定があります（改正法4条3項3号）。そして、重要な事項として「容姿、体型その他の身体の特徴又は状況に関する」ものが列挙されていますので、エステ契約トラブルにおける未成年者取消権に代わる消費者救済の保護制度の一つとして期待できると思われます。

コラム⑧ 未成年者によるクレジットカードの無断使用

　未成年者が親の同意なくエステ契約をし、親のクレジットカードを無断使用するというような場合があります。

　エステ契約の場合は、インターネット取引のように非対面取引ではなく、店舗での対面契約が一般的であり、顧客が未成年者であるか否かは、容貌等の外観や身分証明書の提示により比較的容易に判断できます。したがって、未成年者が「詐術を用いた」といえる場面は少なく、エステ契約を未成年者取消しできる場面は多いと思われます。

　ところが、エステ契約の支払いのために、未成年者である子どもが親名義のクレジットカードを無断使用した場合には、親がクレジットカードの名義人としての責任が問われてしまうことがあります。

　現行の主なクレジットカード会員規約では、他人にカードを使用された場合には、そのカード利用代金は、クレジットカード会員の負担とし、カード会員が紛失、盗難の事実を速やかに届け出るなどしたときには、カード代金の支払義務を免除するが、カード会員の家族、同居人等がカードを使用したときにはこの限りではないとされています。

　そのため、子どもが親のクレジットカードを持ち出して使用すると、家族の不正使用にあたり、カード名義人としての責任が免責されず、親がカード利用代金の請求を受けることになるのです。

　しかし、裁判例においては、未成年者が風俗営業店でクレジットカードを不正使用したケースについて、信販会社の義務が十分に果たされずに不正使用が拡大し、原因行為が公序良俗に反する場合は、カード利用代金の請求が一部権利濫用・信義則違反になるとしたもの（京都地裁平成25年5月23日判決）や、加盟店がカード利用者を名義人本人でないと容易に知り得た場合の

第1章　Ⅲ　エステに関する契約トラブル

加盟店本人確認義務違反を理由に5割の過失相殺を認めたもの（札幌地裁平成7年8月30日判決）、インターネット取引における決済システムとしての基本的な安全性が確保されていないという事情のもと、カード名義人に重過失はないとしてカード利用代金の支払義務を否定したもの（長崎地裁佐世保支部平成20年4月24日判決）など、カード名義人の責任を限定したものがあります。

Q29 クレジット契約のしくみはどのようになっているか——包括クレジットと個別クレジット

　　エステサロンに入会しました。支払いはクレジットを使いたいと思います。クレジット契約のしくみはどのようになっているのでしょうか。

▶▶▶ Point

①　割賦販売法上、クレジット（信用購入あっせん）は、包括クレジット（包括信用購入あっせん）と個別クレジット（個別信用購入あっせん）に区別されています。クレジットカードの利用を前提とするものを「包括クレジット」、カードを利用しないでそのつどクレジット契約申込書類を作成するものを「個別クレジット」といいます。

②　平成20年の割賦販売法・特商法の改正により、個別クレジットのうち、特商法5類型（特定継続的役務提供を含む）についてはクーリング・オフや不実告知等の取消権が規定され、既払い金返金制度が規定されました。一方、包括クレジットには既払い金返還に関する規定はありません。

③　個別クレジットも包括クレジットも、エステサロンに対して主張できる事由をクレジット会社に対しても主張して、クレジット会社からの請求を拒むことができます（支払停止の抗弁）。支払停止の抗弁事由の範囲は、エステサロン等に対して生じている一切の抗弁事由を広く含みます。

1　エステ契約とクレジット契約の関係

　一般にクレジット契約は、顧客がクレジット会社に対して、エステの施術代金をエステサロンに立て替えて支払ってもらうことを依頼し、クレジット

109

会社が立て替えた施術代金に一定の手数料（金利）を加えた金額を、顧客が
クレジット会社に対して分割して支払っていくことを約束する契約です。

　その結果、クレジット会社は、契約の時点でエステサロンに施術代金全額
をいったん支払い、その後、顧客が、何回かに分けてクレジット代金を支
払っていくということになります。クレジット会社と消費者間のクレジット
契約は、エステ契約（特定継続的役務提供契約）とは別の契約であり、一定の
手数料（金利）が発生することがあります。

2　包括クレジットと個別クレジット

　包括クレジットは、あらかじめ利用限度額の設定や支払条件等に関する基
本的な契約条件を定めてクレジットカードを発行し、その利用限度額の範囲
内であれば原則として個別の販売契約ごとの与信審査を行わないでクレジッ
トの利用を認めるものです（〈図1〉参照）。いわゆる、クレジットカードで
代金を支払う方法です。

　一方、個別クレジットは、販売契約ごとに申込書類を作成してクレジット
会社に提出し、与信審査を受け、クレジット契約を締結する方法です（〈図
2参照〉）。通常、複写式の申込書類を契約のつど作成する方法です。

　包括クレジット、個別クレジットとも割賦販売法の適用がありますが、ク
レジット代金の支払いがクレジット契約を締結してから2カ月を超えないう
ちに終わってしまう場合（マンスリークリア）には、適用がありません。た
とえば、4月1日に契約をして、6月1日までに口座引落しがすんでしまえ
ば適用がなく、6月2日以降の口座引落なら1回払いでも適用があります。

　平成20年改正前は、2カ月以上の期間にわたり3回払い以上の分割払いが
信用購入あっせん（クレジット）契約であるという割賦販売法の規定があり
ましたので、改正により、割賦販売法の適用範囲は拡大されたことになりま
す。

110

Q29 クレジット契約のしくみはどのようになっているか──包括クレジットと個別クレジット

〈図1〉包括方式・リボルビング方式の包括信用購入あっせん

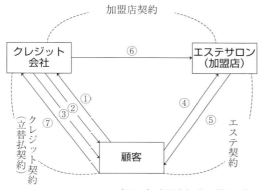

① クレジットカード発行の申込み
② 信用調査
③ クレジットカード発行
④ クレジットカード提示
⑤ 商品引渡し等
⑥ 代金一括払い
⑦ 代金分割払いまたはリボルビング払い

〈図2〉個別方式の信用購入あっせん

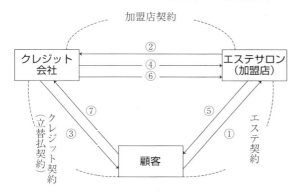

① 商品購入等の申込み
② 信用調査依頼
③ 信用調査
④ 販売等の承認
⑤ 商品引渡し等
⑥ 代金一括払い
⑦ 代金分割払い

3 支払停止の抗弁とは

　エステの施術代金を支払うために、クレジットを利用すると、顧客とエステサロンの間にはエステ契約が、顧客とクレジット会社の間には立替払契約が成立していることになります。顧客とエステサロンのエステ契約と顧客とクレジット会社の立替払契約が別個独立のものだと考えると、エステ契約についてトラブルが発生したとしても、クレジット代金については、引き続き支払いを続けなければならないという不合理な結果が発生してしまいます。そこで、割賦販売法では、エステサロンなどの役務提供業者に対して主張で

111

きる事由をクレジット会社に対しても主張をし、クレジット会社からのクレジット代金の請求を拒むことができると定めています（包括クレジットは割賦販売法30条の4、個別クレジットは同法35条の3の19）。これを「支払停止の抗弁」といいます。

「支払停止の抗弁」は、包括クレジットや個別クレジットを問わず、適用されますが、マンスリークリアの場合には、支払停止の抗弁は適用がないので、注意が必要です（Q32参照）。

なお、「支払停止の抗弁」は、クレジット会社からの請求に対して、未払いのクレジット代金の支払いを停止することができるだけであり、すでに支払ったクレジット代金（既払金）の返還を求めることはできません。

4 既払金の返還が可能な場合

個別クレジットは、クレジットカードを持っていない人も高額な商品や役務を個別クレジットを利用して契約することができるため、顧客にとって便利な一方で、通信販売および訪問購入を除く特商法上の5類型の取引（訪問販売、電話勧誘販売、連鎖販売取引、特定継続的役務提供、業務提供誘引販売）で多くのトラブルの原因ともなってきました。

そこで、平成20年の割賦販売法の改正では包括クレジットと個別クレジットの取引実態の違いを考慮し、個別クレジットのうちの特商法の5類型については、クーリング・オフや不実告知等の取消しなどの規制を新たに設けました（Q30参照）。

平成20年改正以降は、個別クレジットのうち、特定継続的役務提供など適用対象取引については、クーリング・オフや不実の告知等の取消しをすることにより、クレジット会社に対する既払い金の返還も請求できるようになりました。

しかし、包括クレジットについては、平成20年改正後も「支払停止の抗弁」しか規定がありませんので、注意が必要です。

112

5 支払停止の抗弁の要件

「支払停止の抗弁」が認められるためには、①包括クレジット、個別クレジット、ローン提携販売取引のいずれかの類型であること、②販売会社や役務提供事業者等に対して抗弁事由があること、③支払総額が4万円以上であること（割賦販売法30条の4第4項・35条の3の19第4項。リボルビング方式の場合は、現金販売価格が3万8000円以上であること（割賦販売法施行令21条））、④購入者等が営業のためもしくは営業として締結するものではないこと（同法35条の3の60第1項1号・2項1号）の4つの要件が必要です。

ただし、いずれの場合であっても、クレジット代金の支払いがクレジット契約を締結してから2カ月を超えないうちに終わってしまう場合（マンスリークリア）には、支払停止の抗弁を主張することはできません。

6 支払停止の抗弁事由と支払停止の抗弁の対抗方法

支払停止の抗弁事由の範囲としては、エステサロン等に対して生じている一切の抗弁事由を広く含みます。契約書に記載されている事由に限らず、口頭のセールストークによる抗弁や特約による抗弁など、役務提供事業者であるエステサロンに対して生じた事由を原則としてすべて含みます。

エステ契約についてクーリング・オフをした場合（Q21参照）、中途解約した場合（Q23参照）、エステサロンが倒産した場合（Q32参照）、不実の告知、事実の不告知により取消しをした場合（Q26・Q27参照）、エステ施術の効果がない、副作用が発生した等、債務不履行があった場合（Q34参照）などには、エステサロンにこれらの事由を申し入れ、クレジット会社に対してもエステサロンに対するこれらの事由があることを理由に、クレジット代金の支払いを停止する旨の通知をすることにより支払停止の抗弁を主張できます。黙って止めてしまうと、単なるクレジット代金支払いの遅滞となりますので、必ず、支払停止をする旨の通知を出しましょう（割賦販売法30条の4第3項・35条の3の19第3項）。

第1章　Ⅲ　エステに関する契約トラブル

〔表6〕包括クレジットと個別クレジットの整理表

（カッコ内の条文は割賦販売法）

	包括クレジット	個別クレジット		
信用購入の類型	包括信用購入あっせん（2条3項）（※）	個別信用購入あっせん（2条4項）（※）		
		特定契約		
		訪問販売 電話勧誘販売	・特定連鎖販売 個人契約 ・特定継続的役務 提供 ・業務提供誘引 個人契約	
利用形態	クレジットカードを利用	クレジット契約申込書により、そのつど申込み		
支払停止の抗弁	あり（30条の4）	あり（35条の3の19）		
クレジット契約についてのクーリング・オフ	なし	あり（35条の3の10）	あり（35条の3の11）	なし
クレジット契約についての不実告知等取消し	なし	あり（35条の3の13）	あり（35条の3の14〜35条の3の16）	なし
過量販売解除	なし	あり（35条の3の12）	なし	なし
与信調査義務	包括支払可能見込額の調査（30条の2・30条の2の2）	個別支払可能見込額の調査（35条の3の3・35条の3の4）		
勧誘行為についての調査義務	なし	あり（35条の3の5）		なし
苦情処理義務	あり（30条の5の2）	あり（35条の3の20）		

※2カ月以内にクレジット会社への支払いが完了する予定のもの（マンスリークリア）は含まない

Q30 個別クレジット契約のクーリング・オフはできるか

Q30 個別クレジット契約のクーリング・オフはできるか

　エステサロンに入会し、３カ月を超える期間の美白コース（代金10万円）の支払いをするために個別クレジット業者（クレジット会社）の複写式のクレジット契約用紙を書き、クレジットの申込みをしました。この場合にクーリング・オフはできますか。

▶▷▶ Point

① 平成20年の特商法・割賦販売法改正により、特商法５類型を原因とする個別クレジット契約についてクーリング・オフが導入されました。

② 個別クレジット契約のクーリング・オフでは、個別クレジットそれ自体がクーリング・オフをされますので、顧客はクレジット契約に基づいて支払済みのクレジット代金をクレジット会社に対して返還請求できます。

1 個別クレジット契約のクーリング・オフ制度

　平成20年の特商法・割賦販売法改正により、通信販売および訪問購入を除く特商法上の５類型取引（訪問販売、電話勧誘販売、連鎖販売取引、特定継続的役務提供、業務提供誘引販売）を原因行為とする個別クレジット契約についてクーリング・オフが導入されました。これは、顧客とクレジット会社との間の個別クレジット契約についてクーリング・オフを認めるとともに、個別クレジット契約がクーリング・オフをされると個別クレジット契約の原因行為である契約も同時にクーリング・オフされるとみなされるというものです（割賦販売法35条の３の10・35条の３の11）。クーリング・オフの効果として、個別クレジット契約それ自体が遡って効力を失いますので、顧客はこれに基

115

第1章　Ⅲ　エステに関する契約トラブル

づき、クレジット契約に基づき支払済みのクレジット代金をクレジット会社に対して返還請求できるという制度です。

　質問のエステ契約は特定継続役務提供に該当しますし（Q17参照）、クレジット契約は個別クレジット契約ですので、個別クレジットのクーリング・オフができる可能性があります。

2　個別クレジット契約のクーリング・オフの要件

　個別クレジット契約のクーリング・オフが認められるためには、①特商法上の訪問販売等5類型にあたる取引を原因取引とする個別クレジット契約であること（消費者側が立証責任を負います）、②法定書面の受領日から、個別クレジットの原因取引である特商法適用対象取引の種類に応じて8日または20日間以内に行使すること（特定継続的役務提供契約は8日間）、③申込みの撤回または解除（クーリング・オフ）に関して、不実告知の誤認、威迫による困惑があったことを原因として上記の期間内にクーリング・オフができなかったときは、エステサロンがあらためてクーリング・オフができる旨を記載した法定書面を消費者に交付し、消費者がこれを受領した日から8日または20日以内であること（特定継続的役務提供契約は8日間）、④書面により、クレジット会社に通知等の要件が必要です。特定継続的役務の関連商品の購入契約にかかるクレジット契約については、特定継続的役務提供事業者（エステサロン等）が関連商品の販売等を行った場合で、かつ、特定継続的役務提供契約の個別クレジット業者があわせて関連商品販売契約の個別クレジットも組んでいる場合には関連商品販売契約にかかる個別クレジット契約もクーリング・オフができます（割賦販売法35条の3の11第3項）。

3　クーリング・オフの効力発生時期と起算点

　クーリング・オフの効力は、クーリング・オフの書面による通知を発送した時点で生じます（発信主義。割賦販売法35条の3の11第4項）。クーリン

グ・オフの行使期間の起算点は、クレジット契約の法定書面である申込書面
（割賦販売法35条の3の9第1項）または契約書面（同条3項）を受領した日
の早いほうの日です（同法35条の3の11第1項2号）。クレジット会社やエス
テサロンなどの役務提供事業者等が、不実のことを告げて、顧客に誤解を生
じさせたり、威迫して困惑させるなどのクーリング・オフ妨害があった場合
や書面記載に不備がある場合には、妨害解消を記載した再交付書面や不備を
解消した書面交付がなされるまではクーリング・オフ期間は起算されないと
考えられています（同項2号）。

4 クーリング・オフの連動規定——みなしクーリング・オフ

　本来、割賦販売法に基づく個別クレジット契約のクーリング・オフと特商
法に基づく特定継続的役務提供契約等のクーリング・オフは別の制度です。

　しかし、平成20年の割賦販売法改正により、クレジット会社に対して、個
別クレジット契約のクーリング・オフの通知をした場合には、顧客は、その
クーリング・オフ通知書面において反対の意思を表示した場合以外は、通知
発信時に、個別クレジット契約の原因となったエステ契約も同時にクーリン
グ・オフをされたものとみなすという効果が規定されました。これを「みな
しクーリング・オフ」といいます（割賦販売法35条の3の11の第7項）。そし
て、「反対の意思」とは、個別クレジット契約については、クーリング・オ
フをするが、エステ契約についてはクーリング・オフをしないという意思の
ことをいいます。「みなしクーリング・オフ」がなされると、顧客は、クレ
ジット会社に対して個別クレジット契約のクーリング・オフ通知書面を発送
すれば、エステ契約について別途クーリング・オフ通知書面を発送する法律
上の必要はなくなりますが、実務的には、役務提供事業者等にも書面送付す
ることが望ましいと思います（【資料18】参照）。

　なお、クレジット会社は、顧客から個別クレジット契約のクーリング・オ
フの通知を受け取った場合、役務提供事業者等に対してクーリング・オフ通

第1章　Ⅲ　エステに関する契約トラブル

知を受け取った旨の通知を行わなければならないと規定されています（割賦販売法35条の3の11第6項）。

5　個別クレジット契約のクーリング・オフの効果

エステ契約の場合、個別クレジット契約がクーリング・オフされると次のような効果があります。

(1)　顧客とクレジット会社との関係

顧客とクレジット会社との間の個別クレジット契約は、クーリング・オフによって、当初に遡って効力を失います。したがって、クレジット会社は、個別クレジット契約が有効であることを前提としたクレジット代金の請求をすることはできません。クレジット会社は、個別クレジット契約がクーリング・オフをされたことに伴う損害賠償や違約金を顧客等に請求することはできません（割賦販売法35条の3の11第5項）。また、クレジット会社は、個別クレジット契約がクーリング・オフされた時にすでに立替金をエステサロンに支払済みであったとしても、これに相当する金銭の支払いを顧客等に対して、請求することはできません（同条9項）。そして、クレジット会社は、個別クレジット契約がクーリング・オフをされた場合に、顧客等から個別クレジット契約に関連してすでに金銭を受領しているときは、顧客等に対し、これを速やかに返還しなければなりません（既払金返還義務。同条11項）。

(2)　顧客とエステサロンとの関係

顧客とエステサロンとの間のエステ契約は「みなしクーリング・オフ」されますので、特商法の規定に基づいてエステ契約がクーリング・オフをされた場合と同様、エステサロンは、損害賠償や違約金を顧客に請求することはできませんし（割賦販売法35条の3の11第8項）、提供済み役務の対価を顧客に対して請求することもできません（同条13項）。また、エステサロンは、顧客から受領した金銭がある場合には、その受領金を速やかに顧客に返還すべき義務があります（同条14項）。

118

Q31 エステ契約を取り消す場合、個別クレジット契約の取消しもできるか

Q31 エステ契約を取り消す場合、個別クレジット契約の取消しもできるか

エステサロンで「この痩身エステコースに3カ月間通うだけで確実に10kg痩せることができます。食事制限も必要ありません」と言われて契約しました（契約代金は契約時にクレジット申込みをして支払いました）。しかし、3カ月たっても2kgから3kgしか痩せません。話が違うと思うのですが、クレジット契約をなかったことにできないでしょうか。

▶ ▶ ▶ Point

① 割賦販売法は、平成20年改正により、特商法5類型に該当する取引に取消事由がある場合には、販売契約や役務提供契約（エステ契約）とともに個別クレジット契約も取り消すことができるとする制度を導入しました。

② 個別クレジット契約が取り消されると、個別クレジットは当初に遡って無効になるので、クレジット会社は、個別クレジット契約が有効であることを前提として個別クレジット代金を顧客に請求することはできません。

③ クーリング・オフの場合と違って、個別クレジット契約の取消しと特定継続的役務提供契約の取消しの連動規定はないので、必ず、エステサロンとクレジット会社の双方に同時に取消通知を出す必要があります。

1 個別クレジット契約の取消制度

平成20年の特商法・割賦販売法改正により、通信販売および訪問購入を除く特商法上の5類型の取引（訪問販売、電話勧誘販売、連鎖販売取引、特定継

第1章 Ⅲ エステに関する契約トラブル

続的役務提供、業務提供誘引販売）を原因とする個別クレジット契約の締結に
際し、売買契約・役務提供契約または個別クレジット契約に関する「不実の
告知または故意の事実不告知」によって、顧客である消費者が誤認して個別
クレジット契約の申込みまたは承諾の意思表示をしたときは、個別クレジッ
ト契約の申込みまたは承諾の意思表示を取り消すことができるという制度が
導入されました（特定継続的役務提供は割賦販売法35条の3の15）。

　契約の締結について勧誘する際、販売する商品やエステなどの役務の内容
や効果・提供期間、支払金額や支払時期・方法、解除に関する事項などにつ
いて不実のことを告げた場合や事実と知りながら、あえて告げなかった場合
（故意の事実不告知）にはエステ契約だけでなく、個別クレジット契約も一緒
に取り消すことができます（割賦販売法35条の3の15第1項）。なお、不実の
告知については、契約の必要性に関することやその他の顧客の判断に影響を
及ぼすこととなる重要なものについて不実のことを告げた場合にもエステ契
約だけでなく、個別クレジット契約も一緒に取り消すことができます（同条
1項7号）。

　契約の必要性に関することや顧客の判断に影響を及ぼすこととなる重要な
ものについて不実のことを告げた場合の判断基準ですが、エステサロン側の
事実に反する虚偽の説明がなければ、顧客が契約しなかったであろうといえ
るかどうかによって決まります。そして、説明を受けた消費者がどのように
考えたかではなく、一般的な消費者が常識的に考えた場合にはどうなるかと
いうことが基準になります。

　質問の場合には、通常、痩身コースに3カ月通うことを内容とするエステ
契約を締結する一般的な消費者にとって、3カ月で10kg痩せるという効果は
契約を締結するかどうかを決める重要な判断材料になると考えられますの
で、「この痩身エステコースに3カ月間通うだけで確実に10kg痩せることが
できます。食事制限も必要ありません」というエステサロンの説明は、「役
務の内容・効果」に関するものといえると思います。したがって、エステ契

120

約を不実の告知により取り消し、あわせて個別クレジット契約も取り消すことができると思います。

② 取消方法と取消期間

個別クレジットの取消しの場合は、クーリング・オフの場合のような連動規定（Q30参照）はないので、エステ契約と個別クレジット契約の両方を取り消すためには、エステサロンと個別クレジット会社の双方に同時に取消しの通知を出す必要があります。それぞれに対し、内容証明郵便（配達証明付）で通知するのが一番確実ですが、簡易書留や特定記録郵便で通知する方法もあります（Q23参照）。これは、取消期間内に取消しの通知がエステサロンと個別クレジット会社に届いたことを明らかにするためです（到達主義）。これまでは、取消しができるのは、追認できるときから6カ月でしたが、平成28年改正により、追認できる時から1年間に伸長されました（割賦販売法35条の3の15第3項・35条の3の13第7項）。

③ 取消しの効果

エステサロンによる「不実の告知」や「故意の事実の不告知」により顧客がこれを誤認し、誤認に基づいて個別クレジット契約の申込みまたは承諾の意思表示をしたことを顧客が立証すれば、クレジット会社の過失の有無を問わず、個別クレジット契約の申込みまたは承諾の意思表示を取り消し、個別クレジット会社に対して既払金返還請求ができます。改正前は、特定継続的役務提供に該当するエステ契約に不実の告知等による取消事由が存在する場合、特商法の不実の告知等により取消しはできましたが、個別クレジット契約は引き続き存続してしまい、支払停止の抗弁は出せても顧客は既払金について返還を受けることができませんでした（Q29参照）。両者の密接な牽連関係に鑑みれば、このような帰結は不合理で、顧客に酷であったことから導入された制度なのです。これにより、クレジット会社は、悪質なエステサロン

121

第1章　Ⅲ　エステに関する契約トラブル

と提携した場合に、顧客から取消しがなされれば、消費者から回収した金銭のすべてを返還しなくてはならなくなりました。

4　取消権行使後の流れ──返還請求

個別クレジット契約の申込みや承諾の意思表示が取り消された結果、個別クレジット契約は当初に遡って無効になります。したがって、個別クレジット会社は、クレジット契約が有効であることを前提とした個別クレジット代金の請求をすることはできません。

割賦販売法は顧客である消費者を保護するために、顧客（消費者）が、不実告知等により個別クレジット契約を取り消した場合で、かつ、個別クレジット契約の原因となったエステ契約等が初めから無効である場合には、個別クレジット会社はエステサロン等に対して立替払いをした役務の対価の全部または一部を顧客に対して請求することができません（同法35条の3の13第2項・35条の3の15第3項）。エステ契約等が初めから無効となる場合として、未成年者取消し（民法5条）、公序良俗違反（民法90条）、錯誤無効（民法95条）、詐欺・強迫による取消し（民法96条）、特商法によるクーリング・オフ、取消しや消費者契約法4条による取消しなどが考えられます。

また、この場合は、エステサロンが、個別クレジット会社に対して、支払いを受けた立替金を返還しなければなりません（割賦販売法35条の3の13第3項・35条の3の15第3項）。そして、顧客が個別クレジット会社に対し、すでに金銭を支払っているとき（既払金があるとき）は、顧客は個別クレジット会社に対してその返還を請求することができます（割賦販売法35条の3の13第4項・35条の3の15第3項）。

122

Q32　エステサロンが倒産した場合、クレジット代金はどうなるか

Q32 エステサロンが倒産した場合、クレジット代金はどうなるか

エステのコース料金の支払いについてクレジット契約を締結していましたが、エステサロンが倒産したため、施術を受けられなくなりました。施術を受けられなくなった後もクレジット代金の支払いをしなければならないのでしょうか。また、受けられる施術が残っていた場合、支払った代金を返還してもらうことができるのでしょうか。

▶ ▶ ▶ Point
① 割賦販売法によりエステサロンの倒産（債務不履行）を理由にしてクレジット会社に対して支払停止の抗弁を主張することができます。
② 割賦販売法上の支払停止の抗弁が主張できるのは、同法の適用がある取引でなければなりません。クレジット契約については、２カ月を超える後払いであれば一括払いであっても適用対象に加えられています。
③ 受けた施術のほうがすでに支払った代金よりも多いときは精算が必要です。

1 支払停止の抗弁

エステのコース料金の支払いのためにクレジット契約をしたということは、顧客は、エステサロンとのエステ契約を、クレジット会社との間ではクレジット契約を締結したことになります（Q29参照）。つまり、エステ契約とクレジット契約という２つの契約が別々に存在しているのです。

したがって、本来は、エステサロンが倒産したからといって、クレジット会社に対するクレジット契約に基づく支払いを止めることはできません。

123

第1章　Ⅲ　エステに関する契約トラブル

　しかし、割賦販売法の適用がある取引については、役務提供事業者である
エステサロンとの間に生じている事由を理由に、クレジット会社に対して支
払いを拒むことができるという支払停止の抗弁が認められています。

　クレジット（信用購入あっせん）については、包括クレジットにも個別ク
レジットにも支払停止の抗弁の規定があります（割賦販売法30条の４・35条の
３の19）。クレジットについては、２カ月を超えない範囲内で決済を行う場
合（マンスリークリア）でない限り割賦販売法が適用され、２カ月を超える
後払いであれば一括払い（翌月一括払い、ボーナス払い）も適用対象になりま
す（同法２条３項・４項）。

　質問の場合、マンスリークリアでない限り、顧客である消費者は、エステ
サロンとの間で「エステサロンが倒産したため、施術を受けられなくなりま
した」という理由で、クレジット会社に対する支払いを拒否することができ
ます。

　なお、支払停止の抗弁の行使方法についてはQ29を参照してください。

2　コース料金の精算

　支払停止の抗弁を行使すると、以後のクレジット会社からのクレジット代
金請求に対しては支払いを拒むことができますが、それまでに受けた施術に
対する代金に対応する部分については支払いを拒むことはできないので精算
が必要です。

　質問の場合は、施術が残っているようですが、エステサロンが倒産した場
合、顧客によっては契約締結したばかりで施術をほとんど受けていない場合
もあるでしょう。

　クレジット会社に対してすでに支払ったクレジット代金と、これまでに受
けた施術代金を比較して、すでに支払った代金のほうが多い場合には、支
払った代金と受けた施術代金の差額の返還を求めることになります。

　平成20年の割賦販売法改正により、個別クレジットの対象である取引が特

124

商法の5類型に該当する場合で、不実の告知などの取消事由がある場合には、支払停止の抗弁に加えて、既払金返還制度が導入されました（Q29参照）。しかし、エステサロンが倒産し、顧客がエステ契約の履行を受けられない、あるいは、債務不履行により解除した場合には、支払停止の抗弁が主張できるだけであり、現在の法律解釈では、払いすぎたクレジット代金についてクレジット会社に対する既払金返還請求は認められていません。

そのため、受けた施術と比べて支払すぎた部分についてはエステサロンに返還を求めるしかなく、エステサロンが破産している場合には、破産債権として届出をすることになりますが、届出をしても破産手続による配当がないことが多く、配当があったとしてもごくわずかな率での返金しか受けられません。

クレジット会社はエステサロンなどの加盟店の信用情報を把握できる状態にあることを考えると、エステサロンの倒産に伴う債務不履行により顧客がエステ契約を解除した場合にも、クレジット会社に対する既払金返還制度が導入されてよいのではないかと思われます。今後の法改正に期待したいところです。

一方、クレジット会社へすでに支払ったクレジット代金の額とそれまでに受けた施術代金を比較して、受けた施術代金のほうが多い場合には、エステサロンに対する支払義務がある限度で支払いを継続し、これを超える部分の支払いを拒絶することとなります。

③ クレジット会社との話合いや代替サービスの提供

過去には、エステサロンの倒産によるコース料金の精算に際し、顧客のコース消化状況などの資料（顧客カルテや契約書等）が散逸しており、顧客である消費者が契約内容や役務の消化状況を十分に説明できずに、クレジット会社側の計算を一方的に押し付けられることもありました。精算方法についてクレジット会社と十分に話し合うためには、消費生活センターに相談に

第1章　Ⅲ　エステに関する契約トラブル

行ったり、裁判外紛争解決手続（ADR）などによるあっせんをすることも1つの方法だと思います。

　また、エステサロンが倒産した場合には、エステサロンの顧客に対して別のエステサロンを紹介するなどし、クレジット代金の支払いを継続することを条件として一定の代替サービスを行うという対応策がとられたことがあります。このような対策がとられるかどうかは個別の事案により異なりますが、今後、エステサロンが倒産し、もし代替サービスの申出があった場合には慎重に検討してください。代替サービスといっても、それまでのエステサロンとサービスを比べると施術内容や施術者のレベルが違い、不満が残ることも考えられ、後日別のトラブルに発展する可能性があることや、代替サービスを提供するエステサロンから受けるつもりのなかった新規契約について勧誘されることも十分に考えられます。そもそも、前述のとおり支払停止の抗弁を行使できる場合には、クレジット代金の支払いを停止することができるのですから、クレジット代金の支払継続を選択してまで代替サービスの提供を受けるメリットがあるか慎重に判断する必要があります。

4　エステサロンへの前払いのリスク

　以上のように、クレジットを使用してエステのコース料金を前払いしている場合には、クレジット会社に対する支払停止の抗弁を主張することができますが、現金での前払いや、支払停止の抗弁の主張ができないマンスリークリアの場合には、エステサロンが倒産してしまうと、前払いした代金を取り戻すことが困難となります。

　このような前払いリスクに対して、特商法は、5万円を超える代金を現金で受け取る取引を前払取引とし（マンスリークリアの場合を含む）、概要書面、契約書面に、前金保全措置の有無およびその内容を記載するよう義務づけています。

　また、前払取引を行う場合には、業務・財務状況を記載した書類（帳簿

126

Q32 エステサロンが倒産した場合、クレジット代金はどうなるか

等）を事務所に備え置き、これを開示しなければならないとし、顧客は、これらの書類の閲覧を求め、写しの交付を求めることができるとしています。

　しかし、前金保全がなされている実例を聞いたことはなく、顧客が帳簿等を閲覧して、エステサロンの倒産リスクを判断するというのも現実的ではありませんので、これらの規定は、倒産リスクを回避する消費者保護規定としては実効性がないといわざるを得ません。

第1章　Ⅲ　エステに関する契約トラブル

Q33 中途解約における抗弁対抗と解約処理方法はどうなっているか

　エステサロンに入会し、２カ月を超える10万円の美白エステコース料金の支払いのためにクレジット契約の申込みをしました。しかし、仕事が忙しくなってきたのでエステ契約を中途解約しました。中途解約した後にもクレジット会社から請求がきます。支払わなければならないのでしょうか。消費者金融から借入れをして契約代金を支払った場合はどうでしょうか。

▶ ▶ ▶ Point
① 特定継続的役務提供に該当するエステ契約は、クーリング・オフや取消しができない場合でも中途解約することができます（Q23参照）。
② 代金の支払いにクレジットを使っていた場合には、エステサロンとの間でエステ契約を中途解約してもクレジット会社との間のクレジット契約が当然に解約されるわけではありません。顧客は、中途解約を理由に、支払停止の抗弁の通知をする必要があります。
③ 支払停止の抗弁を行使すると、それ以降のクレジット会社への支払いはしないでよいですが、すでに受けた施術と既払いのクレジット代金額の関係によっては、エステサロン、クレジット会社、顧客の３者間で精算する必要があります。

1 クレジット会社に支払停止の抗弁を主張する

　質問のエステ契約は特商法により、クーリング・オフ期間が過ぎてからでも中途解約することができます（Q23参照）。中途解約するとすでにエステサ

128

ロンに前払いしていたエステ代金については施術済みの料金と前払金との精算をすることが必要となります（Q24参照）。しかし、エステ代金を支払うためにクレジットを利用していた場合には、エステサロンとの間でエステ契約を中途解約しても、クレジット会社とのクレジット契約が当然に解約となるわけではありません。したがって、クレジット会社からの請求を止めるためには必ず、クレジット会社に対しても、エステ契約を中途解約したことを通知し、支払停止の抗弁を主張しなければなりません。

② クレジット契約を締結していた場合の精算方法

支払停止の抗弁を行使すると、クレジット会社は、エステサロンに施術代金を立て替えて支払ったにもかかわらず、顧客からその回収ができない状態になります。また、顧客も、クレジット会社にすでに支払ったクレジット代金の金額と、これまで受けた施術の代金を比較すると、クレジット会社に支払った分に見合う金額の施術を受けていないという場合も発生します。その逆に支払ったクレジット代金の金額以上に施術を受けている場合もあるでしょう。結局、エステサロン、クレジット会社、顧客の３者で精算する必要がある場面です。

エステ契約を中途解約した場合のクレジット契約の処理に関するルールは、特商法も割賦販売法も規定しておらず、いわゆるクレジット契約の解約処理の一環として精算が行われているのが現状です。

処理方法としては、エステサロンとクレジット会社の間でクレジット契約をキャンセルして、エステサロンがすでに受け取った立替金をクレジット会社に対して返還する場合があります。これを「赤伝を切る」という言い方をすることがあります。この場合、クレジット契約はなかったことになりますので、顧客はクレジット会社から請求を受けることはなくなり、顧客とエステサロンの間で清算することになります。

あるいは、エステサロンが顧客に代わってクレジット契約に基づく残債務

第1章　Ⅲ　エステに関する契約トラブル

を繰上げ返済し、または顧客がクレジット契約に基づく残債務を繰上げ返済し、それを前提にエステサロンと顧客の間で特商法49条の精算ルールに従って精算する方法もあります（Q24参照）。ただし、この場合は、クレジットの手数料をどちらがどのように負担するかが問題となります。

　いずれにしても、エステサロン、クレジット会社、顧客である消費者の3者の間で話合いが必要になりますので、エステ契約の中途解約の場合のクレジット契約の精算の処理方法はどのように規定されているのか、契約前にエステサロンやクレジット会社によく確認しておくとよいでしょう。

③　消費者金融から借入れをした場合

　エステ代金を支払うために、エステサロンと無関係に消費者金融業者から金銭の借入れをして、そのお金でエステサロンに支払いをした場合は、顧客とエステサロンのエステ契約、顧客と消費者金融業者の間の金銭消費貸借契約は別個のものであり、エステ契約を中途解約しても、消費者金融業者に対する返済を止めることはできません。

　しかし、エステサロンが消費者金融業者と提携し、エステサロンに借入申込書を置くなどして、エステ代金の支払いにあてるために顧客に借入れをさせている場合があります。

　割賦販売法が、適用されるクレジット契約の定義は、契約形態いかんにかかわらず、実質的に同様の経済的効果をもたらす行為に着目した形で定義されていますので、取引の全体的な経済的効果からみて金銭消費貸借契約とエステ契約の間に密接な牽連関係が存在すると認められるときには、通常、クレジット契約に該当すると考えられています（経産省「割賦販売法解説　45頁」）。このことを明確化するために、平成11年改正の際には、定義規定のところに代金、対価の「交付」に「販売業者または役務提供事業者以外の者を通じた……交付も含む」とのカッコ書が加えられ、平成20年改正でクレジット契約の定義が見直されても、この点はそのまま維持されています。すなわ

130

Q33　中途解約における抗弁対抗と解約処理方法はどうなっているか

ち、エステ契約を結ぶことを条件として、支払代金にあてるためにお金を借りさせて、そのお金を消費者金融業者からエステサロンに直接支払い、あるいは、いったん消費者に手渡して消費者からエステサロンに支払わせる場合、つまり、個別方式のローン提携販売も個別クレジットに含まれ、割賦販売法の適用があります（割賦販売法2条4項）。

　したがって、顧客が、エステサロンが消費者金融業者と提携し、エステサロンに借入申込書を置くなどして、エステ代金の支払いにあてるために借入れをさせている場合、消費者金融業者からお金を借り入れた場合でも支払停止の抗弁を主張し、消費者金融業者に対する支払いを拒否することができます。

┌─ コラム⑨ ─　債権譲渡型の個別クレジット──「ファクタリング」方式と割賦販売の適否 ─

　最近、エステサロンが顧客との間で、エステ代金の分割払いの契約（割賦販売契約）を締結したのち、すぐに、顧客に対する債権を、エステサロンとあらかじめ提携関係にある債権買取業者に債権譲渡し、債権買取業者がその債権の回収業務を行うという、いわゆる「ファクタリング」という取引が行われているケースがあり、エステサロンと顧客の割賦販売契約の中に、「顧客に対する債権を債権譲渡することについて異議なく承諾する」という項目が入っている場合がみられます。

　民法468条1項によればでは、債権譲渡について異議なき承諾をすると、もともとの債権者（この場合はエステサロン）に主張できた事由があっても、債権の譲受人には主張することができないとされています（平成29年民法改正によりこの条文は削除されます）。

　この場合、エステサロンとの契約をクーリング・オフや中途解約をしたり、エステサロンが倒産してサービスが受けられなくなったといった事情を、顧客が債権買取業者に対して主張できるのかが問題となる可能性があります（Q29（支払い停止の抗弁）参照）。

　割賦販売法上のクレジット（信用購入あっせん）は、契約形態としては、①引受債務（立替払い）型、②債権譲渡型、③保証委託型等が存在すること等から、割賦販売法2条4項は、あっせん業者が販売業者等に代金等に相当

131

第1章　Ⅲ　エステに関する契約トラブル

する額の「交付をするとともに」、利用者等からあらかじめ定められた時期までに代金等に相当する額を「受領すること」という、あっせん業者が販売業者等に立替払いをした後に、購入者等から金銭を受領する取引形態に着目して定義されており、その契約形態には触れられていません。

　そして、クレジット（信用購入あっせん）についてこのような定義の方法が採用されたのは、現実にこの定義に該当するとすべき取引が種々の法律構成（契約形態）をとって存在し、そのいずれかに偏して定義づけを行うと、容易に脱法が可能となることから実質的に同様の経済的効果をもたらす取引の行為自体に着目したものであるとされています（平成20年版割賦販売法の解説46頁、日弁連の意見書（平成30年3月15日））。

　そうすると、割賦販売法の個別クレジットに該当するか否かは、前述した割賦販売法2条4項所定の定義ないし要件に該当する取引実態が認められるか否かによって判断されるものであり、その契約形態が債権譲渡契約であった場合でも、個別クレジットに該当しうることは明らかであり、個別クレジットにおける抗弁の接続が求められると考えるべきです（割賦販売法35条の3の19）。抗弁の接続規定は強行規定なので、（同条2項）、抗弁の切断をもたらす「異議なき承諾」の特約は無効となります。

　なお、この点に関し、債権買取業者と顧客（購入者）等との間の「個別クレジット関係受領契約（個別信用購入あっせん関係受領契約）」の存在が認められないことから、個別クレジットに該当しないという見解も存在しますが（東京地裁平成26年10月3日判決参照）、割賦販売法2条4項は、契約形態のいかんを問わず、個別クレジットに該当しうることを明示した規定であって、個別クレジット関係受領契約の存在は要件となっていませんので、このような考え方は大変に問題があると思います。

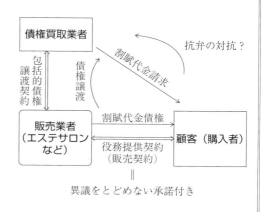

異議をとどめない承諾付き

Q34　エステの効果がなかった場合、支払い済みの代金を返してもらうことができるか

Q34 エステの効果がなかった場合、支払い済みの代金を返してもらうことができるか

　エステサロンで「痩身３カ月コース」（料金50万円）の施術を受けましたが、全く痩せませんでした。エステサロンに支払った代金を返してもらうことができますか。

▶ ▶ ▶ Point

① 　エステサロンで受けた施術に効果がなかったとき、場合によっては契約を解除することができます。

② 　エステ契約を結ぶ際に、契約の内容を明確に定め、これを明文化しておくことが必要です。

③ 　エステサロンが利用者に対して不実の説明などをしていた場合、利用者は契約を取り消すこともできます。

1 債務不履行に基づいて解除できる場合

（1）　契約の目的が達せられなければ債務不履行になり、解除できる

　エステサロンは、エステサロンと利用者が締結したエステ契約に基づいて、契約の目的を実現しなければなりません。

　ところが、エステティシャンの施術が不十分であったために契約の目的が達せられなかった場合、契約の当事者であるエステサロンは契約に違反した（不完全履行）として、民法上の債務不履行（民法415条）責任を負担することになります。エステティシャンは、エステサロンが契約の履行にあたって使用する者（履行補助者）だからです。そして、契約の目的を達せられなかった利用者は、債務不履行に基づいてエステ契約そのものを解除することがで

133

第1章 Ⅲ エステに関する契約トラブル

きると考えられます。契約を解除するにあたり、利用者はエステサロンに対し、すでに支払った契約代金の返還を求めることができます（原状回復義務。民法545条1項）。

(2) ポイントは契約内容に「痩せる」結果の達成が含まれているか

質問では、利用者が通った「痩身3カ月コース」の契約内容に「（○kg）痩せる」という結果の達成までが含まれているかが問題となります。

もし、エステサロンが「痩せる」という効果まで約束し、契約の内容としている場合、利用者は、実際に痩せなかった以上は契約の目的を達しなかったとして、上記(1)の債務不履行に基づきエステ契約を解除し、支払った代金の返還を求めることができます。

他方で、契約内容に「痩せる」効果まで含まれておらず、単に「一定の期間に一定の回数の施術を提供すること」のみを目的としている場合にはそのように考えることは困難です。契約に従って施術が実施された以上、利用者は、たとえ痩せなかったとしても、エステサロンに対して、支払った代金の返還を求めることは難しいと思われます。

(3) エステ契約の内容の判断方法

特商法上、エステサロンはエステ契約の締結にあたり、利用者に対して概要書面・契約書面を交付する義務を負っています（Q17参照）。概要書面や契約書面には、提供される役務（施術）の内容が記載されることが要求されています。しかし、実際には、役務の内容として「○○コース」としか記載がなく、実際の施術内容、施術期間や回数が明確でない場合もあります。このような場合、契約内容をどのように考えるべきでしょうか。

たとえば、エステサロンが利用者に対して、口頭で「施術によって痩せる」と、効果まで明言したケースがあるとします。利用者は、その説明を受けてエステ契約を締結したものの、契約書にはそのことが記載されていませんでした。このような場合でも、実際に当事者間で、効果について合意がある以上、契約書にその旨の記載がなかったとしてもエステ契約の内容に含ま

134

Q34 エステの効果がなかった場合、支払い済みの代金を返してもらうことができるか

れていると考えるべきでしょう。ただ、書面に明記されていない場合には、いざ利用者とエステサロンに間でトラブルが発生したとき、最終的には「言った、言わない」の水掛け論となり、利用者が合意の存在を立証することは極めて困難となります。

したがって、利用者は、エステ契約を締結する際、エステサロンに対して事前に概要書面の交付を求め、契約の内容を確認しておくべきです。また、エステサロンから口頭で重要事項について説明があった場合、エステサロンに対して、説明内容を契約書面に明記するよう求めることも必要です。

2 エステサロンの勧誘を原因として契約の取消しができる場合

なお、債務不履行といえなくとも、エステサロンが利用者に対して嘘の説明を行い、このような説明を受けた結果、エステ契約を締結してしまった利用者は、契約を取り消すことができる場合があります。

(1) 特商法の適用

まず、エステ契約が特定継続的役務提供契約にあたる場合には特商法の適用があり（Q17参照）、「3カ月で確実に10kg痩せられます」など役務の効果について事実と異なることを告げられ、そのような事実があると誤認して契約を締結した場合には、「不実告知」による取消しが可能です（特商法49条の2第1項1号。Q26参照）。また、役務の内容に、厳しい食事制限や運動が含まれているのにこれを故意に告げられなかったために、食事制限や運動が必要ないと誤認した場合には、「事実不告知」による取消しが可能です（特商法49条の2第1項2号）。

(2) 消費者契約法の適用

消費者契約法によると、痩身効果という役務の質に関して、事実と違うことを告げられ、それが事実と誤認をしたことにより契約を締結した場合には、「不実告知」により、契約を取り消すことが可能です（同法4条1項1号。Q27参照）また、痩身効果をうたいながら、その一方で、厳しい食事制

135

第1章　Ⅲ　エステに関する契約トラブル

限や運動が必要という不利益な事実を故意に告げなかったことにより、そのような不利益な事実がないと誤認した場合には、「不利益事実の不告知」により、契約の取消しが可能です（消費者契約法4条2項）。

　また、消費者契約法4条1項2号によれば、将来における変動が不確実な事項につき、断定的判断を提供し、その内容が確実だと誤認して契約を締結した場合には、契約の取消しが可能です。この場合、「将来における変動が不確実な事項」とは、財産上の利得に限ると考えるべきかどうかについて争いがあります。しかし、思い違いをさせられて契約をした消費者を保護するという趣旨からすれば、財産上の利得に限る必要はないと考えます。そうすると、「施術によって『絶対』に痩せる！」などと断定的判断の提供をされて契約を締結した場合にも、消費者契約法により取消しができると考えるべきでしょう（平成30年改正消費者契約法についてはQ27参照）。

　このように、特商法や消費者契約法により契約を取り消した場合には、エステサロンに対して代金の返還を求めることができます（Q26・Q27参照）。

③　消費者契約法の「勧誘」にチラシやネット広告は含まれるか

　顧客がエステ契約を締結する場合、チラシやインターネット等の広告媒体が契約する際の大きな動機となって契約締結に至る場合があります。

　消費者契約法には、4条1項・2項、12条1項・2項において「勧誘するに際し」という要件がありますが、「勧誘」の定義については規定がありません。この点、平成29年1月24日に出されたクロレラチラシ配布差止請求事件最高裁判決は「事業者等による働きかけが不特定多数の消費者に向けられたものであったとしても、そのことから直ちにその働きかけは12条1項、2項にいう『勧誘』に当たらないということはできないというべきである」としており、同法（12条1項・2項の判断だけでなく、4条の解釈も含む）の「勧誘」には不特定多数への働きかけも含まれると判断しています（消費者庁ホームページ「逐条解説（平成29年10月）」28頁・29頁、コラム④参照）。

136

Q35 エステサロンの施術で被害を受けた場合、どのような請求ができるか

Q35 エステサロンの施術で被害を受けた場合、どのような請求ができるか

エステサロンの「光脱毛コース」で施術を受けたところ、ヤケドをしてしまいました。その後ヤケドは治りましたが、大きなアザが残ってしまいました。エステサロンに対して、どのような請求ができますか。

▶ ▷ ▶ Point
① エステティシャンが、施術の際に、ミスをして利用者の身体を傷つけた場合、顧客はエステサロンに対して損害賠償請求をすることができます。
② ①の場合、顧客はエステサロンに対し身体に傷害を受けたことについて治療費や慰謝料などを請求できます。また、後遺症が残った場合には、その程度によって慰謝料などを請求できる可能性があります。
③ 顧客は、エステサロンとのエステ契約を解除し、すでに支払った契約代金の返還を求めることもできます。

1 エステサロンに対する損害賠償請求の要件

エステサロンの利用者が、光脱毛の施術によって、ヤケドをした場合、利用者はエステサロンに対して損害賠償請求を行うことができます。

エステサロンと利用者が締結したエステ契約に基づいて、エステサロンは、利用者の身体の安全に配慮すべき義務を負います（契約の一方が他方に対して信義則上負う安全配慮義務）。

ところが、エステティシャンが脱毛の施術を行う際、誤って利用者にヤケドを負わせた場合、契約の当事者であるエステサロンは、安全配慮義務に違

第1章　Ⅲ　エステに関する契約トラブル

反して利用者の身体を傷つけたことになります。エステティシャンは、エステサロンが契約の履行にあたって使用する者（履行補助者）だからです。

エステサロンが、エステ契約の履行に際して安全配慮義務に違反することは、民法上の債務不履行（民法415条）にあたります。

そして、エステサロンの債務不履行によって、利用者の身体が傷つき、損害が発生した場合、利用者はエステサロンに対し、債務不履行に基づく損害賠償請求をすることができます。

また、エステティシャンがミスをして利用者にヤケドを負わせた場合、エステティシャンには、注意義務に違反して利用者に損害を発生させた責任があります（民法709条）。エステサロンにも雇用主としての使用者責任があります（民法715条）ので、利用者は、エステサロンとエステティシャンの両方に、不法行為に基づく損害賠償を請求することができます。

損害賠償の請求ができる期間（時効期間）は、債務不履行による場合は10年、不法行為による場合は3年です（Q66参照）。なお、平成29年改正民法では、身体を傷つけられたことを理由に損害賠償請求ができる期間は、債務不履行・不法行為を問わず、加害者または損害を知ってから5年または事故から20年です（債務不履行について平成29年改正後民法166条・167条、不法行為について同法724条・724条の2）。

② エステサロンに対する損害賠償請求の内容

利用者が、エステサロン（エステティシャン）に対して、民法上の債務不履行、あるいは不法行為に基づいて損害賠償請求をする場合、次のような請求例が考えられます。

⑴ 利用者がヤケドをした（身体に傷害を受けた）ことに対する損害の例

(A) 治療費・交通費

利用者が、ヤケドの治療のために病院に通った場合、利用者はエステサロンに対し、治療費・病院への通院交通費を損害として請求することができます。

138

(B) 休業損害

利用者が、ヤケドの治療のため職場を休んだ場合、休業による減収分を休業損害として請求することができます。利用者が通院のため有給休暇を取得した場合にも、休業損害の請求はできます。

(C) 慰謝料

利用者が被った精神的な苦痛について慰謝料を請求することができます。

(2) 利用者の身体に、大きなアザが残った（後遺障害が残存した）ことに対する損害の例

たとえば、利用者が顔の脱毛によってヤケドをし、大きなアザが残ったような場合、利用者はエステサロンに対し、アザが残ったことに対して慰謝料を請求することが考えられます。また、アザが残って仕事に支障を来した場合（たとえば、アザを理由に営業職から別部署に配置転換させられたなど）には、そのことにより失った利益（逸失利益）補填を求める余地もあります。

実際に請求が認められるかどうか、認められる場合の額については事例によって異なります。法律的な判断が必要となりますので、事前に弁護士に相談することが有益と思われます。

３ エステ契約の解除

□で述べたとおり、エステサロンが、安全配慮義務に違反して利用者の身体を傷つけたことは、債務不履行（民法415条）に該当します。

この場合、利用者は、債務不履行に基づいてエステ契約そのものを解除することができると考えられます。利用者は、契約を解除するにあたり、エステサロンに対して、すでに支払った契約代金の返還を求めることができます（原状回復義務。民法545条１項）。

利用者は、契約の解除による契約代金の返還請求とともに、上述した損害賠償請求をすることができることになります（民法545条３項）。

139

第1章　Ⅳ　トラブルに遭ったらどうすればよいか

Ⅳ　トラブルに遭ったらどうすればよいか

Q36　エステをめぐるトラブルはどこに相談すべきか、また、どのような解決方法があるか

　　エステサロンとの間で、契約の中途解約をめぐってトラブルが発生
しましたが、エステサロンは全く交渉に応じてくれません。相談窓口
や解決方法を教えてください。

▶▶▶ Point

① まずは各地の消費生活センターに相談してみましょう。弁護士に相談す
ることも選択肢として考えてみましょう。

② 裁判外での解決には、示談、ADR、民事調停などの方法があります。

③ 訴訟による解決を検討する際には、事前に弁護士に相談しましょう。

1　相談窓口

(1)　消費生活センター

　エステサロンとの間でトラブルが発生したが、エステサロンが誠実に対応
しない、話合いにすら応じないというケースはよくあります。

　契約上のトラブルについて、まずは近隣の市町村、あるいは都道府県に設
置されている消費生活センターへ相談に行き、助言を求めましょう。

　消費生活センターの相談員があなたと同様の被害事例を知っている場合や
交渉方法を教えてくれる場合があります。事例によっては、消費生活セン
ターが相手方のエステサロンに連絡をとり、あなたとエステサロンとの交渉
をとりもってくれる（あっせん）こともあります。

140

Q36 エステをめぐるトラブルはどこに相談すべきか、また、どのような解決方法があるか

(2) 弁護士への法律相談

さらに、契約上のトラブルや身体への危害が発生したときには、弁護士に相談することも選択肢の１つです。身近に弁護士がいないという場合には、各地の弁護士会法律相談センター、法テラス（日本司法支援センター）に申し込み、法律相談を受けることができます。

２ 裁判外での解決方法

(1) 文書による通知（催告）

まず、エステサロンに対して、トラブルの内容、および、トラブルについて、あなたがどのような解決を望んでいるのかを明確に通知しなければなりません。通知したことを証拠に残すため、内容証明郵便によることが最も望ましいといえます。内容証明郵便を用いない場合でも、手紙の内容をコピーしたうえ、配達証明付きの書留郵便にて発送しておくべきでしょう。

(2) 当事者間の話合いによる解決（示談）

エステサロンとの話合いによる解決は、当事者間の合意によって、円満かつ早期にトラブルが収まるというメリットがあります。

ただし、裁判所などの第三者を介さないため、エステサロンがあなたに対し、あなたに不利な示談内容を押し付ける危険性もあります。いったん示談が成立すると、原則として、やり直しや条件の追加はできません。

エステサロンから提示された示談案に納得できなければ、即断することなく、じっくりと内容を検討してください。判断に迷う場合、弁護士に相談することも考えましょう。

示談の内容は、文書（示談書）に記載して残しておく必要があります。エステサロンからあなたに対して和解金が直ちには支払われないという場合、支払いに強制力をもたせるため、公証役場に行き公正証書を作成してもらうことをお勧めします。エステサロンが示談内容を守らず、期限までに和解金を支払わない場合、示談書のみでは強制執行などの手続ができず、あらため

141

第1章　Ⅳ　トラブルに遭ったらどうすればよいか

て訴訟を提起する必要がありますが、公正証書を作成しておけば、証書をもとに、直ちに強制執行手続ができます。

(3)　裁判外紛争解決手続（ADR）による解決

　当事者間では、双方感情的になって、話合いが円滑に進まないことがあります。また、事案が複雑・重大であり、当事者同士での解決に適さないトラブルもあるでしょう。そのような場合、公平な第三者（機関）に間に入ってもらい、話合いによる解決をめざす手段があります（裁判外紛争解決手続（ADR））。以下では、ADR の例を紹介します。

　(A)　国民生活センター紛争解決委員会による「和解の仲介」、「（仲裁合意に基づく）仲裁」

　①で、消費生活センターに寄せられた相談事例のうち、「重要な消費者紛争」に該当し、かつ、助言やあっせんで解決が見込まれなかったとき、国民生活センターの紛争解決委員会に「和解の仲介」や「仲裁」を申請することができます。申請は消費生活センターを経由して、あるいは経由することなく当事者本人が行うことができます。

　「和解の仲介」は、仲介委員による仲介のもと、当事者間で話合いを行います。話合いがまとまった場合には和解書が作成されます。まとまらなければ、和解不成立として手続は終了します。

　「仲裁」手続においても、仲裁委員のもとで話合いが行われます。話合いがまとまれば和解書が作成されます。合意ができなかった場合には、仲裁委員が一定の「仲裁判断」を行います。仲裁判断は裁判と同じ効力が認められます。

　(B)　弁護士会が設置する紛争解決センター

　各地の弁護士会には、紛争解決センターが設置され（センターごとに呼び名が異なります）、専門家や学識経験者から選ばれた仲裁人が、当事者間の話合いの仲介を行います。契約トラブルのみならず、健康被害に関するトラブルも扱うことができますし、裁判に比べて低廉な費用で、専門家の仲介を受

けることができます。

(4) 民事調停による解決

簡易裁判所に民事調停を申し立て、裁判所の仲介のもと、話合いを行う方法です。裁判官・調停委員から構成される調停委員会が、当事者の話を聞いて、話合いによる解決をめざします。合意ができた際に作成される「調停調書」は、確定した判決と同様の効力をもちます。

上記(3)(4)で紹介したADR、調停は、簡易な方法で申立て（申請）ができ、第三者立会いのもとで公平な解決をめざすことができる点で、とても優れた解決方法といえます。費用も、訴訟に比べてかなり安価です。

ただ、これらは、あくまでも話合いによる解決の場ですから、エステサロン側が出席しない場合には解決の仕様がありません。また、話合いの結果合意に至らなかった場合は、仲裁合意のある場合を除き、トラブルが解決しないまま手続が終了します。

③ 裁判（訴訟）での解決方法

エステサロンが話合いに応じない場合、あるいは、話合いが決裂し、合意が成立しなかった場合には、訴訟による解決を検討することになります。訴訟の場合、エステサロンが何も対応しなければ、あなたの言い分（主張）がそのまま認められます。したがって、エステサロンは訴訟に応じないわけにはいきません。訴訟では、裁判所が、当事者双方の主張を聞き、証拠を検討したうえで判決を下します。あなたがエステサロンに対し、訴訟で損害賠償請求をした場合、賠償金の支払義務の有無、賠償金の額は判決によって決まります。判決書には強制力がありますから、エステサロンが判決で命じられた賠償金を支払わない場合、あなたは、強制執行の手続によって、エステサロンの財産を差し押さえ、そこから支払いを受けることができます。

訴訟では、法律的な知識が必要となる場面が多いので、事前に弁護士に相談し、依頼されることをお勧めします。

第1章　Ⅳ　トラブルに遭ったらどうすればよいか

Q37　弁護士に依頼した場合、どれくらいの費用が必要か

エステサロンとのトラブルについて弁護士に相談したいのですが、相談費用はどの程度かかりますか。また、弁護士に依頼して調停、訴訟などを行う場合の費用も教えてください。

▶▶▶ Point
① 法律相談費用は、無料のものから有料のものまであります。事前に確認しておきましょう。
② 弁護士費用の定め方についても弁護士（事務所）により異なります。依頼にあたっては十分確認するようにしましょう。
③ 弁護士費用には着手金・報酬金方式、タイムチャージ制などがあります。依頼にあたっては、弁護士から十分説明を受けるようにしましょう。

1 法律相談費用

　法律相談費用は、弁護士によって異なります。有料相談の場合の目安としては、相談30分につき5000円（消費税別）程度ですが、相談を申し込む際、費用については必ず確認しておきましょう。

　身近に弁護士がいない場合でも、各地の弁護士会法律相談センター、日本司法支援センター（法テラス）で法律相談を受けることができます。法テラスでは、資力が一定額以下の方を対象とする無料法律相談を実施しています。

　また、お住まいの市町村役場で定期的に実施されている法律相談を利用することもできます。弁護士による法律相談が実施されていますが、行政サー

144

ビスの一環として、無料で実施されていることがほとんどです。

相談の前には、トラブルの内容を時系列に沿った簡単なメモにまとめておきましょう。相談がスムーズに進むと思います。また、資料（契約書など）は大事に保管しておき、相談の際に持参しましょう。

② 弁護士費用は何によって決まるか

調停や訴訟を依頼することになった場合、その費用も、弁護士によって異なります。以前は、日本弁護士連合会が報酬基準を定めていましたが廃止され、現在は、各法律事務所で定めた報酬基準を事務所に備え置くことになっています（弁護士の報酬に関する規程３条１項）。弁護士費用は、原則として、その報酬基準に従って決まることになります。弁護士に依頼するにあたっては、この報酬基準を十分確認するとともに、費用の内容について、説明を受けるようにしてください。

各地の弁護士会相談センターの中には、独自の報酬参考基準をもっているところがあります。したがって、同センターを経由して弁護士の紹介を受けた場合、弁護士費用はその基準に従って決められることになります。

収入が十分でない方は、弁護士費用の支払いに関して、法テラスを利用することも検討しましょう。法テラスを利用する場合、弁護士費用は、法テラスの定める援助基準によって定められます。弁護士費用については法テラスがいったん立て替えて弁護士に支払い、利用者は法テラスに対して、立替金を分割（原則として、月額１万円程度）返済することになります。

③ 弁護士に支払う費用にはどのようなものが含まれるか

弁護士費用にはどのようなものが含まれるでしょうか。以下、代表的なものを紹介します（これ以外に費用がかかる場合もあります）。

（1）着手金・報酬金方式による弁護士費用

（A）着手金

第1章　Ⅳ　トラブルに遭ったらどうすればよいか

弁護士に事件を依頼する際に必要な費用です。通常、相手方への請求額（経済的利益）を基準に、その○％相当額、という計算をして着手金を定めますが、事件の難易度・選

〔表7〕報酬基準の例：旧日弁連報酬等基準参照

請求額（経済的利益）	着手金	報酬金
300万円まで	8％	16％
300万円を超え3000万円まで	5％＋9万円	10％＋18万円
3000万円を超え3億円まで	3％＋69万円	6％＋138万円
3億円を超える	2％＋369万円	4％＋738万円

択する手続（交渉、調停、訴訟）など、事案によって増減します。したがって、具体的な金額を定める際は、弁護士とよく相談することが必要です。

(B)　報酬金

事件が終了した際、あなたが得た結果（経済的利益）に応じて弁護士に支払う費用です。(A)の着手金同様、経済的利益の△％パーセント相当額、という計算をして定めることが多いです（〔表7〕参照）。事案によって増減の可能性があることも着手金の場合と同じです。

(C)　日　当

弁護士が遠方に出張する際、日当を請求することがあります。

(2)　**タイムチャージ制（時間制報酬方式）による弁護士費用**

依頼された事件の処理に必要とした時間に弁護士の1時間あたりの単価をかけて弁護士報酬を計算する方法です。最近は、タイムチャージ制を導入する弁護士もいます。

弁護士の単価は、人によって異なりますので、依頼にあたっては、弁護士から十分説明を受けるようにしてください。

(3)　**実　費**

その他、訴訟を起こす際に、裁判所に対して納める印紙代・郵券代、交通費、通信費、書類の謄写代金など、弁護士が仕事をする際に必要な費用がかかります。

146

第2章

美容医療についての相談

第2章　Ⅰ　美容医療をめぐる基礎知識

Ⅰ　美容医療をめぐる基礎知識

Q38　美容外科の歴史や美容外科をめぐる状況について教えてください

　美容外科はいつ頃から行われるようになりましたか。また、他の科のように専門の学会が存在するのでしょうか。

▶ ▶ ▶ Point
① 日本で美容整形手術が行われるようになったのは、戦後です。
② 美容外科の普及とともにトラブルが増加しています。
③ 日本美容外科学会という同じ名称の学会が2つ誕生しました。

1 美容外科の誕生

　もともと日本では、「身体髪膚これ父母に受く」という儒教の教えが根強く、健康な身体に傷を付けてまで手術をするなど、考えられませんでしたが、第二次世界大戦後は、欧米の影響を強く受けたこともあり、いわゆる「美容整形」と呼ばれる手術が行われるようになりました。

　しかし、当時は、形成外科もまだ未発達でしたし、もちろん美容外科の学問的体系もなく、技術も未熟でしたので、手術によるいろいろなトラブルが多発しました。昭和42年2月には、福島県の主婦が、豊胸手術のため、乳房にシリコンを注射した後、急死するという事件が発生したほか、美容整形手術の結果、身体に異常を生じたり、かえって醜くなってしまったために、別の病院に再手術を依頼する例は後を絶たない状況でした。

　このため、昭和44年1月29日には日本弁護士連合会から、美容整形医の誇

148

Q38 美容外科の歴史や美容外科をめぐる状況について教えてください

大広告に対する取締りの徹底や、医師の技能の向上についてしかるべき処置をとるよう関係機関に対して要望書が出されています。

昭和33年、日本形成外科学会が発足し、昭和35年以降は、美容外科も急速に発展し、昭和47年には国際美容外科学会が誕生しました。昭和53年には、医療法に「美容外科」が診療科目として認められました。

② ２つの美容外科学会

医療法で診療科目として認められたのを機に、日本美容外科学会が設立されました。大学病院や総合病院の形成外科の医師を主流とするグループと、開業医を主流とするグループが同名の学会を相次いで設立し、その並立状態は現在も続いています。どちらも専門医制度を置いており、日本美容外科学会という名称です。その違いは、〔表8〕のとおりです。

〔表8〕 ２つの美容外科学会

名　　称	日本美容外科学会	日本美容外科学会
英語表記	JAPAN SOCIETY OF AESTHETIC SURGERY	Japan Society of Aesthetic Plastic Surgery
略　　称	JSAS（ジェイサス）	JSAPS（ジェイサプス）
別　　称	十仁学会	大森学会
沿　　革	昭和41年２月、日本美容整形学会として設立され昭和53年６月、「美容外科」が標榜科目とされたことに伴い「日本美容外科学会」に改称した。	昭和52年１月29日、日本形成外科学会の専門医の認定証をもつ医師らにより設立された。
会員資格	医師（歯科医師を含む）	日本形成外科学会員たる医師（平成28年７月１日に変更）
会員数	1012名（平成25年４月１日現在（ホームページより））	約1200名（ホームページより）
学会誌	日本美容外科学会誌	日本美容外科学会会報

第2章　Ⅰ　美容医療をめぐる基礎知識

　なお、今後、専門医制度については、日本専門医機構が学会と連携することが予定されています。

③　美容外科の普及とトラブル

　美容外科が公に認知された頃から、美容外科を受ける人の層も広がり、さらに、バブル期には、衣住食が足りて、自分の体に投資する余裕も生まれ、また、ピアスの流行などにみられるように、自分の体を傷つけることに対する抵抗感が薄れ、年をとっても、外見も若々しく美しくありたいという価値観の変化により、美容外科を受けたいという需要が増えました。

　美容外科は、健康保険がきかず、自費診療となるため、営利を目的とする会社が資金を出して医師を雇い、美容外科を実質的に経営したり、医師過剰のために、美容外科医が増えて、過当競争の時代となりました。その結果、全国にチェーン展開するクリニックや、雑誌やテレビで派手な広告・宣伝をして無責任な医療を行う美容外科も出てきました。

　また、誇大宣伝をして患者を集めては、美容外科医として経験の浅い医師を雇って手術をさせたり、一般的に行われている施術であるにもかかわらず、ハイテク○○法とか、クイック○○法など独自の優れた手術法であるかのような錯覚を患者に与えるクリニックも増え、トラブルも多発しました。

　この現状をこれ以上看過することができなくなり、2つあった日本美容外科学会のうち、大学病院主流のグループが主導して、厚生省と日本医師会の協力を得て、平成3年4月20日に「社団法人日本美容医療協会」が設立されました。同協会は、平成23年3月29日に認可を受けて、「公益社団法人日本美容医療協会」として現在も活動しています。

　同協会のホームページによると、この協会の設立目的は、美容外科医の教育、美容医療相談、美容医療広告の自主規制、適正認定医の認定などとされています。美容医療相談を設けて、美容医療にかかわる治療によるトラブルで悩んでいる人などに対して、電話やオンラインによる相談を受けつけてい

150

Q38　美容外科の歴史や美容外科をめぐる状況について教えてください

るほか、医療法に違反した広告をしている医療機関等に対して、要望書を送付するなどしています。

┌─ コラム⑩　美容外科と形成外科は何が違うか ─────────

　形成外科の中にも美容外科分野を扱っている病院もあり、共通する手術や施術も多いのですが、この2つの診療科の一番の違いは、美容外科は、治療として受けるものではなく、美容目的で受けるものという点にあります。

　治療目的ではないため、保険診療にあたらず（保険診療として受けることができる場合もあることは、Q42・Q50・Q58参照）、また美容目的ゆえに、その目的が達成されているかどうかが、債務不履行にあたるかどうか（Q64参照）という形で問題になるのです。

┌─ コラム⑪　美容外科手術をするのに特別の資格が必要なのか ─────

　日本では、医師免許をもっていれば、専門や経験年数に関係なく、医療法で認められた診療科目のうち、麻酔科を除くどの診療科目でも標榜することができます（自由標榜制）。

　そのため、日本では、医師でさえあれば、誰でも美容外科を診療科目として掲げることができるのです。つまり、美容外科を標榜しているからといって、外科や形成外科で十分な臨床経験を積んでいるとか、美容外科のトレーニングを受けているとは限らないということです。

151

第2章　I　美容医療をめぐる基礎知識

Q39　美容外科被害の特徴は何か

　私は美容外科手術を受けようと思っていますが、知人からは、希望したとおりの結果にならないなどトラブルがあるという話も聞きます。美容外科のトラブルにはどのようなものがありますか。

▶ ▶ ▶ Point
① 『消費者白書〔平成27年版〕』によると、平成26年中に消費生活相談に寄せられた美容医療サービスに関する相談件数は2557件で、うち617件が健康被害にまつわるものです。販売方法または表示・広告に関するものも1103件あります。
② トラブルの内容は、修復手術が必要なものから、結果が不満足というものまでさまざまです。

1　被害統計

　手術代のクレジット契約による分割払いが可能なこと、ピアスなど身体を傷つけることに対する心理的抵抗が薄くなってきていること、プチ整形など簡単な施術を売り物にした美容外科が広まっていることから、エステサロンに行く感覚で、気軽に美容外科手術を受ける人が増えてきており、美容外科手術による被害は、女性にとどまらず、包茎手術等を受けた男性にも及んでいます。またアンチエイジングということで、施術を受ける人が若年層だけではなく高年齢の人にも広がっています。

　スマートフォンの普及や広告の影響もあって、ますます美容外科を受診する人が増えていますが、美容外科がリスクを伴うものであることを十分理解しないで手術を受けている人が少なからずいるようで、美容外科におけるト

152

ラブルが後を絶ちません。

　また、契約誘引方法に絡んで、同じ系列の複数の美容外科クリニックで、同種の被害者が多数生じて、集団訴訟にまで発展しているケースもみられます。

　消費者庁『消費者白書〔平成27年版〕』では、消費者問題の動向として、美容医療サービスに関する相談件数が取り上げられており、平成27年4月27日までに、全国消費生活情報ネットワークシステム（PIO-NET）に登録された消費生活相談情報は、平成17年に1220件だった相談件数が、平成26年には、2倍以上の2557件と増えており、そのうち、販売方法または表示・広告に関する相談が、1103件で平成17年の約3.5倍、健康被害の相談が617件で同じく約3倍となっています。国民生活センターのホームページ「美容医療サービス　各種相談の件数や傾向」によると、平成28年にPIO-NETに寄せられた相談件数は、各地の消費生活センターの相談員からの「経由相談」を含むと、2077件と掲載されています。

② 被害の形態

　被害の形態としては、おおむね次のように分けられますが、実際には、複数の形態に該当する事例が多いと思われます。

①　手術や施術の失敗により、痛みや傷痕等の後遺症が残っているもの

②　技術的ミスはないが、手術や施術前の説明義務を尽くしていないため、患者に不満が残るもの（説明義務違反）

③　患者の希望した内容どおりのできばえではなく、不満が残るもの（要求把握義務違反）

④　低額な料金を提示して手術を開始した後に、不安をあおって追加手術を承諾させたり、会員になれば特別料金になると勧めて、手術や施術を相談当日に実施してしまうなど、契約に至るまでの過程に問題があるもの（消費者問題としての一面があるもの）

153

第2章　Ⅰ　美容医療をめぐる基礎知識

3　身体的被害についての具体的事例

　これまでに美容・エステ被害研究会が行った「110番」の電話相談に寄せられた被害事例や、新聞記事などで報道されている事例には以下のものがあり、脂肪吸引や豊胸術では死亡事故も発生しています。

① 脂肪吸引術　　波状変形（waveness）、凹凸不整、左右の非対称、皮膚の下垂、シワ、瘢痕、色素沈着、皮下組織の癒着、知覚異常、腹壁や臓器の損傷（死亡）など（Q47参照）

② 豊胸術　　左右の非対称、上方偏位、下方偏位、被膜形成（カプセル拘縮）、バッグの破損や漏れ、注入脂肪（フィラー）によるシコリ、気胸、上肢・腋窩・乳房のシビレ、リップリング、麻酔事故など（Q45参照）

③ 顎や顔の輪郭の形成　　左右の非対称、過剰切除による変形、知覚異常、オトガイ神経や顔面神経の損傷、出血、骨折など（Q44参照）

④ 二重まぶた（上眼瞼・下眼瞼）　　左右の非対称・希望どおりの幅にならない（広すぎる二重・三重瞼）、兎眼（瞼が閉じない）、外反（アカンベー状態）、上眼瞼の下垂、瘢痕、感染など（Q42参照）

⑤ フェイスリフト（シワ取り）　　過剰吊上げによる皮膚の壊死、縫合創の開創、緊張痛、縫合部の脱毛、こめかみ（鬢）の喪失、神経損傷、糸（スレッド）状の引きつれなど（Q52・Q53参照）

⑥ 脂肪（フィラー）の注入　　注入脂肪の壊死、嚢腫やシコリの形成、血管の閉塞による組織などの壊死、ヒトアジュバント病など

⑦ レーザーの照射　　過剰照射による皮膚の損傷、炎症、熱傷、肥厚性瘢痕、ケロイド形成、色素沈着、脱色素斑など（Q49参照）

4　経済的被害についての具体的事例

　包茎手術を受けることを決めて、いよいよ手術台へという段階になって、

154

Q39 美容外科被害の特徴は何か

患者の不安をあおって、追加手術を申し込ませて、結果的に料金が高額になるというケースがありました。

また、カウンセリングと称して、長時間説得を続けて、即日、手術をしてしまったケースや、その日のうちに手術代金を支払うよう、スタッフがATMまで付き添ったケースもあります。

あるいは、通常価格であるにもかかわらず、「今日ならキャンペーン価格です」とか、「モニターになると半額で手術ができます」と、有利な条件だと誤認させて契約を結ばせるケースもあります。

いずれも、ゆっくりと考える時間を与えず、予約を取り付けたり、契約を結ばせるもので、患者に対して、契約締結にあたって必要十分な情報を提供したといえるのか、判断するのに必要な時間的余裕を与えたといえるのか、美容外科側の契約誘引方法そのものが問題になるケースです。

155

第2章　Ⅰ　美容医療をめぐる基礎知識

Q40 美容外科医を選ぶ際に注意すべき点は何か

> 美容外科を受診したいのですが、どのような基準で医師を選ぶとよいのでしょうか。総合病院でも美容外科が受けられますか。また、必ず入院が必要ですか。

▶ ▶ ▶ Point

① 美容外科手術にはリスクが伴います。

② 美容外科を診療科目として標榜する総合病院もあります。

③ 入院が必要かは施術内容によりますが、入院せずに手術を受けるのは無謀な場合があります。

④ その場で決めず、複数の医師の説明を聞いて比較することが重要です。

1 美容外科手術にはリスクがあります

　美容外科手術や施術は、身体への侵襲を伴うため、いろいろなリスクを伴います。それでもやはり美容外科で手術や施術を受けたい場合は、美容外科手術特有のリスクが伴うことを理解しましょう。

　美しくなるはずが、傷痕が残り、あるいは色素沈着が生じてしまい、真逆の状態になる可能性があります。修復したくても不可能な状態となることもありますし、なかなか腫れが引かず、化粧もできず、外出もできない状態が長引く場合もあり得ます。修復手術が必要になったが高額だったという場合もあります。

　また、期待したほどの効果がなかったり、意図したとおりの結果が得られないこともあります。この場合、結果に対する不満を、他の人（医療機関や最悪の場合は裁判所）に理解してもらうことはかなり困難です。

156

逆に、美容外科手術を受けたことは秘密にしておきたかったのに、見た目が大きく変わってしまって、手術したことが周りの人にわかってしまうという場合もあります。

2 医療機関を選ぶにあたってのチェックポイント

医療機関を選ぶにあたっては、現実に手術や施術を受けた人から医師を推薦してもらうのも1つの方法でしょう。しかし、美容外科で手術や施術を受けたことを、他人には知られたくないと思う人が多い日本では、経験者からの紹介というのは難しいと思います。

そこで、インターネットや週刊誌やソーシャル・ネットワーキング・サービス（SNS）などから情報を集め、医師を選ぶ方法が考えられます。

しかし、インターネット上のホームページ記事や週刊誌の広告記事は、内容に問題がある場合もあり、うのみにはできません。また、クチコミであっても、善良な第三者が書き込んでいるという保証はありません。関係者が書き込んでいても、それを見破ることは困難です。インターネット上で、美容外科にまつわる相談を扱っているサイトもありますが、どの程度信頼がおけるかは、インターネット上の記事からだけでは判断が難しいのではないでしょうか。

「全国展開しているから」、「大手だから」、「総合病院だから」安心できるというものでもありません。価格の安さを強調していないか、メリットばかりではなくデメリットも記載しているか、施術の前後の写真や著名人の受診情報など医療広告ガイドラインに違反するような広告を掲載していないかといった点もチェックしてください。

医療機関を選ぶ際のチェックポイントについては、国民生活センターがホームページ上で、「美容医療サービスチェックシート」（【資料10】）というチラシを作成しているほか、消費者庁も政府広報オンラインで、「美容医療サービスの消費者トラブル　サービスを受ける前に確認したいポイント」と

157

第2章　Ⅰ　美容医療をめぐる基礎知識

いうサイトを設けて、確認ポイントをわかりやすく説明しています（【資料
5】(2)①）。

③　医師の説明を比較する

　美容外科手術を受けることを検討するときには、上記のチェックポイント
のチェックに加えて、複数の医療機関を受診して、「医師の説明」を聞い
て、比較してはいかがでしょうか。複数の医師に会って説明を受け、比較す
ることにより、判断しやすくなると思います。

　治療方法の決定にあたっては、セカンドオピニオンという別の医師の意見
を聞いて参考にすることが、当たり前になりつつあります。緊急性のない美
容外科の場合は、時間的余裕もあるはずです。

　美容外科における手術や施術の場合、手術や施術の内容によっては、重大
な結果を生じることもありますし、そもそも修復が不可能なケース、あるい
は修復に多大な費用や時間を要するケースもあることを考えると、手術を受
ける前に、たとえば傷痕が治りにくい体質といった身体の情報を十分に伝え
るとともに、納得がいくまで説明を受けるべきです。そして、美容外科のみ
を扱っている医療機関だけではなく総合病院や大学病院も、受診先に加えま
しょう。

　患者の質問に答えることを煩わしそうにしたり、手術が簡単であることば
かりを強調したり、決断を迫り、手術や施術を急がせるような医師ならば、
避けるほうが無難でしょう。相談当日に、料金的にメリットがあると思わせ
て、手術や施術を急がせるなんて、とんでもないということがおわかりいた
だけると思います。

④　保険診療が可能ではないかについて検討する

　美容外科は、自由診療といって、患者本人が医療費を10割負担するのが原
則ですが、ニキビ、シミ、ほくろ、包茎、眼瞼下垂などは、健康保険の治療

対象となっており保険で診療が受けられる場合（３割負担など）があります。保険診療を取り扱っている医療機関での受診も検討してみてください。

5 入院が必要か

　入院の必要性については、手術や施術の内容にもよりますが、同じような手術や施術でも、医療機関によって判断が異なる場合があります。美容外科のみを標榜している医療機関の場合、入院設備をそもそも有していないところもあります。そのため、事前に、入院の必要性や入院施設の有無、入院期間について説明を受けておく必要があります。全身麻酔を伴うにもかかわらず入院不要という場合には注意が必要です。

　術後の管理の必要性からいっても、入院したほうがよいと思われるケースで、入院不要という説明を受けている例や、当日はドレーン（術後に体内にたまる血液や体液を体外に排出する管）をつけたまま、近くのホテルへ宿泊し、翌日も受診することを求められたといった例もあります。

　最近では、大学病院や総合病院でも美容外科という診療科目を設けているところが増えてきていますし、形成外科において美容外科分野の手術を行っているところもあります。できれば、入院施設を伴う医療機関も受診して、本来なら、入院が必要な手術や施術ではないかという点も確認して、病院を選択する際の比較対象の参考にするべきでしょう。

6 決断するにあたって一番大切なこと

　美容外科手術には、特有のリスクがあることを理解して、本当に必要な施術かどうかを、しっかりと考えていただきたいと思います。

　そして、説明を受けて納得がいかなかった場合、「ここまできたら……」、「ここまで説明を受けて、今さら……」などと考えないで、やめる勇気をもつことが一番大切です。十分な説明を受けずに施術を受けて、術後に修復不可能な不都合が起こり、後悔しても遅いことを、肝に銘じてください。

159

第2章　I　美容医療をめぐる基礎知識

コラム⑫　大学病院や総合病院の「美容外科」で受けられる美容医療

　東京大学医学部附属病院、神戸大学、千葉大学、徳島大学などの大学病院、国立病院機構京都医療センターなど国立病院機構にも美容外科が開設され、その数は100を超えています。

　しかし、大学病院や総合病院の美容外科では、北里大学病院などのように「自由診療」となる美容外科手術を含めた手術を実施する病院はあまり多くはありません。大半の病院は、「保険診療」（コラム⑭を参照）の対象となる範囲での美容的診療行為しか実施していないのが実情です。

　その背景には、公的医療保険の支払機関から「混合診療の禁止」にあたるという指摘を受けることや、医療過誤事故が発生した場合でも通常の疾患の事故のように医師損害賠償保険が適用されないこと（美容外科診療に対する独自の損害賠償責任保険の整備が不十分）、大学病院や総合病院に勤務している医師の多くも、豊胸術・脂肪吸引・フェイスリフトなどの臨床経験が多いとはいえないことなどの事情があります。

　このように病院によって実際に行われている美容医療の内容には、大きな違いがあるので、その病院ではどのような美容外科手術や美容医療が受けられるのか、その場合の治療費などを事前に聞いて確かめることが大切です。

　本来、美容外科医療は、形成外科における疾病の治療にとどまらず、患者の美的要求の実現をも目的とする「より高度な専門的医療」であるといえます。そのため美容外科医師には、形成外科における臨床経験や手術技能が基礎的素養として求められています。

　しかし、保険診療を中心に運営されているわが国の医療体制の中で、美容外科が「自由診療」という旨味（営利）のある唯一の診療科であることから、形成外科の臨床経験や手術技能を習得したとはいえない医師が多数、美容外科に参入しています。さらには、未承認の医薬品や未確立の医療技術でも比較的安易に試みられ、それを新規・独自の治療法であると医療法に違反する広告宣伝をして患者を集めることが行われることもあります。

　このようないびつな美容外科クリニックの実情が、さまざまな問題を生む原因といっても過言ではありません。

　美容医療の健全な発展のためには、厚労省などの監督官署が医療法に違反する広告規制を強化するとともに、大学病院や総合病院の美容外科において「自由診療」での美容外科手術に取り組むこと、美容外科専門医師の研修・育成を図ること、美容外科独自の損害賠償保険制度の拡充を行い万一の事故に対処することが期待されます。

Q41　美容外科医から説明を受ける場合、どのような点に留意すればよいか

Q41 美容外科医から説明を受ける場合、どのような点に留意すればよいか

美容外科を受診する場合、医師には具体的にどのようなことを説明してもらえばよいのでしょうか。

▶ ▶ ▶ Point

① ほかの外科手術や施術と共通する一般的な説明があります。

② 加えて、美容外科に特有の「受けるべき説明」があります。

③ 「説明を受けることが大切」なのには、理由があります。

1 手術一般について受けるべき説明

基本的に手術や施術など身体への侵襲行為を受けるわけですから、一般の外科手術と同じように、次の点を確認しましょう。

① 手術や施術の方法や内容、担当医師の経験症例数
② 同じ結果を得られる他の方法があるか。ある場合は、その違い（メリット・デメリット）や当該手術や施術を医師が勧める理由
③ 手術や施術に伴う危険性
④ 術前の検査として、どのようなものを受ける必要があるのか（出血に関する検査や心臓、薬物アレルギーの検査など）
⑤ 入院や通院の必要性
⑥ 術後の経過・予後・術後に起こりうる合併症や後遺症

ともすれば軽いものと勘違いしがちな術後の腫れ、傷痕、違和感、しびれ感、出血、痛みについては、しっかり説明を受けましょう。さらに、合併症等についても説明を受けるべきです。

161

第2章　Ⅰ　美容医療をめぐる基礎知識

2　美容外科特有の「受けるべき説明」

(1)　説明義務に関する東京地裁平成9年11月11日判決

　この判決では、「生命、健康の保持等を目的とするのでなく、単に、より美しくなりたいという施術依頼者の願望に基づいて実施される美容整形手術においては、身体に対する侵襲を伴う施術を実施し得る根拠は、専ら施術依頼者の意思にあり、したがって当該施術を行うかどうかの決定は、ひとえに依頼者自身の判断に委ねられるべきものである。したがって、美容整形手術の依頼者に対し、医師は、医学的に判断した当人の現在の状態、手術の難易度、その成功の可能性、手術の結果の客観的見通し、あり得べき合併症や後遺症等について十分な説明をした上で、その承諾を得る義務があるといわなければならない」と判示しています。

　そして、医師の説明義務は、「一般的には医療行為の必要性および危険性によって決まる」が、「生命、健康の維持、回復を直接の目的としない美容整形手術については、一般の手術などよりもより具体的な分かりやすい説明義務が医師に生じ」るとして、具体的で、平易な説明義務を認めています。この判決では、説明内容を記した文書を患者に渡しただけでは説明義務を尽くしたとはいえないと判示しています。

　医師が負う説明義務の内容は、患者にとっては、手術や施術を受けるか決める前に、意思決定に必要な情報として、「医師に」、「個別のケースに応じて」確認しておくべき内容ということになります。

(2)　具体的な内容

　まず、上記判例のように、手術により意図した結果を達成することができるのか、結果が生じないだけでなく、かえって意図しない結果が生じる可能性はないか、生じるとしたらどのような悪い結果が予想されるのかもしっかり確かめる必要があります。美容外科のなかには、段階を経て手術や施術を行う必要のある手術もあるので、最初から、複数回の手術が予定されている

162

Q41 美容外科医から説明を受ける場合、どのような点に留意すればよいか

場合もあります。事前に、1回の手術や施術で希望した結果を実現できるのか、それとも最初から複数回の手術や施術が予定されているのか、その場合は、その理由や必要性、内容、次の手術や施術の時期およびそれまでの間の状態や注意事項などについて詳しく聞いておくべきです。

また、手術後は、腫れなどにより、お化粧ができない期間（「ダウンタイム」といいます）があるので、術後はどのような経過をたどって、どの程度の期間で、お化粧をして外出できるかなど確認してください。

合併症もしくは後遺症には瘢痕、血腫、感染、痛み、知覚麻痺ないし鈍麻、筋肉麻痺、色素沈着ないし色素脱失、拘縮、脱毛症、皮膚壊死、脂肪壊死、凹凸、左右非対称、変形の再発などいろいろなものがありますが、美容目的で手術等を受けて、そういった合併症・後遺症が起こるということは大変悲しいことです。後遺症が起こる可能性についてはもちろんのこと、起こった場合の対処についても事前に説明を受けるべきです。中には修復不可能な場合もあります。もともと傷痕が残りやすい体質（ケロイド体質）の場合は、そうでない人よりも手術痕が目立つ可能性があります。ご自身の情報も十分に伝えたうえで、手術や施術痕は、どの部位に、どの程度のものが残るのかを確認してください。

(3) 美容外科で、特に受けていただきたい説明

問題なく手術が終わったとしても、効果の程度には個人差がありますし、満足感も、人によって違います。そして、当初考えていたような結果が得られない場合もあり得ます。手術を受けたことが周りの人にわからないことを希望したのに、見た目が大きく違ってしまったということもあり得ます。失敗した場合も含めて、修復や再手術が可能か、また、その場合の費用はどの程度で自己負担か否かについてあらかじめ聞いておくべきでしょう。

説明の有無や内容をめぐって、トラブルとなることもあります。文書だけでは理解しづらい場合は、録音させてもらうことも検討してみてください。

163

第2章 Ⅰ 美容医療をめぐる基礎知識

Q42　眼瞼の美容外科手術の内容とそのトラブルは何か

> 眼瞼（まぶた）の美容外科手術にはどのようなものがありますか。
> 眼瞼の美容外科手術にはどのようなトラブル（合併症・後遺症）があり
> ますか。

▶▷▶ Point

① 二重瞼手術の「縫合法」（埋没法）は元に戻せますが、「切開法」は元に
戻せません。「切開法」を選択するときは、希望する二重の幅や形を十分
に伝え、医師からも十分な説明を受けることが大切です。

② 眼瞼下垂手術は美容外科だけではなく、総合病院の眼科でも一般的に行
なわれている保険診療の手術です。

③ 上下眼瞼のタルミ取り手術などの結果、「兎眼」（閉眼障害）や「外反」
（アカンベー状態）になるとその修復は困難です。

④ 眼は表情の中心です。二重瞼は幅や形状（奥二重、平行型・末広型）で顔
の印象が大きく変わります。目尻や目頭の手術にも慎重さが大切です。

1 眼瞼（まぶた）の美容外科手術の内容

「上眼瞼」の美容外科手術には、重瞼術（二重瞼の形成術）、眼瞼下垂手
術、タルミ（シワ・脂肪）取り術、陥凹修復術、目頭切開術（蒙古ヒダ切除
術）、上外眼角（目尻）形成術、上眼瞼への注入術などがあります。

「下眼瞼」の美容外科手術には、タルミ（シワ・脂肪）取り術、陥凹修復
術、下外眼角（目尻）形成術、下眼瞼への注入術などがあります。

また、これらの眼瞼手術の結果の不具合を修復する手術も行われていま
す。

164

2 重瞼術（二重瞼の形成術）

(1) 縫合法

重瞼術には、上瞼の外側から皮膚に4～5カ所ほど糸を通して縫い合わせ、皮膚を折り込ませて重瞼線をつくる「縫合法」があります。

縫合法には、糸を通した際にできる皮下組織の癒着を利用して固定して糸を抜く（または、吸収糸を用いる）術式と縫合糸を皮下組織に残したままにする「埋没法」などがあります。

縫合法（埋没法）には重瞼線が消失しやすいという弱点はありますが、早期のうちならば、重瞼線が気に入らなければ元に戻して、やり直すことができるという利点があり、わが国では主にこの術式が行われています。

縫合法（埋没法）のトラブルとしては、内出血や嚢腫・腫瘤や縫合糸の露出などがあります。

(2) 切開法

上眼瞼の皮膚を切開して、眼輪筋・眼輪下筋を腱膜に固定してこの切開創などに新たな重瞼線をつくる「切開法」があります。

切開法は、重瞼線を計画どおりにつくれるという利点がありますが、術前に患者の希望を十分に聞いて美的要求を把握しなければ、患者の希望した形状と手術の結果が相違するというトラブルが起きますし、眼瞼組織の解剖学に精通して左右の眼瞼に正確な手術を行わないと、左右の重瞼線の非対称、三重瞼線、眼瞼挙筋の損傷による眼瞼下垂症の発生や増強、術後管理の不十分さに起因する感染（角膜炎）などのトラブルが起きることもあります。

3 眼瞼下垂手術

眼瞼下垂は眼瞼が垂れ下がって視野が狭くなった状態で、その原因には、加齢などにより眼瞼の皮膚がたるんだり（眼瞼皮膚の弛緩）、眼瞼を上げる筋肉である眼瞼挙筋の機能障害によるものがあります。また眼瞼の痙攣を伴う

第2章　I　美容医療をめぐる基礎知識

こともあります。

　眼瞼皮膚の弛緩による場合は、皮膚や皮下脂肪の切除を行います。

　眼瞼挙筋の機能障害による場合は、眼瞼挙筋を短縮して固定する「挙筋腱膜前転術」や前頭筋を用いて吊り上げる手術など、症状の程度によりたくさんの術式があります。これら2つの原因があわさっている場合は、皮膚の切除とともに眼瞼挙筋挙上術が施されます。

　眼瞼下垂症は、そもそも健康保険の対象疾患の1つで、一般の眼科でも手術をしています。美容外科でも眼科でも、手術自体に差異はありません。執刀医師の臨床経験や技能の優劣が術後の仕上がりを左右します。

　眼瞼下垂手術のトラブルとして、挙上不足（低矯正）、兎眼（過矯正＝閉眼障害）、左右の開瞼幅の相違、感染（角膜炎）などがあります。

④　上下眼瞼のタルミ（シワ・脂肪）取り術

　上下眼瞼のタルミ取り手術は、（上眼の）眼瞼下垂を伴わない皮膚のタルミ（シワ）や脂肪の膨らみについて、余分な皮膚を切除したり脂肪を除去することでタルミを取って整容する手術です。上眼瞼では重瞼線から切開して、重瞼線の修復を同時に行うこともあります。

　下眼瞼のタルミ（シワ・脂肪）取り手術には、ハムラ法、眼輪筋オーバーラップ法などの術式のほか、ボツリヌストキシン注射による皮下組織の一時固定法などもあります。

　この手術のトラブルには、術後血腫、腫脹、眉毛の下垂、左右差、兎眼（閉眼障害）、外反（アカンベー状態）、脂肪の過剰切除による皮下組織の癒着やひきつり、部分的な陥凹などがあります。

⑤　上下眼瞼の陥凹の修復術

　眼瞼の陥凹部に自家脂肪、PRP（自己多血小板血漿）、コラーゲン、ヒアルロン酸などを注入する措置（注入法）がされています。そのトラブルには、

166

球後出血、異物（アレルギー）反応などがあり、非吸収性ハイドロジェル（アクアミド）の注入による眼窩動脈の閉塞に起因する視力障害なども報告されています。

6 目頭（蒙古ヒダ）切開・外眼角（目尻）形成術

日本人の多くにある眼頭の蒙古ヒダを切開したり、眼尻付近の眼縁の皮膚や皮下脂肪を切除し縫合して眼縁の形状を変える（吊り上げる）手術などがあります。

手術のトラブルには、瘢痕の形成、不整なラインの発生、外反（アカンベー状態）などがあります。

7 手術のリスクを念頭に置く

眼は表情の中心です。眼の形や二重瞼の形状のわずかな変化でも受ける印象が大きく変化することになります。

眼瞼の手術は、解剖学的にも正確な知識に基づいて正確な手術が丁寧に行われないと患者の希望した状態にならないことが少なくありません。

また、術後の修復のために手術を重ねるとますます状態が悪化することもありますので、修復手術を計画するときは、うまく修復できる可能性と状態を悪化させるリスクを比較検討することが大切です。とにかく、眼瞼の手術には慎重さが第一です。

第2章　Ⅰ　美容医療をめぐる基礎知識

Q43　鼻の美容外科手術の内容とそのトラブルは何か

　鼻の美容外科手術にはどのようなものがありますか。鼻の美容外科手術にはどのようなトラブル（合併症・後遺症）がありますか。

▶▶▶ Point

① 鼻の手術のトラブルの多くは、インプラントを長期にわたって入れたことによる血行の不足や圧力などにより、鼻の皮膚が薄くなることなどにより生じます。
② 鼻の手術は過少気味で止めるのが安全です。

1　鼻の美容外科手術の種類

　鼻の美容外科手術には、隆鼻術（りゅうびじゅつ）、整鼻術（低鼻術）、鼻尖（びせん）形成術、鼻翼（副鼻）形成術などがあります。

2　隆鼻術とトラブル

　鼻を高くする隆鼻術には、L型やI型のシリコンインプラントを挿入する方法、自家軟骨（耳たぶの軟骨など）や骨（腸骨など）を挿入する方法、ヒアルロン酸を針で注入する方法などがあります。

　シリコンインプラントを挿入する隆鼻術のトラブルとしては、出血、感染、インプラントの位置の歪み、変形のほか、時間が経つと、鼻の皮膚が薄くなって皮膚に瘻孔（かいこう）（あな）がで

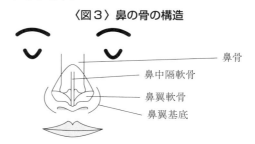

〈図3〉鼻の骨の構造

鼻骨
鼻中隔軟骨
鼻翼軟骨
鼻翼基底

きたり、瘻孔からインプラントが露出することが知られています。

　自家軟骨・骨を使用する隆鼻術のトラブルとしては、血腫、感染、位置の歪み、変形のほか、鼻の皮膚が薄くなることも知られています。

　ヒアルロン酸の注入による隆鼻術のトラブルとしては、ヒアルロン酸が血管内に注入されることによる血管塞栓や血流の不足による皮膚や組織の壊死、潰瘍などが報告されています。

③　整鼻術（低鼻術）とトラブル

　整鼻術（低鼻術）は、わし鼻の形を変えたり、曲がった鼻をまっすぐにする、大きすぎる鼻を小さくする、高すぎる鼻を低くするという手術です。

　整鼻術の多くは、鼻の穴の内側から切開して、鼻の骨格系を露出し、鼻中隔を低めたりして、鼻尖部（鼻の先）の修正を行い、鼻背のコブを切除し、鼻の外壁を内側に寄せる外側骨切りを行うなどします。

　整鼻術のトラブルとしては、出血、血腫、感染、骨膜炎、浮腫および皮下出血、皮膚の壊死、鼻涙管の損傷、鼻中隔穿孔、鼻閉塞、臭覚障害、仮骨（骨折などが起きた部分に新しくできる骨組織）形成などが報告されています。

④　鼻尖形成術とトラブル

　鼻尖形成術は、いわば丸みを帯びたダンゴ鼻を細くスマートにする目的で行われる手術です。

　鼻尖形成術の術式には、左右の鼻翼軟骨を吸収糸でループ状に縫合する術式や耳介（みみたぶ）軟骨を左右の鼻翼軟骨の先端部に移植縫合する術式などがあります。

　鼻尖形成術のトラブルとしては、鼻翼軟骨を過度に縫い縮めたことによるピンチノウズ（つまんだような鼻）、鼻尖部の曲がり、皮膚が薄くなって軟骨の輪郭が目立つなどがあります。

169

第2章　Ⅰ　美容医療をめぐる基礎知識

5　鼻翼（副鼻）形成術とトラブル

　鼻翼（副鼻）形成術は、鼻翼基底（鼻翼のつけ根）を切開して、組織や軟骨を切除して、鼻尖幅を狭くスマートにする目的で行われる手術です。

　鼻翼形成術のトラブルとしては、鼻翼基底部の手術痕が目立つことや、左右の非対称などがあります。

6　手術のリスクを念頭に置く

　鼻は顔の中心にあって、形状のわずかな変化でも、受ける印象が大きく変化することになります。また鼻はたくさんの軟骨で構成されており、鼻の手術には、解剖学的にも正確な知識と臨床経験が必要です。しかも手術が丁寧に行われないと患者の希望した状態にならないことも少なくありません。さらにトラブルの多くは、インプラントの中～長期の使用により、鼻内部の血行の不足や挿入されたインプラントの圧力で鼻の皮膚が薄くなり、インプラントが出てくることにより生じています。

　鼻の手術は、過少気味でやめることや慎重に行うことによって安全性を確保することが大切です。

　また、一度した鼻の手術の不具合を修復するために手術を繰り返すことは、鼻の皮膚や組織の壊死を引き起こしやすく危険です。

　さらに、ヒアルロン酸の注入法による隆鼻術では、注入したヒアルロン酸が血管内に入ってしまい、眼動脈閉塞をきたして失明をしたという事故が報告されています。

Q44　顔の輪郭を変える美容外科手術の内容とそのトラブルは何か

Q44 顔の輪郭を変える美容外科手術の内容とそのトラブルは何か

　顔の輪郭を変えるためにはどのような美容外科手術をするのですか。顔の輪郭を変える美容外科手術にはどのようなトラブル（合併症・後遺症）がありますか。

▶ ▶ ▶ Point

①　骨を削って顎の輪郭を変える手術では、十分な事前検査に基づいて現状の分析を行い、適切な手術計画を立てることが何よりも重要です。

②　入院施設のある総合病院や大学病院で手術を受けたほうが安全です。

③　上顎歯と下顎歯の噛合せが変動する手術では、術前と術後に歯列矯正歯科などと連携することが必要です。

1 シリコンインプラント挿入術とトラブル

　口元が前に出ているという印象を与えたり、顎（あご）を尖らせて全体に細い顔のイメージをつくりたい場合には、顎の前や下にシリコンのインプラントを入れて顎や口の周辺の輪郭を変える手術が施されています。この方法では、局所麻酔を使い、多くの場合、下唇の付け根を内側から切開して、口腔内からシリニンインプラントを挿入します。下顎の皮膚を外側から切開して挿入する方法もありますが、切開縫合創が外から見えることになります。

　顎のほか、額や頬、こめかみなどにも皮膚を切開してシリコンインプラントを挿入して、その部位を膨らませることがあります。

　シリコンインプラントを挿入する手術のトラブルとしては、位置の異常、血腫や感染などのほか、顔面神経やオトガイ神経を傷つけたり圧迫すること

171

第2章　Ⅰ　美容医療をめぐる基礎知識

による知覚鈍麻や神経過敏（下唇神経麻痺）などがあります。

2　脂肪吸引術・注入術とそのトラブル

　脂肪吸引術（脂肪を吸引して膨らみを少なくしたり、凹ませる）や（自家脂肪やコラーゲン、ヒアルロン酸などの）注入術（凹みを埋めたり、膨らませたりする）で顔の部位の印象や顔のバランスを変えることもあります。

　脂肪吸引術のトラブルとしては、カニューレの刺入口の瘢痕化、カニューレの穿孔、過剰吸引による皮膚と筋膜との癒着などがあります。脂肪注入術のトラブルとしては注入脂肪の壊死による囊腫や皮下の硬結などがあります。

　非吸収性ハイドロジェル（アクアミド）の注入術による凸凹の発生などもあります。

3　骨を切削して顔の輪郭を整容する手術とトラブル

(1)　手術の内容

　受け口（下顎の前突）、出っ歯（上顎の前突）、噛合せの不整や傾斜（不整咬合・顎変形症）、下顎角（エラ）の出っ張りなどを整容（治療）するためにそれぞれの骨を切削する手術が行われています。

　これらの手術の多くは、口腔内から皮膚を切開したうえで皮膚を剥離し、骨を削除するので、切開創や縫合痕は外から見えません。

　顔の輪郭を変える手術には、次のとおり、対象とする部位や整容目的によって、さまざまな術式がなされています。

　①　受け口を修正する場合は、下顎の骨の一部を切り取り、上顎歯との噛合せを調整する手術（下顎枝矢状分割骨切術：SSRO）をします。

　②　出っ歯を修正する場合は、上顎骨の骨の一部を切り取り、下顎歯との噛合せを調整する手術（Le Fort Ⅰ）をします。

　③　上下顎の変形のため、噛合せの不整や傾斜が生じている場合は、術前

172

と術後の歯列矯正治療を伴う上顎骨と下顎骨の同時分節骨切術（ASO）をします。

④　下顎角（エラ）の出っ張りなどがある場合は、オトガイ水平骨切術や下顎角形成術をして、余分な下顎角骨を切り取ったり、割ったりします。

⑤　頬骨の出っ張りは口腔内から皮膚を切開して頬骨を剥離し、ノミで切除したり、ドリルで削ったりします。

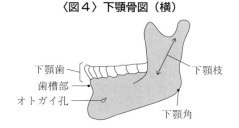

〈図４〉下顎骨図（横）

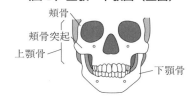

〈図５〉上顎・下顎図（正面）

⑥　額の骨の出っ張りは、頭皮を毛髪の中で切開して剥離して、額の骨を削除して整容します。

(2)　トラブルの内容

骨を切削して顔の輪郭を整容する手術は、それ自体大がかりな手術ですので、手術を計画する時点で、まず顔貌写真や口腔内写真はもちろん、頭部X線撮影、歯科X線撮影、CT検査などで顔（上下顎の噛合せ）の現状などを分析をして、手術の方法や内容とその範囲を決め、術後の顔（上下顎の噛合せ）のデザインをすることが非常に重要です。

しかし、骨の切除や削除は、そのすべてが、直視下に施行できないことや術者の利き手側ではないことも多く、術者の勘と臨床経験や手術技能に頼らざるを得ないことから、計画どおりの切除が正確にできないことも少なくありませんし、部分的に過剰に切除したために陥凹を生じることもあります。

また全身麻酔のうえ大きく皮膚を切開し、骨を切削する手術で身体に与える侵襲も大きく、術中・術後感染の危険性もあることから、術後に一定期間の入院が必要になると考えるべきでしょう。

173

第2章　I　美容医療をめぐる基礎知識

　さらに手術に伴って、上顎歯と下顎歯の噛合せなどに変動を生じる場合
は、歯列矯正歯科による歯列の矯正と咬合調整が必要になりますので、歯科
医師との術前・術後の連携は不可欠です。

　手術のトラブルとしては、左右の非対称、過剰切除による骨の変形・陥凹
や骨折、周辺の血管の損傷や血腫、神経（オトガイ神経、三叉神経、頬骨神経
など）損傷や知覚異常、鼻咽喉の狭小化に伴ういびき、睡眠時無呼吸症候群
の発症などがあります。

Q45　乳房・胸の美容外科手術の内容とそのトラブルは何か

Q45　乳房・胸の美容外科手術の内容とそのトラブルは何か

　乳房・胸の美容外科手術にはどのようなものがありますか。乳房・胸の美容外科手術にはどのようなトラブル（合併症・後遺症）がありますか。

▶ ▶ ▶ Point
①　豊胸術には「インプラント（バッグ）を挿入する手術」と「埋入物（フィラー）を注入する手術」がありますが、後者の豊胸効果や安全性などの問題は解決しているとはいえません。
②　インプラントを挿入する豊胸術でのトラブルの多くは被膜（カプセル）拘縮とそれに起因する不具合です。
③　乳房固定術・乳房縮小術では切開・縫合創が見えることは避けられません。
④　陥没乳頭挙上術、乳頭縮小術では乳頭壊死や授乳機能の喪失を生じることもあります。

1 　乳房、乳頭・乳輪、胸の美容外科手術の種類

　乳房、乳頭・乳輪、胸の美容外科手術としては、豊胸術、乳房固定術、乳房縮小術、乳頭・乳輪縮小術、乳頭・乳輪移動術などの手術などがあります。

2 　豊胸術の内容とトラブル

　乳房を大きくする豊胸術には、インプラント（バッグ）を挿入する方法と

175

自家脂肪などの埋入物（フィラー）を注入する方法の２つがあります。

(1) インプラントを挿入する豊胸術とトラブル

インプラントを身体に挿入して乳房を大きく見せる手術ですが、その術式は次のとおり多様で、それぞれに長所や短所があります。

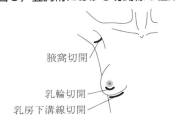

〈図６〉豊胸術における切開線の種類

腋窩切開
乳輪切開
乳房下溝線切開

(a) 皮膚を切開する部位の違い

インプラントを挿入するために皮膚を切開する部位としては、腋窩（わきの下）、乳房下溝線、乳輪の３カ所があります。

「腋窩切開法」は切開痕が目立たないという利点があるものの、腋（わき）から乳房まで腋腹から胸部までの組織を暗視下で剥離してインプラントを挿入しなければならないことから、剥離に伴う止血が十分にできないなどの短所があります。

また術後の腋窩から乳房にかけての痛みや両手の痺れなども報告されています。

「乳房下溝線切開法」は、インプラントを直視下で挿入できるという利点があるものの、切開縫合痕が横臥したときに目立ちやすいという短所があります。

「乳輪切開法」は、直視下に挿入できる利点はあるものの、切開口の大きさに制限があることや乳輪の色素沈着の状態によっては切開縫合痕跡が脱色して目立つことがあります。

(b) インプラントを挿入して固定する位置の違い

イプラントを挿入して固定する位置には、主に「乳腺下（大胸筋上）」と「大胸筋下」の２つがあります。

「乳腺下」は、乳腺と大胸筋との間にインプラントを挿入する方法で、痛

みが少なく、乳房下溝の位置が決めやすいという利点があるものの、皮下脂肪が薄い場合は「リップリング」というインプラントの辺縁が触れやすくなったり見えたりするほか、大胸筋下に比較して被膜（カプセル）拘縮の頻度が高いと報告されています。

「大胸筋下」は、乳房の大胸筋層を剥離して、大胸筋と小胸筋の間にインプラントを挿入する方法で、筋肉の厚みが加わるためにインプラントを触知しづらく、被膜拘縮の発生が少ないという利点がありますが、術後の痛みは強く、長期的に筋肉の動きによりインプラントが偏位するなどの短所が指摘されています。

その他、大胸筋と筋膜を剥離してインプラントを挿入する「大胸筋筋膜下法」なども工夫されています。

　（c）　インプラントの表面や形状の違い

また、インプラントの表面がつるつるなもの（スムースタイプ）やざらざらなもの（テクスチャードタイプ）があり、形状も扁平した球型（ラウンド）や洋なし型（アナトミカル）などがあります。

　（d）　トラブル

インプラントを挿入する豊胸術のトラブルとしては、第1に被膜拘縮（コラム⑬参照）をあげることができます。またインプラントを挿入するためのポケットを剥離することに起因して生じるインプラントの位置異常（上方偏位、下方偏位）や左右差、挿入後のインプラントの破損や内容物の漏れ、止血措置などの不十分さに起因する血腫や漿液腫などがあります。

(2)　埋入物 (フィラー) を注入する豊胸術とトラブル

他の部位から吸引した自家脂肪、ヒアルロン酸などの吸収性フィラーやアクアミドなどの非吸収性ハイドロジェルを、主に乳腺下などに注入して乳房を大きく見せる手術です。

注入法による豊胸術は、インプラントの豊胸術のように切開創や縫合痕を残さない、乳房が軟らかく体勢に応じて乳房が自然な形態形状を示す（非吸

177

収性ハイドロジェルを除く）、長期的に自然な加齢変化を示す、乳ガン検診（X線撮影）や診察での特別な申告がいらないという長所がありますが、次のような短所やトラブルもあります。

「自家脂肪」の注入は、腹部や大腿部、臀部などから吸引した脂肪を精製したうえで注射器

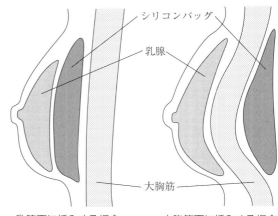

〈図7〉シリコンバッグの挿入部位

シリコンバッグ
乳腺
大胸筋

乳腺下に挿入する場合　　大胸筋下に挿入する場合

（シリンジ）で注入します。しかし、丁寧にバラバラに注入しても脂肪が生着する割合は多くないうえ、乳房内で壊死した脂肪は嚢腫（袋のようなものを形成する腫瘍）になったり、嚢腫の表面が石灰化したりしてシコリが触れたり、乳ガン検診の妨げになったりすることも少なくありません。

吸収性フィラーである「ヒアルロン酸」の注入は、自家脂肪のように生着が少ないという問題はありませんが、注入後の数年間で吸収されて体外に排出されるほか、皮下硬結（こうけつ）（本来やわらかい組織が病的に硬くなった状態）が発生したり、ヒアルロン酸やその添加物に起因してアレルギー反応やヒトアジュバント病（膠原病）の発症のリスクが報告されています。

非吸収ハイドロジェルである「アクアミド」は、ヒアルロン酸などの吸収性フィラーが数年間で吸収されるのに対して吸収され難くした素材です。

しかし、アクアミドは医師が個人的に輸入する材料でその成分もさまざまで安全性が証明されたものではありません。いったん、注入すると身体の組織に絡まって存在することになるため、インプラントのように塊として取り出すことができません。乳房の腫脹や疼痛、微熱などの無菌性膿瘍（のうよう）（身体の

組織内の一局部に膿がたまる症状）も報告されています。またアクアミドやその添加物に起因してアレルギー反応やヒトアジュバント病の発症のリスクが報告されています。

③ 乳房固定術・乳房縮小術

加齢や授乳で下垂した乳房の余剰皮膚を切除して吊り上げる乳房固定術や、余剰皮膚や乳腺・脂肪などを切除して乳房の形状を美しく縮小する乳房縮小術が行われています。

しかし、余剰皮膚や乳腺・脂肪を切除するため、乳房の表面に大きな手術瘢痕が生じますし、固定や縮小に伴って乳頭や乳輪の位置を移動（移植）しなければならないことも少なくありません。

④ 陥没乳頭挙上術、乳頭・乳輪縮小術、乳頭・乳輪移動術

陥没乳頭挙上術は、美容的な要求のほか、授乳機能の改善や慢性乳腺炎の予防にもなることから、美容外科のほか、一般の乳腺外科でも施行される手術です。

陥没乳頭挙上術は、深部の乳管周囲の瘢痕性短縮組織を剥離・進展する手術で「酒井Ⅰ法・Ⅱ法」などの術式があります。手術のトラブルとして乳管損傷、授乳機能の喪失、乳頭皮膚の壊死などがあります。

乳頭・乳輪の大きさ・形・位置に不満があったり、左右差が著しいときに、乳頭や乳輪の組織や皮膚の一部を切除して縫合する「乳頭・乳輪縮小術」や乳房全体の皮膚を切り抜いて乳頭・乳輪の位置を変える「移動術」が行われています。この手術のトラブルとしては、縫合創の開大や離開、乳輪の後戻り、肥厚性瘢痕、切開・縫合創の色素脱失などがあります。

179

第2章　Ⅰ　美容医療をめぐる基礎知識

コラム⑬　豊胸術と被膜（カプセル）拘縮

1　インプラントを用いる豊胸術では被膜（カプセル）拘縮は避けられない

　インプラントは異物であることから、挿入された後にインプラントの周囲は線維組織で包まれることになります。このような繊維組織でできた包みを「被膜」といいます。

　古い文献では、被膜が拘縮して球形（カプセルの形）になる割合は、40％と報告されています（Burkhardtほか・1986年）。形成された被膜が拘縮する（肥厚し硬くなる）原因については、感染仮説（バクテリアや出血、残存する異物など）と非感染仮説（シリコン分子の滲み出しなど）などがありますが、いまだ完全には解明されていません。

2　被膜拘縮の程度についての臨床的分類

　被膜が肥厚化して拘縮するようになるとパスカルの原理により扁平した形状で挿入されていたインプラントは、球形（ボール状）になり、前に突き出すとともに上方へ吊り上げられる（上方偏位）ことになります。

　このような被膜拘縮の発生や被膜の肥厚化の変化や程度は、手に触れる乳房の硬さに現れることから、被膜拘縮の程度は、ベーカーが公表した「触診に基づく4つの段階」に分類されています。

> Ⅰ度：インプラントは軟らかく触れず、完全に自然である。
> Ⅱ度：インプラントはわずかに触れ、豊胸術を受けたことはわかるが、患者は被膜拘縮を訴えない。
> Ⅲ度：乳房の輪郭に目に見える変形をもち、中ぐらいの硬さがある。
> Ⅳ度：乳房に目に見える変形がありインプラントを認め、高度の硬さがあり、患者は硬さと痛みや冷感を訴える。

　なお乳腺外科などにおいて超音波測定器（エコー）が普及していることから、被膜拘縮の発症をエコー画像で診断する試みもなされていますが、いまだエコー画像とベーカー分類の度数との関連性は明らかではなく、触診による上記分類に基づく診断が一般的です。

3　被膜拘縮の予防

　被膜拘縮の発生の頻度は、術中の出血の量や止血の程度のほか、使用されるインプラントの外包の形状（つるつるした「スムースタイプ」・ざらざらした「テクスチャードタイプ」）、材質（シリコンほか）、インプラントが挿入される部位（乳腺下、大胸筋下）、術前措置（ステロイド、抗菌剤の注射）、術後措置（マッサージ）によっても相違することから、術後の被膜拘縮を予防するために、術中の出血の量を少なくしたり、止血を完全に施行するなどの対策のほか、最近では、使用されるインプラントはざらざらした「テクスチャードタイプ」とし、インプラントの挿入部位を大胸筋下とするほか、術

180

後早期にマッサージをすることが一般的です。

4　被膜拘縮の治療

　発生した被膜拘縮の治療としては、当初、開腹せずに外部から強い力を加えて被膜を破裂させるという「被膜切断術」が行われていましたが、その副作用（血腫、軟部組織への内容シリコンジェルの浸潤、不完全な破裂による二段胸の形成）が無視できないことから、現在では開腹して被膜を切開する方法により行われ、その際にインプラントの入替えやポケット（剥離範囲）の調整などもなされています。

第2章　I　美容医療をめぐる基礎知識

Q46　包茎手術の内容とそのトラブルは何か

包茎手術にはどのようなものがありますか。包茎手術には、どのようなトラブル（合併症・後遺症）がありますか。

▶ ▶ ▶ Point

① 真性包茎とかんとん（嵌頓）包茎だけ手術が必要です。

② コラーゲンなどの注入の効果について医学的な根拠はありません。

③ ヒアルロン酸の注入で嚢腫形成や陰茎壊死の報告があります。

1　包茎手術の種類

　包茎手術は、亀頭を覆う包皮の包皮口を切開して、包皮が冠状溝よりも後方に反転できるようにするために余剰な包皮を切開・切除して、亀頭が常に露出する状態にする手術です。手術の方法は「環状切除法」が一般的ですが、他に鉗子（GOMOCO-CLAMP）を用いる切除法や、切開の部位を背面にする背面切除術が行われています。

　包茎手術は、泌尿器科で行う場合も美容外科（包茎専門クリニック）で行う場合でもその手術の方法は基本的に同じで特別な差はありません。

2　包茎の症状と手術の必要性（適応）

　包茎の症状は次の3つに分類されています。

① 真性包茎　　包皮口が狭いことから、包皮を容易に反転させて亀頭を露出できない状態

② 仮性包茎　　包皮が長いためにいつもは包皮が亀頭を覆っているが、包皮口が狭くはないため、包皮は容易に反転させることができ、亀頭も

182

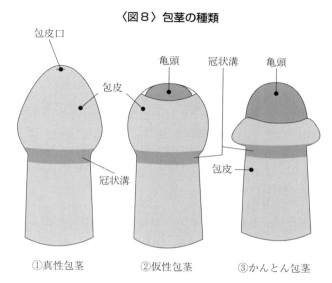

〈図8〉包茎の種類

①真性包茎　②仮性包茎　③かんとん包茎

露出することができる状態

③　かんとん（嵌頓）包茎
包皮口が狭いために、包皮を無理に反転させると、冠状溝の後方で包皮の血液循環障害と浮腫を来すことになり、元に戻せない状態になること

3つの症状のうち、医学的に包茎手術が必要（適応）とされるのは、①真性包茎と、③かんとん包茎です。そのため、これらの場合、泌尿器科などにおいて、保険診療で包茎手術を受けることができます（Q58参照）。

3 亀頭増強術・早漏防止術という名の「注入術」

　包茎専門クリニックの多くが包茎手術（環状切開）のほかに、亀頭増強術や早漏防止術という名前を付けてコラーゲンやヒアルロン酸のほか非吸収性ハイドロジェルであるアクアミドを陰茎に注入する手術を行っています。
　しかし、陰茎にこれらのものを注入することによって、性感が亢進したり、早漏が防止できるという医学的な裏づけはありません。
　これらの注入術は、包茎専門クリニックが手術費用を高額にさせるための宣伝であると考えてください。安易に注入術に同意すると思いがけない手術代金になってしまいますので、契約前には十分な注意が必要です。

第2章　Ⅰ　美容医療をめぐる基礎知識

4　包茎手術・注入手術のトラブル

　包茎手術のトラブルには、包皮口の切開や包皮の切除が不十分であったために包皮が 袴 のようになったり、亀頭の露出が十分でないことがあります。

　反対に包皮を過剰に切除して残存包皮を縫合したために陰茎が勃起するたびに包皮の緊張（引きつり）が生じて疼痛を生じることがあります。

　包皮の切除や縫合がすざんで肥厚性瘢痕になることもあります。

　また、ヒアルロン酸を注入した際、血管にヒアルロン酸が入り、陰茎壊死が発症したという報告があります。

　さらに非吸収性ハイドロジェルであるアクアミドやその添加物に起因してアレルギー反応やヒトアジュバント病（膠原病）の発生のリスクがあることが報告されています。

184

Q47 脂肪吸引手術の内容とそのトラブルは何か

Q47 脂肪吸引手術の内容とそのトラブルは何か

脂肪吸引とはどのような手術ですか。脂肪吸引の美容外科手術にはどのようなトラブル（合併症・後遺症）がありますか。

▶ ▶ ▶ Point

① 脂肪吸引手術は死亡することもある大規模な手術の1つです。

② 脂肪吸引手術が全身に与える影響は大きく、術後の十分な管理ができる入院施設のある病院で手術を受けることが安全です。

③ 皮膚に弾力性のない患者の場合は、脂肪吸引することで皮膚の弛緩（タルミ）が増強されることがあります。

④ 吸引する部位ごとに最低限度の脂肪の厚みがあること確認したうえ、過剰に吸引しないことが、トラブルを防止するためには大切です。

1 脂肪吸引手術の内容

脂肪吸引手術は、カニューレ（長い注射針のような吸引管）を皮膚の切開口から皮下の脂肪層に挿入して、脂肪層内でカニューレを前後にピストン運動させることにより削除した脂肪組織をカニューレに開けた孔（穴）から、カニューレに取り付けられた吸引器の陰圧により吸引して、皮下の脂肪層に蜂の巣状の穴を躯けた後、皮下脂肪層を圧迫して薄くする痩身手術です。

脂肪吸引手術には、ドライ方式（カニューレから特別な薬剤を注入しない）、スーパーウエット方式（カニューレから局所麻酔剤や血管収縮剤を加えた生理食塩水を注入したうえ、脂肪組織と一緒に生理食塩水を吸引する）、テュメセント方式（麻酔希釈溶液を皮下の脂肪組織が膨脹するように専用ポンプで注入する）、ウォータージェット方式（テュメセントを皮下脂肪内に霧状に噴射して脂肪細

185

第2章　Ⅰ　美容医療をめぐる基礎知識

胞の結合組織や血管、神経などを水圧で分離する）などがあります。

② 脂肪吸引手術の適応

　脂肪吸引術をしてはいけない身体の部位は、座ったときにクッションとなる坐骨結節部の脂肪や膝の前部の脂肪など関節周辺の脂肪です。それ以外の全身の部位で脂肪吸引が可能ですが、術前に部位をつまみあげて（ピンチテスト）脂肪吸引した後にも最低限度の厚みの脂肪が残ることを確認することが、術後の波状変形や皮膚と筋膜との癒着を防止するうえで重要です。

　また、皮膚の弾力性が失われている患者の場合には、脂肪吸引することで余剰皮膚の弛緩（タルミ）が増強されることになり、皮膚切除術とともにしなければ、余剰皮膚が大きくたるむという逆効果になります。

③ 脂肪吸引手術のトラブル

　腹部の脂肪吸引手術の際、カニューレで腹膜を数カ所にわたり穿孔したことで患者が死亡したり、術後に肺塞栓が生じて死亡した例など複数の死亡事故が発生しています。その意味で脂肪吸引手術は命に関わる大規模な手術の1つです。その他に、脂肪吸引手術による全身的なトラブルとしては、リドカイン（抗不整脈剤）中毒、出血、血腫、神経損傷などが報告されています。

　脂肪吸引した部位における美容面のトラブルには、吸引した部位に凹みが生じたり、吸引線に沿って皮膚に凸凹の不整が生じたり、波状変形が生じたりすることが少なくありません。

　また、筋膜や皮膚の表層近くを過剰吸引したことにより、筋膜と皮膚に癒着を生じたり、皮膚を挫滅させたり、癒着部位の周辺を膨らませる（二段腹・二段胸）ことがあり、関節周辺に癒着を生じた場合は関節の可動域の制限や疼痛を生じることもあります。このような皮膚と筋膜との癒着を生じたときは、その部位を切開して剥離したうえで他の部位から採取した脂肪を移植したり吸引した脂肪を注入したりしなければその症状は改善しません。

186

Q48 メソセラピーや脂肪溶解注射施術の内容とそのトラブルは何か

Q48 メソセラピーや脂肪溶解注射施術の内容とそのトラブルは何か

> メソセラピーや脂肪溶解注射とはどのようなものですか。脂肪溶解注射にはどのようなトラブル（合併症・後遺症）がありますか。

▶ ▶ ▶ Point

① メソセラピーは種々の薬剤を症状に応じて混合する治療の総称ですが、標準的な治療法は確立しておらず、その効果や安全性が科学的に証明されているとはいえません。

② 脂肪溶解注射に使用される薬剤の安全性は確認されているとはいえません。

③ 脂肪溶解の効果がどれだけあるかを予測することは困難です。

1 メソセラピーと脂肪溶解注射

「メソセラピー」は、表皮・真皮内に薬液をごく少量ずつ多数回注入し、疼痛などの諸症状の緩和あるいは美容的効果を得る方法といわれています。

このうち、皮下脂肪組織内へホスファジルコリンとデオキシコール酸の混合液（商品名：Lipostabil）を注入することで脂肪細胞を破壊し、局所の皮下脂肪量を減少させる痩身手術が、「脂肪溶解注射」と呼ばれて、美容外科で行われています。

2 メソセラピーの内容と問題点

メソセラピーの適応となる疾患としては、慢性疼痛、血管疾患、乾癬、関節リウマチ、スポーツ外傷などが報告されています。また美容目的ではセル

187

第2章　I　美容医療をめぐる基礎知識

ライト（女性の臀部や大腿部にできる皮下脂肪の塊）、静脈−リンパ循環不全症、皮膚の若返りやシワ・弾力の改善、脱毛症、尋常性痤瘡（ニキビ）などにも用いられているようです。

メソセラピーでは、これらの疾患に応じて、局所麻酔剤、血管拡張剤、抗炎症剤、筋弛緩剤、蛋白分解酵素、ビタミン、ミネラル、植物抽出物、ワクチン、抗生剤、ホルモン、ホルモンブロッカーや、美容目的にはヒアルロン酸や成長因子などを混合したカクテルをごく少量ずつ皮膚表層に多数回注射されています。

しかし、症状に応じて各種の薬剤を混合するとはいえ、それぞれの症状に対する標準的な治療法は確立しておらず、科学的にもその効果や安全性が証明されているとはいえないという問題が指摘されています。

さらにメソセラピーにおいては種々の薬剤を混合して使用することから未知の相互作用を生じる危険性も指摘されています。

3　脂肪溶解注射の成分と安全性

現在、わが国で行われている脂肪溶解注射は、大豆種子抽出液から得られる大豆レシチンの主成分であるホスファジルコリン（PPC：リン脂質）と、溶媒として、脂肪の乳化剤として作用するといわれるデオキシコール酸ナトリウム（DOC：人間の胆汁中に存在する胆汁酸）の混合液を、皮膚の真皮または皮下組織内に注入し、脂肪組織を破壊して局所の皮下脂肪を減少させる施術と報告されています。

しかし、美容外科クリニックで施行されている脂肪溶解注射の成分が、同一であるかは不明です。たとえば、脂肪溶解注射により非結核性抗酸菌感染症を発症した例（東京地裁平成24年10月31日判決）では、PPCとDOCのほか、肌質を整えるというセルソルブ、局所麻酔剤（キシロカイン）、生理食塩水を注射器内で混合して注入されていました。

そもそもPPC・DOCともにわが国では未承認の薬剤であり、海外のメー

カーが独自に混合した脂肪溶解注射薬剤を、個々の医師が自己責任で個人輸入して使用しているため、メーカーごとに薬剤の内容が相違している可能性があり、かつその安全性が確認されているとはいえません。承認薬であるケナコルト（ステロイド製剤）でさえ、皮下組織への過剰注射により、皮下組織全体が萎縮して陥凹が生じる危険性があることが指摘されていることに照らすと、脂肪溶解注射を含むメソセラピーにもケナコルトのような局所的な陥凹を生じる危険性があることは否定できません。

　また、どれくらいの量の脂肪溶解注射を皮下に注入すれば、どの範囲で、どれくらいの脂肪が溶解されているのかも明らかではありません。そのため、あらかじめ脂肪溶解注射の痩身効果を予測することもできません。

４　脂肪溶解注射のトラブル

　脂肪溶解注射に使用された薬剤自体が何らかの原因となったというトラブルについての報告は見当たりません。

　先の東京地裁の事件は、同一のクリニックで脂肪溶解注射を受けた複数の患者に非結核性抗酸菌感染症が発症したことについて損害賠償を請求した裁判ですが、感染症が発生した原因は、脂肪溶解注射の薬剤自体の副作用ではなく、薬剤の小瓶の管理が不適切で感染症を発症した例でした。

　しかし、脂肪溶解注射に使用される薬剤は、海外のメーカーが混合したり、使用するクリニックがさらに他の薬剤と混合して使用しているので、その内容が特定されておらず、どのようなトラブルが生じるのか、いまだ的確には把握されていないのが実情です。

第2章　I　美容医療をめぐる基礎知識

Q49　アザ・シミを取る手術の内容とそのトラブルは何か

　アザ・シミとはどのようなものですか。アザ・シミを取る美容外科治療はどのようなものですか。アザ・シミを取る手術・処置にはトラブル（合併症・後遺症）がありますか。

▶ ▶ ▶ Point

① 　アザやシミはその種類が多く、種類によって治療に対する反応性が違う。専門医にアザ・シミの種類を正確に診断してもらい、的確な治療法を組み立てなければなりません。

② 　レーザー照射は、過剰になると発赤・色素沈着・炎症・白斑形成などが起きることもあります。

③ 　「肝斑」に対するレーザートーニングには、深刻な副作用が続発していると警告されています。

1 「アザ（母斑）」とは

　「アザ（母斑）」は、その多くは生来性のもので、皮膚局所部に現れた色調、性状の変化した状態をいうとされています。「母斑症」は、皮膚の形成異常だけではなく、同時に他臓器、たとえば神経系、肝臓、ひ臓などの組織構造上の変形を示すもので、ゆっくりと経時変化を示すとされています。

　アザ（母斑）には、黒色（茶褐色・青・紫）を呈するもの（太田母斑・蒙古斑・雀卵斑など）、赤色（血管腫を主体とする）を呈するもの（苺状血管腫・単純性血管腫など）があります。

190

2 「シミ」とは

「シミ」は、国語事典では「顔などに生ずる褐色の色素沈着（色素斑）」とされています。医学的には、原因不明の後天的素因による平坦局面を示す異常皮膚疾患の総称で、シミには「老人性色素斑」・「肝斑」のほか母斑である「顔面真皮メラノサイトーシス」があるとされています。

3 治 療

アザ・シミの治療は、その色素性疾患の種類によって各種治療に対する反応性が違うので、まず、専門医にアザ・シミの種類を正確に診断してもらったうえで、的確に治療法を組み立ててもらわなければなりません。

各「アザ」や「シミ」の代表的な治療法は次のように報告されています。

(1) 老人性色素斑、脂漏性角化症

老人性色素斑は、紫外線によって、顔・手の甲など日によくあたる部分にできる茶色いシミで、脂漏性角化症（老人性イボ）は、表面がつぶつぶとした茶色の小さなイボのようなものです。平坦な色素斑の治療には「Qスイッチルビーレーザー」が、隆起のある脂肪漏性角化症には炭酸ガスレーザー（CO_2）が最もよいとされています。また各種の光治療（IPL）では、病変の部分摘除に終わることが多く再発が早いので、治療意義が少ないとも指摘されています。またトレチノインやハイドロキノンなどの外用剤（塗り薬）も少し有効であるとされています。

(2) 雀卵斑（ソバカス）

雀卵斑（ソバカス）は先天的な色素異常症であるため、根治することができない疾患です。Qスイッチルビーレーザーのほうが治療効果が高いものの、それでも根治はしないとされており、光治療（IPL）などが患者の負担が少ないため勧められています。

(3) 後天性真皮メラノサイトーシス（ADM）

第2章　Ⅰ　美容医療をめぐる基礎知識

後天性真皮メラノサイトーシス（ADM）は、頬骨のところに左右対称にできる多数の小さなシミ（アザの一種）で、表皮よりも深い真皮にメラノサイトがある状態です。Q スイッチルビーレーザーが唯一無二の根治治療になりますが、いったん除去された ADM は再発しないとされています。

(4)　肝　斑

肝斑は頬骨、額、鼻の下などに左右対称に現れることの多い淡褐色のシミで、女性ホルモンと関係があるとされています。肝斑は、慢性炎症性色素沈着症なので、顔を擦るなど刺激を与え炎症を引き起こす行為を禁止し、日焼けなどの症状悪化因子を避けることが治療の基本となると指摘されています。トラネキサム酸の内服は有効とされており、美白剤の外用は有効ですが、炎症を悪化させないようにする必要があります。

また肝斑に対するレーザー治療は禁忌とされています。最近、レーザートーニング（低フルエンス Q スイッチ Nd：YAG レーザー治療）が一部で試みられていますが、作用機序に関する医学的根拠がなく、深刻な副作用が続発している現状からみて、これを行うべきではないと警告されています。

(5)　炎症後色素沈着（PIH）

炎症後色素沈着（PIH）は、外傷・熱傷・レーザー治療などに続発して起こる一時的色素沈着です。美白剤などの投与よりも、患部を刺激しないよう患者を指導する「積極的無治療」のほうが回復が早いと指摘されています。

4　手術・処置後のトラブル

アザ・シミの種類にあわせて、レーザー治療を行う場合でも、レーザーの照射が過剰（1 回あたりの出力が高い場合、連続した照射の回数が多い場合、連続する照射の間隔が狭い場合）になると、発赤・色素沈着・炎症・白斑形成が起きることがあると報告されています。

肝斑に対するレーザートーニングのトラブルについて、肝斑の増悪化、難治性の白斑の発生などが報告されています。

192

Q50　ニキビ・ニキビ痕の治療にはどのような方法があるか

Q50　ニキビ・ニキビ痕の治療にはどのような方法があるか

ニキビ・ニキビ痕の治療にはどのようなものがありますか。

▶ ▶ ▶ Point

① 　ニキビ治療は、日本皮膚科学会の「尋常性痤瘡治療ガイドライン」に基づく保険治療を中心とする治療が基本です。

② 　ニキビ痕に対する治療としては、自由診療として行う「ケミカルピーリング」や「発光ダイオード（LED）治療」などが報告されています。

1　ニキビの原因

　ニキビ（尋常性痤瘡）は、皮脂の分泌が活発なところに、毛穴の出口付近（毛漏斗部）の角質が増殖して毛穴がつまり、皮脂がたまって面皰となり、そこにアクネ菌が増殖して炎症を起こすことにより起こります。ストレスや睡眠不足、ビタミンや栄養素の不足など多様な要因がその発症や症状の増悪化に関与していると報告されています。

2　ニキビの治療

(1)　尋常性痤瘡治療ガイドライン

　日本皮膚科学会は、平成20年、「尋常性痤瘡治療ガイドライン」（本Qでは「ガイドライン」といいます）を発表し、エビデンスに基づいた推奨治療を示し、保険治療を主とした、皮疹（発疹）の重症度による痤瘡治療アルゴリムを発表していますので、まず参考にされるべきでしょう。

193

第2章　Ⅰ　美容医療をめぐる基礎知識

(2)　「保険治療」の内容

ニキビに対する保険治療として次の治療が報告されています。

(a)　アダバレン外用薬

ガイドラインでは、アダバレンの面皰改善作用、抗炎症作用により有効性が高いとされ、強く推奨されています。しかし、副作用としては落屑、紅斑、乾燥が患者の80％、灼熱感、かゆみが患者の20％に現れるとされています。

(b)　抗菌薬内服・抗菌薬外用

ガイドラインが推奨度の高い内服抗菌薬として紹介しているものは、ミノサイクリン、ドキシサイクリンがあり、推奨度の高い抗菌外用薬としては、クリンダマイシン、ナジフロキサシンがあります。

(c)　漢方薬

ガイドラインは、他の治療が無効または実施できない場合に、荊芥連翹湯、清上防風湯などが選択肢の１つとして推奨されています。

なお、成人女性には、荊枝茯苓丸ヨクイニンを併用して治療することにより、月経に伴い悪化する症例に有効であるとされています。

(d)　過酸化ベンゾイル（BPO）

過酸化ベンゾイル（BPO）は、耐性菌のリスクのない抗菌作用をもつ薬剤であり、平成26年に薬事承認されています。抗炎症作用、角質剥離作用、面皰溶解、改善作用などが報告されています。

しかし、副作用としては、皮膚剥脱、紅斑、乾燥などが認められることから医師の使用指導が重要とされています。

(e)　面皰圧出

専用の器具を使用して、毛穴にたまった皮脂や膿を排出することが保険適用でされており、ガイドラインでは、選択肢の１つとして推奨するとされています。

(f)　ニキビに対する自由診療治療

Q50　ニキビ・ニキビ痕の治療にはどのような方法があるか

　保険診療では対応できない症例や、急性期の炎症性皮疹でも瘢痕やシミなどを回避したいと希望する患者に対しては、保険診療の内服、外用治療とともにケミカルピーリング（Q57参照）や発光ダイオード（LED）治療を組み合わせて、局所の炎症を慢性化させない自由診療が報告されています。

③　ニキビ痕に対する治療

　ニキビ痕に対する治療としては、ケミカルピーリング（Q57参照）や発光ダイオード治療が自由診療でなされています。

195

第2章 Ⅰ 美容医療をめぐる基礎知識

Q51 シワを取る美容医療にはどのようなものがあるか

シワを取る美容外科医療にはどのようなものがありますか。

▶ ▶ ▶ Point

① シワを取る治療は、シワの程度や深さ、皮膚のタルミの有無や強さ、どの程度の治療効果を希望するのかに合わせて、たくさんのシワ治療から適切な治療を選ぶことが大切です。

② それぞれのシワ治療の副作用の有無や程度はさまざまであり、そのリスクを考えることも必要です。

1 「シワ」の発生の原因

シワができるメカニズムは、まだ明らかではありませんが、シワ発生の原因となり得るものとしては、①皮膚そのものの老化（弾力性の低下や乾燥）によるもの、②皮下組織を含めた組織の容量減少によるもの、③表情筋の過活動・過収縮によるもの、④重力によるもの、の4つが指摘されています。

①皮膚の老化とは、加齢により真皮の弾性線維（主成分はエラスチン：伸縮性に富む）の収縮力の低下や膠原線維（主成分はコラーゲン）と弾性線維の独立性の喪失による柔軟性の低下や、皮膚水分量や血流量の低下などにより、皮膚の弾力性、収縮力、硬度が低下してシワやタルミが発生しやすくなるということです。

②組織容量の減少とは、皮下組織を含めた組織の容量が減少し、皮膚が余るようになってシワやタルミを発生させることです。

③表情筋の過活動・過収縮とは、表情筋の過活動が生じると表情ジワが目立ち、皺眉筋（眉毛の下の表情筋）が過活動することによって眉間のシワが

196

深くなることです。

④重力とは、皮膚や皮下組織の下垂により、皮膚支持靱帯（骨と皮膚を固定している繊維組織）の上部にタルミやシミを形成することです。

2 「シワ」の程度・深さ

シワの程度については、「入浴した直後など、角層が水分をたっぷり含んでいるときはほとんど目立たなくなる細かいシワ」、「皮膚を左右に引っ張ればわからなくなるシワ」、「左右に引っ張っても、くっきりとシワのラインがわかる程のシワ」というように具体的に整理されています。

またシワの深さについても、「表皮レベルまでのもの（単に角質層の水分保持機能を改善することで、目立たなくさせることは可能）」、「真皮レベルに達したもの（治療は難しいと考えられてきた）」と分類されています。

3 「シワ」の程度と美容外科治療の内容

このような「シワ」の程度に対応して、美容（皮膚科）（外科）医療分野では、保湿をはじめとして、次のようなさまざまな美容医療がなされています。

(1) 抗シワ物質の外用（塗り薬）

抗シワ物質としては、ビタミンC（抗酸化作用、コラーゲン合成促進）、ビタミンE（抗酸化作用）、エストラジオール（線維芽細胞活性）、セラミド・天然保湿因子（保湿）、αハイドロキシ酸（AHA：表皮（角質）改善）、ビタミンA酸（線維芽細胞活性：マトリックス成分の増加）、スフィンゴシン誘導体（エラスターゼ産成阻害）、フォスフォラミドン誘導体（エラスターゼ活性阻害）、フコイダン（イオンテグリン合成促進）が報告されています。

(2) ケミカルピーリング

αハイドロキシ酸（AHA）などのフルーツ酸を使用した浅いケミカルピーリングによるシワ治療が、黄色人種にも副作用が少なく、日常生活に差

第2章　Ⅰ　美容医療をめぐる基礎知識

し支えない方法であることから普及したとされています（詳細は Q57参照）。

他方、欧米ではフェノール酸やトリロール酸（TCA）などによるケミカルピーリングが普及していますが、黄色人種には色素沈着や瘢痕形成などの後遺症を起こす危険性が高いと警告されています。

⑶　レチノイン酸療法

ニキビ（尋常性痤瘡）の外用治療薬として使用されるレチノイン酸を顔面の除皺治療の外用剤（塗り薬）として使用して、表皮の活性や真皮における線維芽細胞のコラーゲン産生を促進させ、真皮乳頭層の血管新生を促し、皮膚の血行をよくすると報告されています。

⑷　レーザー療法

古くは「ウルトラパルス炭酸ガスレーザー」の照射が紹介されていたが、最近では、小ジワに対する「フラクショナルレーザー」の使用や、「ウルセラ（HIFU：高密度焦点式超音波）」によるタルミ治療も報告されています。

なお、小ジワに対するフラクショナルレーザーのトラブルとしては、炎症性色素沈着、陥凹変形、瘢痕形成、肝斑・色素沈着（くすみ）の増悪などが報告されています。

⑸　コラーゲンなどの注入治療法

「シワ」部にフィラー（埋入剤）を注入することで皮膚を膨らませることでシワを取ります。皮膚の陥凹部やシワへのコラーゲン注入やヒアルロン酸注入、脂肪注入、多血小板血漿（PRP）、ハイドロキシアパタイトなどの注入が行われています。

⑹　ボトックス注射

ボトックス注射は、ボツリヌス菌が産生する毒素を成分としてもつ製剤を顔面の皮下に注射することですが、そのしくみとしては、ボトックス注射で表情筋の動きを制限して表情ジワを減少させると説明されています。

なお、ボトックス注射の筋肉制限効果が持続するのは3カ月～6カ月と報告されています。

198

(7) 皮膚などの切除によるフェイスリフト（余剰皮膚などの切除）手術

フェイスリフトとは、加齢による頬部や顎部、額部などの緊張低下や皮膚の弛緩に対し、こめかみや前額などに切開を入れ、表在性筋膜（SMAS）の部分的な切除や吊り上げ縫合、余剰皮膚の切除と吊り上げ縫合によるシワを取る手術です（詳細はQ52参照）。

(8) スレッドリフト手術

皮膚自体のタルミがまだ多くはなく、皮膚の弾力性もある程度に保たれているが、皮膚にやや下垂が見られる患者に対するシワ取り治療で用いられるのが、スレッドリフト手術です（詳細はQ53参照）。

皮膚などの切除によるフェイスリフト手術に比べて大きく皮膚の切除や縫合をしないことから、手術自体の身体への侵襲の程度が少なく、ダウンタイム（術後の治癒までの時間）も短いという長所があるものの、シワの主な原因が皮膚自体の弛緩である患者には効果がないという短所があります。

第2章　Ⅰ　美容医療をめぐる基礎知識

Q52　皮膚などを切除するフェイスリフト手術の内容と そのトラブルは何か

皮膚などを切除するフェイスリフト手術とはどのようなものです
か。皮膚などを切除するフェイスリフト手術にはどのようなトラブル
（合併症・後遺症）がありますか。

▶ ▷ ▶ Point

① 皮膚などを切除するフェイスリフト手術は、顔の表在性筋膜や神経の走
行などについての解剖学的知識と臨床経験があり、適切な切除や縫合がで
きる技能が求められる手術です。

② 皮膚などを切除するフェイスリフト手術の多くでこめかみが喪失するこ
とは避けがたく、トラブルとしては切開・縫合創の壊死や離開、神経麻痺
などがあります。

1 皮膚などを切除するフェイスリフト手術の内容

　皮膚などを切除するフェイスリフト手術は、加齢による頬部（SMAS：表
在性筋膜）や頸部（後頭前頭筋）などの緊張低下や皮膚の弛緩（タルミ）に対
し、こめかみや前額（ひたい）などを切開して、筋膜の部分切除と吊り上げ
縫合、余剰皮膚の切除と吊り上げ縫合などを行って、頬部や頸部、額部のシ
ワやタルミを取る手術です。

　皮膚などを切除するフェイスリフト手術のうち、頬部（頸部）のフェイス
リフト手術の切開部位は、こめかみから耳の裏側にまで及ぶものがほとんど
です。また、患者の皮膚などのタルミの程度や患者が希望するリフトアップ
効果の強弱により、皮膚のみならず、皮膚を剥離した表在性筋膜の部分切除

200

を伴うものや、皮膚や脂肪の切除にとどめるものなど、その術式はさまざまです。

2 頰部（頸部）のフェイスリフト手術のトラブル

頰部（頸部）のフェイスリフト手術のトラブルとしては、過剰な皮膚切除や過剰な吊り上げによる皮膚（多くは断端部）の壊死、縫合創の離開、緊張痛（皮膚の突っ張りと痛み）、切開・縫合部の脱毛、こめかみの喪失のほか、血腫、感染、神経（顔面神経側頭枝・下顎枝、後耳介神経など）損傷、耳下腺管の損傷などが報告されています。

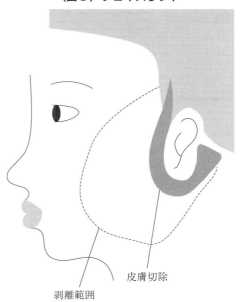

〈図9〉フェイスリフト

皮膚切除
剥離範囲

3 前額部のフェイスリフト手術のトラブル

皮膚などを切除するフェイスリフト手術のうち、前額部のフェイスリフト手術での切開の多くは、髪の毛の生え際や頭髪内を冠状に切開し、余剰になった頭皮を切除した後に縫合してリフトアップします。

最近では、眉毛から内視鏡を使用して額や頭皮を吊り上げる術式も報告されています。

額部のフェイスリフト手術のトラブルとしては、神経麻痺、知覚鈍麻・過敏、搔痒感、過剰な皮膚切除や過剰な吊り上げによる皮膚（多くは断端部）の壊死、手術創部の瘢痕性脱毛、陥凹、上眼瞼陥凹の増強などが報告されています。

第2章　I　美容医療をめぐる基礎知識

Q53　スレッドリフト手術の内容とそのトラブルは何か

スレッドリフト手術とはどのようなものですか。スレッドリフト手術にはどのようなトラブル（合併症・後遺症）がありますか。

▶ ▶ ▶ Point
・スレッドリフト手術は皮膚自体のタルミが少なく、皮膚の弾力性がある程度保たれている患者にしかリフトアップ効果がみられません。

1　スレッドリフト手術の内容

スレッドリフト手術は、アゴや額の皮膚を小さく切開し、戻し（棘。バーブ、コーン、コッグなどと呼ばれる）の付いた糸（スレッド）を仕込んだ挿入針（イントロデューサー）を皮下に挿入し、糸の戻しで皮膚を吊り上げた後、その糸を皮膚や骨膜などに固定するフェイスリフト手術です。一部には、糸を皮膚や骨膜に固定しない手技（フローティング法）もあります。

使用される糸（糸自体の太さ、挿入する糸の本数、糸の戻しの形状や大きさ（棘の形状や棘の深さ）、糸の素材（吸収糸か非吸収糸）はさまざまですし、糸の固定の有無や固定方法もさまざまで、執刀医によって採用している術式や使用している糸もまちまちです。

2　スレッドリフト手術の適応範囲

皮膚などを切除するフェイスリフト手術（Q52参照）は、患者の顔のシワの程度や発生部位、患者の希望するリフトアップ効果の程度に応じて、切除する部位や範囲を調整することができます。

一方、スレッドリフト手術は、皮下組織を糸を用いて吊り上げる効果しか

202

ないので、シワの原因が皮膚自体の弛緩である患者には適していません。そのため、スレッドリフト手術は、皮膚自体のタルミが少なく皮膚の弾力性もある程度に保たれているが、皮膚がやや下垂した40代前後の患者が適応範囲といわれています。

③ スレッドリフト手術の利点

　皮膚などを切除するフェイスリフト手術は、顔の表面を切開し、皮膚を剥離して表在性筋膜（SMAS）の一部を切除し縫合したり、弛緩し余剰になった皮膚を切除して縫合するという大がかりな手術ですので、術後の治癒までの時間（ダウンタイム）が長くかかることが避けられません（Q52参照）。

　これに対し、スレッドリフト手術は、わずかにイントロデューサーを皮下に挿入するための切開口を設けるだけで、皮下の脂肪層に挿入針を挿入する手術であることから、ダウンタイムが非常に短いという利点があります。

　しかし、スレッドリフト手術は、下垂した皮下組織を吊り上げる手術であるため、皮膚自体の弛緩が著しい場合には、皮下組織を吊り上げてもフェイスリフトアップ効果を発揮することができません。

④ スレッドリフト手術のトラブル

　スレッドリフト手術のトラブルとしては、皮膚自体に弛緩があることから、患者が期待した程度にはリフトアップ効果が見られない場合のあることが指摘されています。

　また糸の走行部位に沿って痛みや陥凹が生じたり、糸の刺入部の陥凹や糸の露出、糸の固定部の隆起のほか、口角と下顎角を結ぶ線を横断して糸の施行した場合などに咀嚼時の疼痛や開口障害が発生するなどの報告があります。

203

第2章　Ⅰ　美容医療をめぐる基礎知識

5　S美容外科チェーンの患者が集団訴訟を提訴

　S美容外科チェーンの患者らのうち、東京地方裁判所においては100名を超え、広島地方裁判所には5名、神戸地方裁判所には1名がそれぞれ損害賠償を求めています。

　患者の訴えには、スレッドリフトの勧誘を長時間にわたってなされた結果、高額のスレッドリフト手術の契約をさせられ、その日のうちに手術を施行されたという共通点があるようです。

　またS美容外科チェーンが使用した糸は、他のクリニックが使用している糸と比較しても細く、棘も小さく、術後数カ月で吸収されるとのことです。

　そのためリフトアップ効果は乏しいにもかかわらず、糸の走行部位に沿って痛みや陥凹が生じたり、咀嚼時の疼痛や開口障害が発生するといわれています。ところが、術後数カ月が経って糸が吸収され、痛みは弱くなるものの、今度はわずかにリフトアップしていた皮膚も反対に術前よりも大きく下垂したとの報告がなされています。

　多額の手術費用を支払いながら、痛みなどに悩まされた挙げ句、皮膚が術前よりも大きく下垂したことが、集団訴訟が起きた原因といわれています。

　東京地方裁判所での集団訴訟については、和解による解決が報道されました。

Q54　注入による美容外科手術の内容とそのトラブルは何か

Q54　注入による美容外科手術の内容とそのトラブルは何か

注入による美容外科手術にはどのようなものがありますか。また、どのようなトラブル（合併症・後遺症）がありますか。

▶▶▶ Point

① 注入による美容外科手術で使用されている薬剤の多くは、厚労省の承認を受けておらず、安全性は不明です。

② 非吸収性ハイドロジェル（アクアミド・アルカミド）は、トラブルが生じても、注入により皮下組織と混在しているため摘出することが困難であることに注意しなければなりません。

③ 注入剤による血管閉塞が生じた結果、組織壊死（眼動脈の閉塞による視力障害、鼻の部分壊死、陰茎の部分壊死など）が多数報告されています。

1 注入法の流行と注入剤の分類

(1) 「切らない縫わない美容外科」の象徴

フィラー（注射針を用いる注入剤）による美容外科手術は、表皮から骨までの間の軟部組織に注入剤を充填する方法で、身体のあらゆる部位になされているといっても過言ではありません。さらに、切開や切除、縫合といった外科手術の経験や技能を要する医療技術ではなく、外科手術や形成外科を習得しないまま美容外科クリニックに参入してきた医師にも一見簡単に施行できそうな手術であることから、「切らない縫わない美容外科」の象徴として流行しています。

(2) 注入剤の3つの分類

205

第2章　I　美容医療をめぐる基礎知識

　現在わが国で使用されている注入剤は、①「厚生労働省の医療機器承認を受けているもの」としてはヒアルロン酸、アテロコラーゲン、ザイダーム、ザイプラスト、ボツリヌストキシンがあります。そのほかは、②「医療機器承認材料を適応外（承認時に予定した使用目的以外）で使用しているもの」か、③「未承認材料を個人輸入して使用しているもの」の3つに分類されます。

　特に③の「未承認材料の輸入使用」では、医師の個人輸入を美容医療ブローカーが代行しており、海外のメーカーが製造した注入剤を用いるものであることから、医師自身にも薬剤の組成自体が明らかであるとはいえませんし、その安全性も公的には何ら担保されているとはいえません。

２ 注入剤の内容とトラブル

　わが国で使用されている主な注入剤は次のものです。

(1) コラーゲン

　コラーゲンには、牛由来・豚由来・人由来のものがあり、主に皮膚の陥凹修正に使用されています。

　コラーゲンの副作用としては、アレルギー反応、発赤、腫脹、注入部位の白色変化などが報告されています。そのため使用前のパッチテストが必要不可欠です。

(2) ヒアルロン酸

　バイオテクノロジーにより製造されることで比較的安価で、アレルギー反応がまれで、分子の構造を変化させることで生体内の残存期間を調整することができること、その分解酵素を注入することで吸収を促進することができるという特性（利点）をもった注入剤で、厚労省の医療機器承認を受けた注入剤の1つです。

　そのため顔面のシワ治療、部位の容積増量（隆鼻、こめかみや頬・下眼瞼などの陥凹部の修復、豊胸術）などに広く使用されています。

206

しかし、ヒアルロン酸注入術のトラブルとしては、注入したヒアルロン酸により血管閉塞が生じたことによる組織壊死（眼動脈の閉塞による視力障害、鼻の部分壊死、陰茎の部分壊死など）が多数報告されています。また、アレルギー反応、注入部位の凸凹、線維性被膜形成のシコリ、乳房内に注入された後の皮下硬結、疼痛、皮下血斑、局所の炎症、発赤、皮膚の蒼白化なども報告されています。

なお、ヒアルロン酸は、ヒアルロン酸分解酵素（ヒアルロンターゼ）によって即時に溶解することができるとされています。

⑶　ボツリヌストキシン

ボツリヌス菌の産生する毒素で、皮下組織に麻痺や収縮を生じる効果を用いてシワに注入して表情筋の引き締めなどの美容効果を生じさせる注入剤です。

トラブルとしては、内出血のほか、目的としなかった近傍の筋肉への作用、表情の変化などが報告されています。

⑷　多血小板血漿

自己の血液を分離し血清内の活性化した多血小板血漿（PRP）を目的の局所に注入する方法です。慢性潰瘍や創傷治癒や骨性治癒が促進されると解説されています。

トラブルとしては、注入部位の硬結、発赤、無効（効果がみられない）などが報告されています。

⑸　ハイドロキシアパタイト

骨や歯を構成している無機質の物資で抗原性がないこと、生体適合性があることから、高度の陥凹変形などを修復する材料として用いられています。

トラブルとしては、注入部位の結節形成、発赤、浮腫、皮下出血、感染、血流障害などが報告されています。

207

第2章 Ⅰ 美容医療をめぐる基礎知識

3 非吸収性ハイドロジェル注入剤（アクアミド・アルカミド）のトラブルと落とし穴

　上記の注入剤のほか、ジェル状の高分子ポリマーであるアクアミド・アルカミドが非吸収性ハイドロジェルとしてわが国で使用されています。

　これらの非吸収性ハイドロジェルのトラブルとしては、注入部位の硬結、瘢痕形成、違和感、皮膚壊死、感染、異物肉芽腫、免疫反応、皮膚炎、浮腫、皮膚の血管拡張などが報告されています。

　しかも、これらのトラブルについては、原因物質の吸収が遅いため、一般に症状は遷延し、注入後数年から10年以上を経て発症する場合も少なくないと指摘されています。

　さらに不正確な注入や、注入部位の周囲への漏出、注入後の移動、注入後の体積の変化による凸凹の発生や過矯正（過剰注入）、左右差などの変形が長時間持続することになることから、患者とトラブルになりやすいと指摘されています。

　また非吸収性ハイドロジェルについては、ヒトアジュバント病（膠原病）や腎不全の発症なども報告されており、その安全性は明らかではありません。

　また、このようなトラブルが生じても、非吸収性ハイドロジェルは、注入により皮下組織と混在しているため摘出することができません。

　「吸収されないからいつまでの効果が続く」という広告宣伝文句に乗せられて、非吸収性ハイドロジェルの注入法を受けてトラブルを生じたときは、長期間の苦痛を生じるという落とし穴にはまる危険性のあることを自覚しなければなりません。

208

Q55 審美歯科の内容とそのトラブルは何か

Q55 審美歯科の内容とそのトラブルは何か

審美歯科とはどのようなものですか。また、どのようなトラブルがありますか。

▶ ▷ ▷ Point

① 審美歯科治療は、通常の歯科治療のうえに行われるより総合的な歯科医療です。

② 審美歯科治療の目的は「機能の改善」、「残存組織の保全」、「審美的な治療効果」です。

③ 歯科治療の長期間の安定性・永続性を獲得するためには「審美性」、「機能」、「生物学的恒常性」、「構造」の４つの項目が高いレベルで調和することが必要です。

1 審美歯科は基本的な歯科治療のうえに行われる総合的な歯科医療

審美歯科とは、顎口腔における形態美・色彩美・機能美の調和を図り、人々の幸福に貢献する歯科医療（日本歯科審美学会教授要綱参照）とされていますが、医療機関の診療科目としては正式に認められていません。

歯科治療の臨床現場において、審美歯科治療は、それのみが単独で行われることはほとんどなく、齲歯（虫歯）、叢生（歯並びの悪いこと）、咬合不全（嚙合せの悪いこと）などの疾患に対する基本的な歯科治療のうえに行われる総合的な歯科治療で、審美性の実現をも目的としています。その意味では、美容外科医療が形成外科的治療のうえに容姿の美しさをめざす医療であることと同じです。

209

第2章　I　美容医療をめぐる基礎知識

2 審美歯科の具体的な内容

わが国で行われている審美歯科の具体的な内容は次のとおりです。

① ホワイトニング　変色した歯牙を漂白剤で脱色したり白くする治療

② オールセラミッククラウン　外側性歯冠修復物であるクラウンにセラミック製歯冠を用いた治療

③ ラミネートベニア　エナメル質の残存する歯牙を支台としてポーセレンラミネートベニアを用いた歯冠を用いて白い歯牙を見せる治療

④ ダイレクト・ボンディング　レジンを直接に歯牙に盛り足して歯牙の形態や色を回復させる審美治療

⑤ ポーセレン・インレー　歯の一部をポーセレン（セラミック製）の人工材料で詰める治療

⑥ カウンタリング　審美的輪郭形成のことで、損傷した歯の形態の乱れや天然歯の形態的不均衡に対して、エナメル質の範囲内で歯を削り、調和のとれた審美的で機能的な形態に歯を整える治療

⑦ 歯列矯正　歯の位置的移動によって咬合状態の不全を改善させる治療

⑧ インプラント　欠損した歯の代わりに人工の歯根（インプラント体）を歯槽骨等に埋入させて歯冠（上部構造）を装着する治療

3 審美歯科治療の目的

審美歯科は、①機能の改善、②残存組織の保全、③審美的な治療効果を得ることを目的とする歯科治療です。

審美歯科治療の目的は、単に審美性の追求にあるのではないため、残存組織を保全しながら、患者の咬合や咀嚼機能の改善したうえで、審美的な治療効果を得ることを目標に治療計画が立てられることになります。

4 歯科治療の長期間の安定性・永続性を獲得するためのポイント

そこで歯科治療の長期間の安定性・永続性を獲得するために、①審美性、②機能、③生物学的恒常性、④構造の4つの項目が高いレベルで調和することが必要であり、これらが実現できて初めて審美歯科治療は成功したといえると指摘されています。

また「審美性」を評価する項目としては次の6項目が指摘されています。

---

① 顔貌と歯列の正中が一致していること（MID Line）
② 歯の切縁のポジションが三次元的（上下・左右・前後）に適正であること（Incisal Edge）
③ スマイルラインが下唇の上縁と一致していること（Smile Line）
④ 瞳孔線と咬合平面が並行であること（Occlusal Levels）
⑤ ジンジバルレベル（上顎歯の生え際と歯肉の線）は対称か、犬歯－側切歯－中切歯が「ハイ・ロー・ハイ」になっていること
⑥ 口唇と歯列の関係性が調和をとれていること（Lips and Tooth）

---

5 審美歯科治療のトラブル

審美歯科治療は、通常の歯科治療である歯根管治療（虫し歯治療）や、補綴治療（義歯・ブリッジ・クラウン）、インプラント治療、歯列矯正治療を総合したうえ審美性の実現を目的とする総合的な歯科治療であることから、通常の歯科治療におけるトラブルも起こりますが、それぞれの通常の歯科治療が適正に施行できたとしても、同時に上記の審美項目の達成が求められていますので、もし審美項目の逸脱や不達成があるとそれ自体がトラブルになることが避けられません。

第2章　Ⅰ　美容医療をめぐる基礎知識

Q56　植毛手術の内容とそのトラブルは何か

　植毛手術にはどのような方法がありますか。また、植毛手術にはどのようなトラブル（合併症・後遺症）がありますか。

▶ ▶ ▶ Point
① 　植毛手術は、頭皮内に切込みを入れ、他の部位から採取した毛根や人工毛髪を埋め込む手術です。
② 　植毛手術のトラブルとして、再生の不良、毛嚢炎、表皮囊腫、陥凹瘢痕、ショック・ロスなどがあります。

1　男性型脱毛症と女性型脱毛症

　日本皮膚科学会の「男性型および女性型脱毛症診療ガイドライン（2017年版）」によれば、男性型脱毛症とは「毛周期を繰り返す過程で成長期が短くなり、休止期にとどまる毛包が多くなることを病態の基盤とし、臨床的には前頭部や頭頂部の頭毛が軟毛化して細く短くなり、最終的には頭髪が皮表に現れなくなる現象である。この病態は男女を問わず同一であり、休止期脱毛と異なり、パターン化した脱毛が特徴である」とされています。

　他方、女性型脱毛症とは「男性とは異なり、頭頂部の比較的広い範囲の頭髪が薄くなるパターンとして観察される。発症時期についても男性とはことなり、更年期に多発するようになる」とされています。

2　植毛手術の内容

　植毛手術は、薄毛になった額の生え際や頭頂部などに、患者自身の毛髪のうち高齢に至るまで発毛能力のあることが知られている側頭部下方や後頭部

212

下方の毛髪を、毛根部を付けた状態で採取したうえ、それを頭皮につくった切込み（スリット）に埋め込んで生着させる手術です。

　従来、毛髪移植手術は、主に男性型脱毛症に対して行われていましたが、最近では女性型脱毛症にも行われていると報告されています。

　植毛手術の術式としては、平成に入った頃から採毛部から頭皮を帯状に切り取ってそれを毛包単位ごとに株分けするストリップ法が行われていました。ストリップ法は、1株中に単一の毛包単位を含む移植片（follicular unit graft：FUG）のみを用いる植毛術（FUT）が標準術式とされ、他に1株中に複数の毛包単位を含む多数移植片とFUTを併用する複合移植術があると報告されています。

　なお、移植片（FUG）を採取する場所としては、後頭部では左右の耳介上端を結んだ線より下部の6cm～8cm、側頭部では耳介上部の6cm～8cmがリスクのない安全な採毛部位とされています。

　多量植毛では帯状に採取される頭皮の長さは30cmまで、最大幅は後頭部は広く、側頭部および乳様突起部は狭くデザインするとされています。

　採取された移植片は1～2列の毛包単位を含む帯に切り分け、さらに株分けした後、あらかじめスリットを作成した頭皮に、移植片から作成した株を挿入して移植すると報告されています。

　最近になって大手美容外科クリニックチェーンが、植毛術の広告・宣伝を展開しています。その背景としては、移植片を採取するロボットを利用し、移植片を採取する医師の労力を軽減し、経験の乏しい医師でも、容易に移植片を採取できるようにしていることを指摘することができます。しかし、経験のある医師が手作業で移植片を採取し、株分けする場合に比べて、ロボットを利用して採取した場合は、頭皮への埋め込み後の生着率が悪いことが知られています。

第2章　Ⅰ　美容医療をめぐる基礎知識

③ 植毛手術のトラブル

　植毛手術のトラブルとしては、（移植片の採取や株分け、埋め込み手術中の毛根の損傷などに起因する）再生の不良をはじめ、毛嚢炎（術後数カ月に起こりやすく、通常の毛嚢炎と同じく外用剤の塗布や内服薬の投与を行うとされています）のほか、表皮嚢腫（毛包や表皮成分が皮下で増殖成長してしまったもの。保存療法または切開、摘出するとされています）、陥凹瘢痕（移植の際に毛包を皮表よりも深く押し込んでしまったものであり、目立つ場合にはくり抜くか再移植が必要になるとされています）、ショック・ロス（密に移植した場合に移植部位の周辺にもダメージが加わり、一時的に移植部周辺の脱毛が生じるが、3カ月～4カ月で毛髪は再生し始めるのが通常であるとされています）があると報告されています。

Q57　ケミカルピーリングの内容とそのトラブルは何か

Q57　ケミカルピーリングの内容とそのトラブルは何か

> 　ケミカルピーリングとはどのようなものですか。また、ケミカルピーリングにはどのようなトラブル（合併症・後遺症）がありますか。

▶ ▶ ▶ Point

① 　ケミカルピーリングは、「ケミカルピーリングガイドライン」に基づき、改善すべき症状に適する剥離深度に沿って適切に薬剤を選択することが、トラブルを未然に防止し、安全性を確保するために大切です。

② 　ケミカルピーリングの施術中も、全体にわずかな紅斑やフロスティングと呼ばれる白色の変化が見られた場合、中和あるいは流水での洗顔により酸の作用を止めることがトラブルを未然に防止し、安全性を確保するために大切です。

③ 　ケミカルピーリング後には遮光と十分な保湿ケアによる処置後の管理を行うことが大切です。

1　ケミカルピーリングの内容

　ケミカルピーリングは、20％～30％グリコール酸など皮膚の剥離作用のある薬剤を顔面の皮膚に塗布して、積極的に皮膚（最浅層～深層）の剥離を引き起こしたうえ、皮膚の再生能力を利用して皮膚の疾患を美容的に治療しようとする方法の1つです。

2　ケミカルピーリングガイドライン

　日本皮膚科学会は「ケミカルピーリングガイドライン〔改訂第3版〕」を公表し、皮膚の剥離深度のレベルをⅠ～Ⅳに分類するとともに、対象となる

215

第2章 I 美容医療をめぐる基礎知識

疾患（症状）ごとに使用する薬剤、剥離深度のレベルおよび医学的根拠に基づく推奨度を明らかにしています。

ケミカルピーリングで使用される剥離剤には、グリコール酸、サリチル酸、トリクロロ酢酸、酸性アミノ酸などがあります。

③ ケミカルピーリングのトラブル

ケミカルピーリングのトラブルとしては、オーバートリートメント（過剰な濃度や過大な接触時間での「やりすぎ」）に起因する、①表皮再生の遅延、②紅斑の発生と残存、③色素の沈着、④瘢痕の形成、⑤単純ヘルペスの発症、⑥日焼け（光線感受性が亢進するため）などの有害作用が報告されています。

ケミカルピーリングに使用される酸類は、その濃度や皮膚との接触時間の長さによっては、皮膚を腐食させるので、化学ヤケドを生じる危険性があり、上記③のようなトラブルの可能性があります。

そのためにケミカルピーリングを行う医師には、日本皮膚科学会の「ケミカルピーリングガイドライン」に準拠した高度の技術と細心の注意が必要とされています。細心の注意としては、次のような注意が重要です。

皮膚自体には、本来の保護機能が備わっていますが、ケミカルピーリングは、その保護機能を有している皮膚（最浅層～深層）を積極的に剥離する治療法であることから、過剰に剥離しないことが何よりも大切です。そこで、「ケミカルピーリングガイドライン」に従って、改善すべき症状に適する剥離深度に沿って適切に薬剤を選択することが、トラブルを未然に防止し、安全性を確保するために大切です。

さらにケミカルピーリングの施行中も全体にわずかな紅斑が出現し始めたら中和あるいは流水での洗顔により酸の作用を止めることが大切です。施術中は皮膚の状態を注意深く観察し、強い紅斑やフロスティングと呼ばれる白色の変化が見られる場合は速やかに中和剤の塗布や洗顔を行い反応を停止させなければなりません。

216

また皮膚本来の保護機能が失われているわけですから、ケミカルピーリング後の処理を適切に行ったうえ、保護機能が回復する（皮膚が再生する）まで、遮光と十分な保湿ケアによる措置後の管理をすることが大切です。

4 禁 忌

ケミカルピーリングの禁忌（行うことが禁止されている症状）としては、①皮膚炎、②単純ヘルペス、③結膜炎（眼）、鼻炎、④皮膚の傷（剃毛、除毛、脱毛）、⑤ステコイド薬剤の使用（外用・塗薬、内服）などがあります。

第2章 Ⅰ 美容医療をめぐる基礎知識

Q58　美容外科手術に健康保険は適用されるか

美容外科手術には、健康保険は適用されないと聞きますが、たとえば包茎手術にも適用されないのでしょうか。

▶ ▶ ▶ Point

① 美容外科手術は、病気やケガなどの治療を目的としないことから、健康保険の適用がないことが多いです。
② 包茎手術は、真性包茎やかんとん包茎の場合は健康保険の適用があるが、仮性包茎には健康保険の適用はないとされています。
③ 包茎手術専門をうたう美容外科には、包茎の種類にかかわらずすべて自由診療で行うところもあり、注意が必要です。

1　美容外科手術と健康保険

美容外科手術も医師以外の者がすることのできない医療行為ですが、多くの場合、健康保険の適用がなく自由診療とされます。

健康保険制度は、病気やケガ、あるいは先天的な障害などにより、日常的な生活や健康に支障を来す人たちが、多額の費用がかかることで治療が受けられないことのないようにするために存在します。一方、美容外科手術は、もっぱら審美的な目的でなされることが多く、日常生活や健康に支障がある疾病の治療ではないので、健康保険の適用はないのです。

しかし、ケガや病気、先天的な障害などによって容貌や機能に支障を来しており、それを外科手術によって治療する場合には、健康保険が適用されます。たとえば、ヤケドの痕の修復や、わきが（腋臭症）、眼瞼下垂の手術等は、健康保険の適用があります。

218

2 包茎手術の種類と健康保険の適用

包茎とは「亀頭(陰茎先端部)が包皮で覆われている状態」とされますが、その程度によって真性包茎、かんとん包茎、仮性包茎に分類されます。

真性包茎というのは、勃起時においても亀頭包皮と亀頭の癒着、または包皮輪の狭窄のために亀頭が露出しない場合をいいます。

また、かんとん包茎は、包皮輪（包皮口）が狭いことから包皮を無理に翻転させて亀頭を露出させた状態で勃起すると、血管やリンパ管が狭い包皮輪に絞扼されて循環障害を起こす症状とされます。

これら2つの包茎においては、日常生活に支障を与えることから一般的には障害とされ、その治療行為としての包茎手術には、健康保険の適用があります。

これに対し、仮性包茎は、単に通常時に包皮が亀頭を覆っているにすぎないものであって、包皮を洗うときや勃起時に包皮を容易に反転することができるのであれば、日常生活に支障があるとはいえず、治療行為としての包茎手術の必要はないことから、健康保険は適用されず、もっぱら自由診療によることとなります。

健康保険が適用される場合は、一般病院の形成外科や泌尿器科で手術が可能です。一方健康保険が適用されない仮性包茎の場合は、美容外科で自由診療による手術しか選択肢はありません。

したがって、患者としては自分の陰茎の状態が真性なのか仮性なのかを診断によって確かめてから、どの医療機関で手術するかも含めて手術を決断すべきです。包茎の状態と保険適用の有無についての説明をしないで手術を勧める美容外科は避けたほうが無難といえましょう。

3 「包茎手術専門」医院は健康保険を扱わない

ところで「包茎手術専門」や「包茎手術に強い」ことを強調する美容外科

第2章　I　美容医療をめぐる基礎知識

には健康保険を全く取り扱わずすべて自由診療で行うところもあります。

　前述したように、真性包茎やかんとん包茎には健康保険の適用が可能であるにもかかわらず、このことを告げずに手術を勧める美容外科が問題であることはもちろんです。

　さらに、健康保険の適用があることを前提としてなお自由診療での手術を勧める美容外科もあるようです。この場合、美容外科での自由診療による手術のほうが、できばえが丁寧だとか、傷痕がきれいだというメリットを強調しています。

　しかし、包茎の治療という観点からは、健康保険による場合も、自由診療による場合も、その手術の方法は基本的に同じで特別な差はありません（Q46参照）。自由診療での手術が保険を適用した場合と比較して審美的に優位であるといえるのかも疑わしく、あえて高額な手術を勧める姿勢には疑問を感じざるを得ません。

　いずれにせよ、自分の陰茎について、健康保険の適用が可能な「包茎」であるならば、漫然と美容外科の勧誘に応じて即手術を受けるということは避け、健康保険の適用を受けられる医療機関で診療を受けたうえで、どちらが自分にとってよいかをよく考えてから、手術をすべきでしょう。

Q58　美容外科手術に健康保険は適用されるか

=== コラム⑭　保険診療と自由診療 ===

1　健康保険のしくみ

　健康保険に加入している被保険者やその扶養家族が医療機関で治療を受けるとき、かかった医療費のうち一定割合（通常は3割）の金額を病院や診療所などの医療機関の窓口で支払えばよいことになっています。患者が医療機関の窓口で支払うお金のことを健康保険法では「一部負担金」といいます。医療機関は、一部負担金を除いた分を審査保険機関（「国民健康保険団体連合会」と「社会保険診療報酬支払基金」）に請求書（レセプト：診療報酬明細書）を提出して医療費の支払いを受けます。

　ところで、医療費を算定する元になる診療・検査・手術・入院などの個別の医療行為の単価（診療報酬点数）や医薬品の価格（薬価）は、厚生労働大臣の諮問機関である中央社会保険医療協議会で2年に1度改定について審議され、その内容を厚生労働大臣が告示します。

2　保険診療と自由診療の区別と美容外科診療に健康保険が適用できない理由

　「保険診療」とは、診療報酬点数の対象となる医療行為で、具体的には「保険診療点数表」に収載されている治療法のことです。

　美容外科クリニックでも行われている「眼角形成術（目頭切開）・眼瞼下垂手術」・「変形鼻形成術」・「頬骨骨観血的修復術・上顎骨形成術・下顎骨（おとがい）形成術・下顎角骨（エラ張り）形成術」・「口唇形成術」・「乳房異物除去術（乳腺腫瘍摘出術・皮下腫瘍摘出術）・乳頭形成術・陥没乳頭形成術・乳輪形成術・乳輪縮小術」・「臍ヘルニア手術」・「包茎手術」・「精管形成手術・精管切断・切除術・パイプカット」のほか、「レーザー治療」・「腋臭症手術」などは「保険診療点数表」に収載された保険診療ですので、一般の眼科、形成外科、乳腺外科などでも行われています。

　これに対して「保険診療点数表」に収載されていない診療行為が「自由診療」と呼ばれています。美容外科クリニックが行っている「脂肪吸引手術（脂肪注入）」や「フェイスリフト手術」・「豊胸手術」などが自由診療の典型です。

　ところで乳ガン摘出手術後の「乳房再建術」の1つとして、「インプラントを挿入する乳房再建手術」が保険診療に加わりました。疾病に対する治療後に患者のQCL（quality of life：生活の質）を確保するための美容的治療もまた保険診療と扱われた例といえます。

3　「混合診療」の禁止

　1人の患者に公的医療保険が適用される保険診療と適用されない自由診療を併用すること「混合診療」は、禁止されています。その診療行為の一部でも自由診療が含まれると、その診療行為全部を自由診療と扱わなければなら

221

第2章　Ⅰ　美容医療をめぐる基礎知識

ず、健康保険を使用することはできないのです。

　しかし、歯科治療において保険適用外の材料（金歯）を使月する補綴治療（差額徴収）があることや、高度先進医療において特定療養費制度が運用されているように、「混合診療」の禁止の運用の実態は、厳格に施行されているとはいえず、その運用には混乱がみられます。

　たとえばA美容外科クリニックにおいて「自由診療」でなされた「二重瞼手術」の失敗による後遺症（二重線の引きつれなど）の修復手術をB総合病院の眼科や形成外科で「保険診療」として行うことが「混合診療の禁止」にあたるのか否かは明らかとは言えません。

4　美容外科で公的医療保険が利用できない理由

　美容外科で行う手術の中にも「保険診療」の対象となるものもありますが、「自由診療」でされることが多いのが実際です。

　その理由は、美容外科クリニックなどの多くが「保険医登録」をしていないことや、「保険医登録」をしていても「混合診療の禁止」に抵触していると指摘されることをおそれるためです。

　健康保険を使用して美容的診療を受けることを希望するときは、大学病院や総合病院の形成外科や美容外科または皮膚科などを受診して、「保険診療」として施行してもらえるか事前に尋ねることが大切です。

Ⅱ　美容医療に関する広告表示

Q59　美容外科の広告はどのように規制されているか

　美容外科クリニックの広告を、雑誌やフリーペーパーで、よく目にします。これらの広告に、問題はないのでしょうか。

▶ ▶ ▶ Point

① 　医療法により、医療に関して広告できる事項は限定されています。

② 　医療法により、虚偽、比較優良広告、誇大広告、公序良俗に反する広告等は禁止されています。

③ 　薬機法では、未承認医薬品の広告や、虚偽、誇大広告等が禁止されます。

④ 　医療広告にも景表法による規制が及びます。

1　医療法による広告の規制

(1)　医療法による広告規制

　医療は高度に専門的なものであり、広告の受け手が、広告の内容が本当なのかを判断することは困難です。また、広告に誘引されて、不適切な医療を受けると、重大な身体的な危害を受けるおそれがあります。

　そのため、医療法は、医療に関し広告できる事項を列挙するとともに、広告する場合の内容および方法について規制をしています。

　なお、平成29年6月医療法改正により、インターネット上のホームページ等にも広告規制が及ぶことになりました（Q60参照）。

(2)　医療に関して広告できる事項

第2章　Ⅱ　美容医療に関する広告表示

　従来、医療法は、医療機関の名称や医師の氏名、診療科目など、ごく限られた事項を除き、広告することを禁止してきましたが、平成18年6月医療法改正により、患者に正確な情報を提供し、医療に関する選択を支援するという観点から、広告可能な事項を細かく列挙するのではなく、「○○に関する事項」というように包括的に記載し、広告可能な事項を緩和しました。

　広告可能な事項は、平成29年改正後医療法6条の5第3項に掲げられており、たとえば、「病院において提供される医療の内容に関する事項」（同項12号）が広告可能な事項となっています。ただし、「検査、手術その他の治療方法」については、保険診療の場合は広告可能ですが、自由診療については、「保険診療と同様のもの」、あるいは、「薬事法の承認又は認証を得た医薬品、医療機器を用いるもの」に限られています（広告告示第2条）。なお、「手術や治療の効果に及ぶ事項」は、広告可能な事項に含まれていませんので、広告ができないことに注意が必要です。

　美容外科クリニックの広告には、さまざまな手術や治療方法やその効果が掲載されていますが、医療法により広告可能な事項にあてはまるのか疑問のあるものが見受けられます。

　なお、平成29年医療法改正により広告規制の対象となったインターネット上のホームページ等については、患者等が自ら求めて入手する情報を表示する一定のものについては、広告可能な事項の規制から除外されています（Q60参照）。

(3) 禁止される広告

　医療法では、広告できる事項について広告する場合であっても、次のような内容や方法の広告を禁止しています。

---

① 虚偽広告（医療法6条の5第1項）
② 比較優良広告（同法6条の5第2項1号）
③ 誇大広告（同項2号）
④ 公序良俗に反する内容の広告（同項3号）

---

⑤ 患者その他の者の主観または伝聞に基づく治療等の内容または効果に関する体験談の広告（同項4号、医療法施行規則1条の9第1号）
⑥ 治療等の内容または効果について、患者等を誤認させるおそれがある治療等の前または後の写真等の広告（同法6条の5第2項4号、医療法施行規則1条の9第2号）

たとえば、「絶対安全な手術です！」という広告は虚偽広告にあたりますし、「日本一」、「No.1」、「最高」などの表現は、比較優良広告にあたり、許されません。「比較的安全な手術」などの表現は誇大広告にあたり、体験談については、個々の患者の状態等により当然にその感想は異なるので、誤認を与えるおそれがあることを踏まえて、禁止されています。

(4) 厚労省の医療広告ガイドライン

医療法により、具体的にどのような広告が禁止されるのかについては、平成29年改正医療法の施行に伴い公表された「医療広告ガイドライン」に、具体例がわかりやすく記載されています（【資料1】(1)①参照）。

(5) 医療法違反行為の排除

医療に関する広告が医療法に違反しているときには、都道府県知事、保健所を設置する市の市長、特別区の区長は、報告、立入検査を行うことができ、違反が認められたときには、その広告の中止や内容の是正を命じることができます（医療法6条の8第1項・2項）。また、虚偽広告をしたときや、広告の中止、是正命令に違反したときは、罰則の定めがあります（医療法87条1号・3号）。

2 薬機法による規制

薬機法は、医薬品の販売について、医薬品または医療機器等の虚偽・誇大広告や承認前の医薬品等の広告を禁止しています（66条1項・68条）。

なお、医師が医療行為として医薬品を使用または処方する旨であれば、薬機法上の広告規制の対象にはなりませんが、販売または無償で授与をする旨が記載された広告であれば、同法の規制対象にもなります。

225

第2章　Ⅱ　美容医療に関する広告表示

③　景表法による規制

　景表法は、①商品または役務の品質、規格その他の内容について、実際の
ものより著しく優良であると一般消費者に誤認される表示や、②商品や役務
の価格などの取引条件について、実際のものより著しく有利であると一般消
費者に誤認される表示を禁止しています。

　医療機関の広告についても、景表法が適用されますので、品質等が実際の
ものより著しく優良であることを示す記載（優良誤認）や取引条件が実際よ
りも著しく有利であることを示す記載（有利誤認）は、景表法に違反するも
のとして取締りの対象となります（Q14〜Q16参照）。

④　美容外科における広告の問題点

　美容外科は、病気を治療するものではなく、美的な要求を満たすために行
うものです。そのため、美容外科は自由診療としてなされており、医療機関
は、大量の広告を流すことにより、患者をより多く集めようとしています。

　しかし、このような広告に惑わされて、広告の内容が本当なのかについて
判断することができないまま、また、美容手術の必要性、効果の程度や副作
用、後遺症などについて十分に認識することなく、美容外科手術に誘導さ
れ、不適切な医療を受けることで、重大な身体的な危害を受けるおそれがあ
ります。このような観点からは、美容外科における広告の現状には大きな問
題があるといえ、美容医療に伴うトラブルをなくすためには、違法な広告に
対して実効性のある指導や取締りがなされることが重要です。

226

Q60 美容外科のホームページに対する規制はどう変わったか

美容外科のホームページに対する規制はどう変わったか

> インターネットには、美容外科クリニックのホームページが並んでいます。美容外科クリニックのホームページに対する規制が強化されたと聞きました。どのように変わったのでしょうか。

▶ ▶ ▶ Point

① インターネット上のホームページは広告とみなさないとされてきました。

② 平成29年医療法改正により、インターネット上のホームページに対しても虚偽広告、比較優良広告、誇大広告等の医療法の規制が及ぶこととなりました。

③ 患者等が自ら求めて入手する情報の表示については、一定の場合に、広告可能事項の制限が除外される場合があります。

④ 医療機関ネットパトロールが開始されています。

1 医療法による広告規制の対象

医療法により、医療に関しては、①広告できる事項以外の広告が禁止され、②広告内容および方法に関して、虚偽広告・比較優良広告・誇大広告、公序良俗に反する広告等の禁止がなされています（Q59参照）。

従来、広告規制の対象となる医療法上の広告は、次の3要件を満たすものと定義されてきました。

① 患者の受診等を誘引する意図があること（誘引性）

② 医業を提供する者の氏名、名称または病院、診療所の名称が特定可能

227

第2章　Ⅱ　美容医療に関する広告表示

であること（特定性）

③　一般人が認知できる状態であること（認知性）

　しかし、平成29年改正医療法により、広告規制の対象が「広告その他の医療を受ける者を誘引するための手段としての表示」に拡大されました（改正医療法6条の5第1項）。つまり、①誘引性と②特定性の要件を満たせば、③の認知性の要件を満たさなくても、広告規制の対象とすることになったのです。

2　ホームページのこれまでの取扱い

　平成29年医療法改正以前は、インターネット上の医療機関のホームページは、閲覧を希望する者が閲覧をするのであって、テレビや看板のように一般人が認知できる状態になっておらず、上記③の認知性の要件を欠いているという理由から、広告とみなさないとされてきました。

　そのため、美容医療サービスなどの自由診療を行う医療機関のホームページに掲載されている情報を契機として多くのトラブルが発生し、内閣府に設置された消費者委員会は、平成23年12月、「エステ・美容医療サービスに関する消費者問題についての建議」を出し、厚労省は、これを受けて、平成24年9月、「医療機関のホームページの内容の適切な在り方に関する指針（医療機関ホームページガイドライン）」を定めて、関係団体等による自主的な取組みを促しました。

　ところが、このような自主規制では実効性がなく、問題のあるホームページが野放しの現状となっていたため、平成27年7月に、消費者委員会は、さらに、「美容医療サービスに係るホームページ及び事前説明・同意に関する建議」を出し、厚労省に対し、医療機関のホームページにおける情報提供の適正化を図るため、法令の改正に向けた検討を求めました。

　厚労省は、この建議を受けて、「医療情報の提供内容等のあり方に関する検討会」を発足させ、医療機関のホームページに対する広告規制のあり方を

検討した結果、平成29年6月の医療法改正により、医療機関のホームページにも医療法の広告規制を及ぼすに至りました。

③ インターネット上のホームページに対する規制内容

平成29年改正医療法では、インターネット上のホームページのように、広告の要件である認知性の要件を欠くものであっても、①の特定性、②の誘引性があるものに規制の対象とすることになりました。

その結果、インターネット上のホームページについても、医療法による広告規制が及び、広告内容や方法につき、虚偽広告や誇大広告等が禁止され（医療法6条の5第1項・2項、医療法施行規則1条の9第1号・2号）、これに違反したときには、報告命令、立入検査（同法6条の8第1項）や広告の中止命令、是正命令（同条2項）や罰則（同法87条1号・3号）を課することができるようになりました。

その一方で、広告可能な事項の制限がインターネット上のホームページ全般に及ぶと、患者が自ら求めてインターネットからの情報収集をすることが困難になるという弊害があるのではないかという点が問題となりました。

そのため、平成29年改正医療法では、「医療を受ける者による医療に関する適切な選択が阻害されるおそれが少ない場合として厚生労働省令で定める場合」には、広告可能な事項の規制が除外されています（医療法6条の5第3項）。広告可能な事項の規制が除外されるのは、具体的には、以下の要件をいずれも満たした場合です（医療法施行規則1条の9の2）。

① 医療に関する適切な選択に資する情報であって患者等が自ら求めて入手する情報を表示するウェブサイトその他これに準じる広告
② 表示される情報の内容について、患者等が容易に照会ができるよう、問合せ先を記載することその他の方法により明示すること
③ 自由診療に係る通常必要とされる治療等の内容、費用等に関する事項について情報を提供すること
④ 自由診療に係る治療等に係る主なリスク、副作用等に関する事項につい

第2章　Ⅱ　美容医療に関する広告表示

て情報を提供すること

　なお、インターネット上のバナー広告、あるいは検索サイト上で、「○○手術」などを検索文字として検索した際にスポンサーとして表示されるもの、検索サイト運営会社に対して費用を支払うことによって意図的に検索結果として上位に表示される状態にしたものなどは、①の要件をみたさず、広告可能な事項の規制の除外にあたりません。

4　景表法による規制

　インターネット上のホームページに記載された内容についても、景表法の適用があります。

　Q59で述べたのと同様に、品質等が実際のものより著しく優良であることを示す記載（優良誤認）や取引条件が実際よりも著しく有利であることを示す記載（有利誤認）は、景表法に違反するものとして取締りの対象となり、平成21年8月6日には、公正取引委員会が、レーシック手術を行う医療機関のホームページの記載について、景表法の規定（有利誤認）に違反するおそれがあるとして、警告を行った例があります。

5　医療機関ネットパトロール

　「医療情報の提供内容等のあり方に関する検討会」では、医療機関のホームページ等の適正化をするには、医療法の規制の対象とすることに加えて、その監視、是正体制を強化し、実効性を確保することが重要ではないかという議論がなされました。

　これを受けて、平成29年8月から、医療等にかかるウェブサイトの監視体制強化事業として、医療機関ネットパトロールが開始されており、同サイトから、医療広告ガイドライン等に違反する疑いのあるウェブサイトの情報を通報することができます。

Q60 美容外科のホームページに対する規制はどう変わったか

┌─ コラム⑮ ─ 広告と説明義務の関係 ──────────

　美容外科の広告には、腫れや痛みが少なく、傷痕も残らないと強調し、い
かにも誰でも簡単によい結果が得られることを期待させる内容のものが目に
つきます。このような広告を見て、美容外科を受診し手術を受けたが、腫れ
や痛みなどの合併症が起きたり、思ったような結果が得られず、トラブルに
なることがあります。

　宣伝広告に手術の効果について極めて楽観的な記述をして患者を誘引して
いる場合、患者はその記事を読み、これを信じて美容外科を訪れることが多
いのですから、そのような場合には、医師の説明義務（Q41参照）の内容と
して、患者に対して、宣伝記事には載っていない治療効果の限界や過度の期
待を解消するような十分な説明を行うべきだと考えられ（東京地裁平成7年
7月28日判決、名古屋地裁平成12年9月19日判決）、それに反した場合には、
説明義務違反を問うことができる場合があります（Q64参照）。

231

第2章　Ⅲ　美容医療に関する契約トラブル

Ⅲ　美容医療に関する契約トラブル

Q61　手術代を払った後に手術をやめた場合、手術代を返還してもらえるか

　豊胸術の手術を受けようと思い、美容外科クリニックを受診し、2週間後に予約し、手術代70万円全額を払いました。家に帰ってよく考えると、やはり怖くなり、翌日に、クリニックに電話をして、手術をキャンセルしました。手術代金は支払わなければならないのでしょうか。契約書に「キャンセルをした場合には、手術代金は返還しない」と記載されていた場合はどうでしょうか。

　契約の際には手術のリスク等につき十分な説明がなく、その後、家に帰ってからインターネットで調べて、初めて具体的な危険性や副作用を知り、キャンセルする場合はどうでしょうか。

▶ ▶ ▶ Point
① 　美容外科手術の解約は、いつでも可能です。
② 　解約をすると違約金（キャンセル料）が発生する可能性はあります。
③ 　消費者契約法により、平均的損害を超える違約金（キャンセル料）は無効です。
④ 　予約の段階で十分な説明を受けていない場合には、解約をしても違約金は発生しないと考えられます。

1　美容外科手術の解約はいつでも可能

　美容外科手術では、予約金等の名目で、手術代金の相当部分を前払いさせ

られ、診察券などに、「いったん支払った金員は返還しない」といった内容が記載されていることがあります。このような場合、手術をキャンセルすると、手術代の返還を請求できないのかが問題となります。

美容外科手術の契約については、これを他の医療行為と同じように準委任契約（民法656条）と考えるか、請負契約（民法632条）と考えるかについては議論のあるところですが、いずれの法律構成をとったとしても、実際に手術を受けるまでの間であれば、いつでもこの契約を解除することができます（民法641条・651条1項）。

その場合、患者は、病院から美容外科手術という債務の履行をまだ受けていないのですから、手術代という対価を支払う必要はなく、すでに手術代を支払っている場合、これの返還請求をすることができます。

なお、特定継続的役務提供にあたる美容医療の場合は（Q18参照）、特商法によるクーリング・オフや中途解約の規定によりキャンセルができます。

2 キャンセルによる損害発生の有無

もっとも、準委任契約ないし請負契約を一方的に解除する場合、相手方に損害が発生している場合には、この損害を賠償しなければなりません（民法641条・651条2項）。

しかし、質問のケースのように、予約をした翌日にキャンセルした場合には、通常、病院側に何らかの損害が発生するとは考えられません。

病院が、キャンセルにより損害が発生したと言って、手術代の返還を拒む場合には、キャンセルによってどのような具体的な損害が発生したのか（たとえば、麻酔医の手配やインプラント発注の有無など）説明を求め、納得のいく説明が得られないのであれば、損害は発生していないものとして手術代全額の返還を求めていくべきでしょう。

第2章　Ⅲ　美容医療に関する契約トラブル

③　キャンセル料の定めは消費者契約法により無効の余地あり

　次に、美容外科手術の契約の際に、契約書にあらかじめキャンセル料が定められていたり、質問のように「キャンセルをした場合には、手術代は返還しない」と書いてあった場合はどうでしょうか。

　このような規定は、あらかじめ、解約の場合の違約金の定めをしているものと解されます。

　ところで、患者とクリニックの契約は、消費者と事業者との間の契約ですので、消費者契約法の適用があります。消費者契約法では、契約解除に伴う違約金の合意をしていたとしても、解除の事由、時期等の区分に応じ、その消費者契約と同種の消費者契約の解除に伴い当該事業者に生ずべき平均的な損害の額を超えるものは、無効とするとされています（9条1号）。

　美容外科手術の違約金について、消費者契約法9条1号により効力を争った裁判例として、東京地裁平成16年7月21日判決があります。この事案では、美容外科手術当日の解約であったことや違約金の金額が他の美容外科の平均的な費用の範囲内であったことなどから、平均的損害を超えるものではないと判断されました。

　しかし、このような事案と異なり、質問のように、手術の予定日まで2週間の余裕があり、予約をした翌日にキャンセルしたような場合には、通常は、損害が発生するとは考えられませんので、違約金の定めがあったとしても無効だと解する余地があります。

④　説明義務違反などがあった場合

　以上の説明は、患者の一方的な都合で、美容外科手術をキャンセルする場合です。もし、質問のように、美容外科手術の契約に際して、手術の方法や効果、手術の危険性や副作用などについての説明が十分になされず、予約後にそれがわかってキャンセルをする場合には、クリニック側に説明義務違反

234

という債務不履行があるために契約の解除をするのですから、違約金は発生しないと考えるべきでしょう。

この点について、東京地裁平成25年2月7日判決が参考になります。この事案は、脂肪注入術による豊胸手術を受けようと美容外科クリニックに電話をしたところ、応対をした従業員から、ほぼ確実な豊胸効果を得られるかのような誤った認識を与える不適切な説明を受け、手術の予約をしました。手術当日になって、医師から、その手術には個人差があり、希望するような十分な豊胸効果が期待できないとの説明があり、手術を受けるかどうか再考しようとしましたが、看護師から、100%のキャンセル料が生じると言われて脂肪注入手術を受けた結果、期待した程度の豊胸効果は得られず、むしろ、注入した脂肪が壊死するという結果が生じたというケースです。

この判決は、手術を事前の予約制とし、手術予定日の1～2週間前からキャンセル料が発生し、手術予定日当日のキャンセルの場合はキャンセル料が100%生じるというシステムを採用しているクリニックで、手術を受けようとする患者が、手術を受けるか否かという意思決定を適切に行うためには、キャンセル料が発生するよりも相当期間前に、必要とされる術前説明が尽くされていなければならないというべきであると判示しました。そして、手術当日になって、実施予定の手術について適切な説明が行われたとしても、説明義務違反による不法行為責任は免れず、手術の予約以前に適切な説明がなされていれば、本件手術は受けなかったとして、慰謝料とともに、手術費用支払いのために組んだローン全額の損害賠償を認めています。

この判決によれば、クリニックは、予約後はキャンセル料が発生するというシステムをとる場合には、予約をとるまでに、手術の方法や効果、手術の危険性や副作用などについて十分に説明する義務があるのですから、その説明がなされていなかったために予約をキャンセルする場合は、クリニックの説明義務違反という債務不履行により美容外科手術契約を解除することとなり、患者側に、違約金の支払義務は発生しないと考えられます。

第2章　Ⅲ　美容医療に関する契約トラブル

Q62 美容外科手術で予想外に高額な契約をさせられないために注意すべき点は何か

　包茎に悩んでおり、あるクリニックのホームページから包茎手術の費用は数万から10万円程度と記載していたのを見てそのクリニックへ行こうと思っています。手術を受けるにあたって注意すべき点があれば教えてください。

▶ ▶ ▶ Point

① 　包茎手術をはじめ美容外科手術の際、追加の手術を勧められ、高額の契約を締結させられるトラブルがしばしば報告されています。

② 　クリニックの広告やホームページの表示にも誇大な内容が記載されていることがあり、また手術の際の説明に、事実と異なる内容が含まれていることがあります。

③ 　手術の必要性や当該手術の選択、保険適用の可否などについて、十分な説明を受ける必要があります。

1　美容外科手術においては、予想外に高額な契約を締結させられることもあることが報告されています

　美容外科手術については、保険適用がないことから高額の契約となりがちですが、手術を受けるにあたり予想外の高額契約を締結させられ、トラブルとなることがあります。国民生活センターの危害情報には、脂肪溶解注射や脂肪吸引、レーザー脱毛、シワ取り注射など高額契約が問題となったケースが多数報告されています（【資料3】(1)⑩⑪⑲㉓）。

　男性からの美容医療サービスに関しては、全国消費生活情報ネットワーク

236

システム（PIO-NET）に寄せられる相談のうち、半数以上は、包茎手術に関するもので、そのうち、契約・解約に関するものや価格・料金に関する相談がかなりの部分を占めているとのことです。

よくあるケースとして、雑誌やホームページ情報から包茎手術の費用は数万から10万円程度と記載していたことから、その金額での手術を念頭にクリニックへ行ったところ、カウンセラーから、基本手術では傷痕が目立つなど不安を駆り立てられた結果、高額な契約を結び、その日のうちに手術を受けたところ、後日支払いが負担となってしまうというケースが多く報告されています。

② トラブルの起こる背景ないし問題点

平成28年6月23日に、国民生活センターが発表した資料（【資料3】(1)㉒）によると、たとえば包茎手術に伴う料金等のトラブルに際しては、次のような問題点が指摘されています。

(1) クリニックの広告やホームページの誇大あるいは不適切な表示

クリニックのホームページで、「日本一の技術を誇る包茎治療専門クリニック」、「手術実績日本一」との記載を見て、カウンセリングを受けに行ったが、厚労省の「医療機関ホームページガイドライン」に照らして不適切ではないか、といった点が問題とされています。

一方、Q63で紹介する東京都消費者被害救済委員会においては、クリニックの広告については「誘引となる広告で、保険診療対象となる種類の手術であるが、当該診療所の選択で自由診療しか行わないことが明示され、来院時において、本来、保険診療が可能な手術を当該診療所の選択により、自由診療で行うとの説明が事前になされる必要がある」とされていますが、多くのクリニックの広告等では、いかなる包茎の症例に対する手術が保険診療の対象となるかどうかを明示していません。

(2) クリニックでの事実と異なる説明

第2章　Ⅲ　美容医療に関する契約トラブル

　クリニックでの患者に対する説明においても、事実と異なる説明がなされていることがあります。

　「通常より手術が困難であり、他院では上手に行えない、普通の包茎手術では根治できないと述べ、①包茎手術、②長茎手術、③永久持続のヒアルロン酸注射２ccの３つの手術を提案してきた。現状を放置した場合は真性包茎に移行し、最終的に糸球体腎炎になる」との説明があり、受診したその日に手術を受けたケースがあるとのことです。

⑶　手術の必要性や手術の選択、保険適用の可否などについて、十分な説明がなされていない

　必ずしも手術の必要のない仮性包茎（包茎の種類については、Q46参照）について選択肢を提示せず、また逆に真性包茎やかんとん包茎の場合に保険適用の可否についての説明をしなかったという例はいくつも報告されています。

　保険適用との関係では、「保険適用による手術の場合には傷跡が残るうえ、周りの人に知られるリスクも大きいが、当クリニックの自由診療の手術であれば手術を失敗することなく、傷跡も残らない、痛みも出血もなく、すぐに日常生活に戻ることができる」といった説明を受けて手術に至ったのではないかと思われる事例も報告されています。

⑷　即日手術の勧誘、医師でない者の説明・勧誘

　勧誘にあたって、急を要するわけでもないのに「今日にでも手術をやったほうがよい」などと決断を迫るケースもあります。

　この点厚労省の通達（「美容医療サービス等の自由診療におけるインフォームド・コンセントの取扱い等について」（【資料１】⑵①））では「即日施術の必要性が医学上認められない場合には、即日施術を強要すること等の行為は厳に慎まれるべきであること。やむを得ず即日施術を受けることを希望する者については、十分に当該即日施術の説明を行うとともに、当該即日手術を受けるかどうか熟慮するために十分な時間を設けたうえで、当該即日施術を実施

しなければならないこと」とされており、急を要する状態でもないのに即日手術を勧めることは、かかる通達に反していると考えられます。

　さらに、医師ではない者がカウンセリングと称して、説明をして契約を勧誘するケースも多く報告されています。

③　質問への回答——手術を受ける前に注意すべき事項

　以上のように、さまざまな問題点があることを前提に、なお手術を受けるのであれば、たとえば質問の場合には、次の点を留意してください。

①　自分の状態を把握し、手術の必要があるか理解したうえで判断してください。Q46で述べたように、包茎にはいくつかの種類があり、自分の状態を把握する必要があります。この点について、きちんと説明を受けたうえで、健康保険の適用の可否も確認すべきでしょう。

②　包茎手術以外の手術については別料金となり、それが高額に及ぶことに留意してください。ほとんどの場合、包茎手術とは目的が異なるものと考えるべきであり、それが必要かどうかを熟考すべきでしょう。

③　包茎手術に限らず、カウンセリングを受けても即日手術は避け、熟慮のうえ、後日の手術とすべきです。逆に即日手術を執拗に勧めるクリニックは避けたほうがよいでしょう。想定していなかった手術を勧められたり、予想外の高額な料金を提示されたら、契約をいったん断わり、冷静になってよく考えるべきです。

第2章　Ⅲ　美容医療に関する契約トラブル

Q63　美容外科手術で予想外に高額な契約をさせられてしまった場合、代金を支払わねばならないか

包茎に悩んでおり、10万円程度の手術代を念頭にクリニックへ行きました。クリニックのカウンセラーから、基本手術では傷痕が目立つなどと言われて不安になり、勧められるままに「亀頭増大手術」、「コラーゲン注入」などを含む高額な契約を結び、その日のうちに手術を受けてしまいました。後日高額な請求をされるかと思うと心配です。高額な手術代金を支払わなければならないのでしょうか。

▶ ▶ ▶ Point

① 包茎手術の必要性などについて虚偽の説明をしたり、医学的に承認された術式でないことを告げずに手術を勧めた場合には、消費者契約法による取消しが可能な場合があります。

② 虚偽・誇大な広告で誘引した後、不安をあおるなどして、高額な契約をさせるなどの状況を全体的に評価して、公序良俗違反と判断される場合があります。

③ 契約の取消し・無効の場合でも相当な範囲の費用の支払いが必要な場合があります。

1　法的分析

(1)　消費者契約法による契約の取消し

(a)　不実告知

急を要する状態でないのに「すぐに手術をしなければならない」とか、医学的にみて必要性があるわけでもないのに「普通の包茎手術では治すことが

Q63　美容外科手術で予想外に高額な契約をさせられてしまった場合、代金を支払わねばならないか

できない」などと告げて高額な術式の契約を締結させた場合は、「身体その他の重要な利益についての損害または危険を回避するために通常必要であると判断される事情」に関する「不実告知」にあたり、消費者契約法によって取消しができると考えられます（消費者契約法4条1項1号・5項3号）。

　（b）　不利益事実の不告知

　コラーゲン、ヒアルロン酸注入の効果を述べることは、これらの術式の効能に関し消費者の利益となる旨を告げたことになります。その一方で、これらの術式は包茎治療に関しては一般に承認されたものとはいえないという不利益な事実を故意に告げなかったことにより、消費者が一般に承認された術式であると誤認した場合には、消費者契約法4条2項にいう「不利益事実の不告知」に該当し、同法による取消しが可能です。

　また、真性包茎には保険適用が可能ですが、自由診療による手術のみを勧め、健康保険の適用が可能な旨を説明しなかったことにより、消費者が保険適用がないと誤認した場合にも、同様に考える余地があります。

　（c）　退去妨害

　消費者が、手術を受けることを躊躇し、「考えてきます」などと述べて帰宅を希望したにもかかわらず、執拗に即日の手術を勧めて帰してくれなかったなどの場合は、消費者契約法4条3項2号の「退去妨害」に該当し、同法による契約の取消しができると考えられます。

⑵　公序良俗違反による無効（民法90条）

　包茎手術については、広告やホームページに明らかに誇大・虚偽の表示がなされ、これを信じてクリニックへ行ってカウンセリングを受けると、断り切れない状況に置かれて、予想外に高額な手術を締結させられ、即日手術を受けさせられることがあります（Q62参照）。このような場合、契約締結に至るまでの勧誘状況と施術内容、その対価を全体として評価して、公序良俗に反し、民法90条により無効と考えられます（③⑵参照）。

　また、手術台に固定してから契約を迫る場合や、手術の失敗例などの写真

241

第2章　Ⅲ　美容医療に関する契約トラブル

を提示していたずらに不安を煽ったりして契約を締結する場合は、「状況の濫用」として、それ自体が公序良俗違反にあたるとの考え方もあります。

(3)　契約の無効・取消しの効果

包茎手術に関する契約の取消し、あるいは、契約無効となった場合は、手術代金の支払義務はなくなりますが、包茎手術を受けたことによる利益が存在する場合には、不当利得によりこれを返還する必要があります。

そもそもその手術を受ける必要がなかった場合や手術の効果がなかった場合は、利得はなかったといえますし、手術がうまくいかず、後遺症や副作用が生じている場合は、むしろ損害賠償が可能と考えられます。

一方、手術の結果が得られている場合は、その利得額をどのように評価するのかという問題があります。医学的にみて手術を受ける必要があったということは、本来、保険診療の対象となったはずですから、保険診療の自己負担額を基準とすべきと考えられます。

2　裁判例

包茎手術および亀頭コラーゲン注入術に関する治療費のクレジット代金の請求訴訟において、亀頭コラーゲン注入術は、医学的に一般に承認された術式でないことを前提に、診療契約および手術代金の支払いについてのクレジット契約の締結にあたり、このことを認識しながら故意に告げなかった結果、消費者が、亀頭コラーゲン注入術が医学的に一般に承認された術式であると誤認したとして、消費者契約法4条2項によるクレジット契約の取消しを認めた裁判例があります（東京地裁平成21年6月19日判決）。

3　ADRによる解決事例

(1)　国民生活センター紛争解決委員会による解決

国民生活センター紛争解決委員会では、平成21年4月の運用開始以降、包茎手術に関して多数の紛争が扱われています（【資料4】(2)①参照）。同委員

会では、相当な治療手術代金を超える部分についてのクリニック側からの請求の放棄・超過金額の返還、あるいは、信販会社からの請求の放棄という方向での和解あっせんが行われています。

(2) 東京都の消費者被害救済委員会での解決

東京都の消費者被害救済委員会では、雑誌やホームページを見て、15万円程度までの料金で手術を受けられると思い、クリニックに行ったところ、カウンセラーからかなり重症と言われて酷い写真を見せられるなどして、数十万円から数百万円もの高額の手術契約を即日させられたというようなケースにつき、3つの解決事例が公表されています（【資料4】(1)①〜③）。

同委員会は、3案件とも、それぞれの契約が公序良俗に反し無効（民法90条）、錯誤無効（同法95条）、不実告知（消費者契約法4条1項1号）であると考えられるとの見解を示したうえ、自由診療による包茎手術の一般的な金額ないしそのクリニックの広告やホームページに当初掲載されていた手術代金の金額をもとに利得の清算を行う内容のあっせん案を示し（ただし、未成年者や術後に痛みや腫脹が続いた者には利得なし）、解決に至っています。

平成20年7月の案件（【資料4】(1)①）では、本件契約が公序良俗違反となる理由について、①「無痛」、「無傷」との雑誌広告や15万円程度の料金とのホームページ上の表示（事実と異なり、誇大なもの）で誘引、②医学的知識に乏しく、専門家である医師からの説明、情報に依存せざるを得ない状況で、若年で社会経験が乏しく、長年悩んでやっと決心して受診したという事情のもとで、手術直前に、15万円程度の料金では不十分な手術結果になると不安を煽り、必要性に疑問のある高額な料金の手術を勧める、③患者は手術前の緊張した精神状況と閉塞的な周囲環境の中で冷静な判断が困難、④保険診療に比して極めて高額な金額の治療費をクレジットを利用して支払わせるなどの、契約締結に至るまでの勧誘状況と施術内容、その対価を全体として評価して、公序良俗に反する無効なものとの疑いが強いとの見解を示しています。

第2章　Ⅲ　美容医療に関する契約トラブル

④　質問への回答

　以上の裁判例や ADR の解決例などからすると、「基本手術では傷痕が残る」などと言われ、広告やホームページに記載されていた料金を大きく上回る金額の契約を締結させられた場合には、不実告知による契約締結であるとして、契約を取り消すことを主張することが考えられます。

　さらに、たとえば手術台に乗せられてから不安をあおるようなトークで追加の手術を勧められるなど、およそ拒絶できないような状況で高額な契約を締結させられた場合であれば、その契約自体が公序良俗に反し、無効である旨を主張することも可能であると考えられます。

　いずれにしても、質問のケースでは、いかなる状況で手術を受けざるを得なくなったのかを弁護士へ相談することが必要だと思われます。

⑤　平成30年消費者契約法改正（補足）

　平成30年の消費者契約法改正は、「当該消費者が、社会生活上の経験が乏しいことから、容姿、体型その他の身体の特徴又は状況に関する重要な事項に対する願望の実現に過大な不安を抱いていることを知りながら、その不安をあおり、裏付けとなる合理的な根拠がある場合その他の正当な理由がある場合でないのに、物品、権利、役務その他の当該消費者契約の目的となるものが当該願望を実現するために必要である旨を告げること」によって困惑し、契約締結をした場合にも、当該契約を取り消せるものとしました（消費者契約法第4条3項3号。なお同法は2019（平成31）年6月15日施行）。

　質問のようなケースでは、消費者は包茎（身体の特徴もしくは状況に関する重要な事項といえます）で悩んでおり、手術によるその解消について「願望の実現に過大な不安を抱いている」ところ、その不安をあおって「亀頭増大手術」や「コラーゲン注入」などが必要である旨を告げて契約させたといえ、同法により当該契約を取り消せると考えられます。

244

Q63　美容外科手術で予想外に高額な契約をさせられてしまった場合、代金を支払わねばならないか

　すなわち、平成30年消費者法改正により、社会生活上の経験が乏しい消費者に対して正当な理由なく不安をあおった場合には、およそ「拒絶できないような状況にあった場合」に至らなくても、より容易に取消可能となったといえるでしょう。

245

第2章　Ⅳ　被害に遭ったらどうすればよいか

Ⅳ　被害に遭ったらどうすればよいか

Q64　どのような場合に医師の賠償責任を追及できるか

　美容外科クリニックで、二重瞼の手術を受けましたが、施術前に考えていた二重瞼の形になっておらず不満ですが、医師は、「手術は成功しているから問題ない」というばかりです。どのような場合に、手術をした医師やクリニックなどの医療機関に賠償責任を追及できますか。

▶ ▶ ▶ Point
① 　医療機関は、医療行為当時の標準的な医療水準に従い、適切な医療行為を実施する注意義務があります。
② 　医師は、患者の要求を把握して、美容外科手術を行う義務があります。
③ 　美容外科における説明義務は、通常の説明義務よりも加重されています。

１　医師や医療機関に損害賠償請求ができる場合

　医師や医療機関は、医療行為を行うに際して、医療行為当時の標準的な医療水準に基づいて、適切な医療行為を実施する注意義務があり、その注意義務に違反した場合には、民法415条あるいは民法709条・715条に基づき、医師や医療機関に対して、損害賠償請求が可能です（Q65参照）。

　注意義務の内容としては、①手術の適応判断義務、②問診・術前検査義務、③説明義務、④適正手術義務・手術手技上の注意義務、⑤術後管理・経過観察・術後指導義務などがあります。

246

2 美容外科特有の注意義務の内容

　美容外科手術は、患者の美しくなりたいという美的願望から、本来医学的には問題がない顔や身体に施術を施し、患者が満足を得られるような顔や身体つきにするために行うという特性がありますので、この観点から、美容外科手術の特性に応じて注意義務の内容を考える必要があります。

(1) 要求把握義務

　美容外科手術は、その目的が患者の美しくなりたいという主観的な願望を満足させるところにあるので、医師は、まず患者に対し、十分な問診をするなどしてその主観的願望に沿うように手術の部位および方法等を勧め、患者の要求を適切に把握して手術を行う義務（要求把握義務）があります（東京地裁平成13年7月26日判決）。しかし、医療技術には限界があり、患者の希望をすべて叶えることはできませんから、患者の要求が医学的に実現することが不可能であれば、それを患者に説明して手術を断るべきです。

(2) 美容外科における説明義務の考え方

　一般に、医師は、患者の疾患の治療のために手術を実施するにあたっては、診療契約に基づき、特別の事情のない限り、患者に対し、①当該疾患の診断（病名と病状）、②実施予定の手術の内容、③手術に付随する危険性、④他に選択可能な治療がある場合はその内容と利害得失、⑤予後などについて説明する義務があります（最高裁平成13年11月27日判決）。

　美容外科の場合は、より美しくなりたいとの患者の主観的願望を満足させるために行われるものであり、生命ないし健康の維持に必須不可欠のものではないので、患者がその治療を受けるべきか否かの判断をするための情報を与えるべき要請は一般の医療行為よりも大きく、その実施にあたっては、患者が十分な情報を得たうえで、その治療を受けるか否かを決定することができるよう、事前に、手術内容、方法、費用についてひととおりの説明をするだけでなく、その予想される副作用や後遺症等についても十分な説明をな

第2章　Ⅳ　被害に遭ったらどうすればよいか

し、そのうえで、手術の実施につき承諾を得る必要があります（神戸地裁平成13年11月15日判決、東京地裁平成17年1月20日判決など）。

さらに、手術の安全性、手軽さ、安心感を強調した宣伝広告を行い、患者を誘引していた場合には、医師は、宣伝記事に載っていない治療効果の限界や手術の危険性などについて、広告宣伝により患者が抱いた過度の期待や誤解を解消するに十分な説明をすべき義務があります（東京地裁平成7年7月28日判決、同地裁平成16年1月28日判決、名古屋地裁平成12年9月19日判決）。

また、手術を受ける目的が達成できないおそれがある場合には、医師は、そのおそれを明確に告知し、それでも患者が手術を受ける意思を有するかを慎重に確認すべき説明義務があります。会合への参加に備えて美容外科手術を受けるという目的を認識した場合、この時期に手術を受けると術後に腫れや皮下出血が生じて会合に参加できなくなるおそれがあれば、それを明確に告知すべきとした裁判例があります（東京地裁平成16年1月28日判決）。

説明の仕方については、注意事項を列挙した書面を交付するだけで、口頭での補足説明や注意喚起がなされなかった場合には、説明義務を尽くしたことにはならないとした裁判例（東京地裁平成9年11月11日判決）や、手術を予約するとキャンセル料が発生する場合には、キャンセル料が発生するよりも相当以前に必要な説明が尽くされていなければならないとした裁判例（東京地裁平成25年2月27日判決）があります。

これらの説明をしなかったり、不適切あるいは不十分な説明しかしなかった場合は、医師に説明義務に違反したとの注意義務違反が認められます。

③　質問のケース

美容外科の場合、手術手技上の過失がある場合だけではなく、患者の要求を適切に把握せずに手術したため、患者の予想しない出来映えになったり、説明義務違反があり、適切で十分説明を受けていれば手術を受けなかったような場合には（Q65参照）、損害賠償請求が可能な場合があります。

Q65 医師の賠償責任を追及した場合、どのような損害について請求できるか

美容外科クリニックで、フェイスリフト手術を受けましたが、手術の失敗により、腫れが引くまで予想外に時間がかかり、顔に目立つ傷痕が残りました。

施術をした医師やクリニックなどの医療機関に対して、どのような損害について賠償請求ができますか。

▶ ▶ ▶ Point

① 治療費、休業損害、逸失利益、慰謝料などの賠償を請求ができるが、患者の美的要求を満たすという美容外科の目的に照らして、損害額を考えるべきです。

② 美容外科手術の効果の限界や危険性について説明がなく（説明義務違反）、その説明があれば手術を受けなかったという場合、手術を受けたことによる損害が認められる場合があります。

1 医師の責任を追及できる場合

医師に、医療行為当時の標準的な医療水準に基づいて、注意義務違反がある場合には、医師ないし医療機関に対して、診療契約に基づく債務不履行責任（民法415条）ないし不法行為（民法709条・715条）による損害賠償請求ができます（Q64参照）。

2 損害額の算定方法

賠償請求の対象となる主な損害として、①治療費（手術費用、修復手術費

第2章　Ⅳ　被害に遭ったらどうすればよいか

用）、②休業損害、③逸失利益（死亡・後遺症）、④慰謝料（入通院・死亡・後遺症）、⑤弁護士費用があります。これらの損害額の算定にあたっては、交通事故の場合の算定基準が参考になります。しかし、美容外科手術は、手術を行う緊急性・必要性は乏しく、より美しくなりたいという患者の美的願望を満たすために行われるものであり、医師は、患者の美的要求を把握して手術を実施する義務がありますので、交通事故の基準をそのままあてはめることは適切ではなく、事案ごとに検討する必要があります。

(1)　手術費用

美容外科手術は、患者の美的要望を叶えるために行われるものですから、医師の注意義務違反によりこれに反した結果となっている場合には、手術の目的が達成されていないのですから、手術費用相当額を損害として請求できる場合があると考えられます（東京地裁平成15年7月30日判決）。

また、美容外科手術は、緊急性・必要性が乏しいので、医師に説明義務違反があり、適切な説明を受けていればその手術は受けていなかったというのであれば、当該美容外科手術の手術費等も損害となると考えられます。

(2)　治療費（修復手術費用）

美容外科手術の失敗に対する修復治療として行われた修復手術費用や修復手術をするためにかかった交通費等の費用も損害となります（東京地裁昭和52年9月26日判決、東京地裁平成15年7月30日判決）。

(3)　休業損害

美容外科手術の失敗による術後の状態により休業せざるを得ず、収入が減額となった場合、その額が損害として認められます。減額となった金額が判明しない場合は、基礎収入に休業期間を乗じて算定した金額が休業損害となります。

なお、美容目的という手術の特殊性から、ダウンタイム（腫れなどが引くまでの期間）には、腫れなどの外見が気になって、休業せざるを得ないという場合があります。質問のケースのように医師の過失により想定以上にダウ

250

ンタイムが長引いたり、ダウンタイムについての説明義務違反があり、説明を受けていれば手術を受けなかったという場合には、その期間についても休業損害の対象になると考える余地があります。

(4) 入通院慰謝料

美容外科手術の失敗に対する修復治療などを行うために、通院や入院した日数に基づいて算定した金額を、入通院慰謝料として請求できます。

(5) 逸失利益

手術によって死亡した場合や後遺症が発生した場合は、死亡事故や後遺症が起きていなければ将来得られたであろう利益（逸失利益）を損害として請求することになります。損害の計算は、患者の収入を基本に算定します。

美容外科手術により外貌に醜状が生じ、両眼瞼の運動機能に障害を残したために舞踊のタップが踏めなくなり、経営していたタップ研究所を閉鎖するに至った場合について逸失利益を認めた裁判例（東京地裁昭和52年9月26日判決）や二重瞼手術（縫合埋没法）後に両眼瞼膿瘍およびカタル性角膜潰瘍になり、一眼の視力が著しく低下しかつ一眼の眼球に著しい調節機能障害または運動機能障害の後遺症が残ったとして逸失利益を認めた裁判例もあります（京都地裁平成7年7月13日判決）。

(6) 後遺症慰謝料

後遺症が残ったことによる精神的な苦痛について慰謝料を請求することができます。美容外科は本来医学的には問題がない顔や身体に施術を施すことにより、「美しくなりたい」という患者の希望を実現しようとする手術ですから、その手術が原因で、「美しくなりたい」という希望を叶えられないばかりか、質問のように、手術により傷痕などの後遺症が残った患者の精神的な衝撃は非常に強いといえます。したがって、慰謝料の算定に関しては、この点も考慮して決められるべきでしょう。

交通事故の場合は、外貌（頭部、顔面部、頸部）に醜状が生じたり、上下肢の露出面に醜い痕が残ったりした場合に、その程度（醜状が生じている場

第2章　Ⅳ　被害に遭ったらどうすればよいか

所や大きさ等）に応じて、後遺障害等級7級（自賠責保険金額1051万円）から14級（同75万円）を基準に後遺症慰謝料を算定していることが参考になります。しかし、美容外科手術を受ける患者は、医学的に問題がなくてもより美しくなりたいと考えて高額な費用を支払って手術を受けているのですから、醜状の大きさや洋服を着ても見えるかどうかというような基準をそのままあてはめるのは適切ではないと思われます。

③　美容外科における損害賠償の特殊性

　美容外科手術は病気の予防・治療を目的とするものではなく、緊急性・必要性が乏しく、疾病、傷害の治療のように生命ないし健康の維持に必要不可欠なものではありません。そのため、患者がその治療を受けるか否かの判断をするための情報が与えられるべき必要性は大きく、通常の外科手術よりも高度な説明義務が医師に要求されているといえます。

　そうすると、医師に説明義務違反が認められ、医師から適切かつ十分な説明を受けていれば美容外科手術は受けなかったといえる場合は、その美容外科手術に伴い発生した後遺症や副作用について、それが手術手技上の注意義務違反によるものでなくとも、損害として認められる場合があると考えられます。美容外科の場合は、緊急性・必要性がないので、手術の危険性が高く、あるいは、手術の効果がそれほど期待できないことの説明がなされていれば、手術を受けなかったはずで、そうであれば、そういった後遺症や副作用を被ることもなかったであろうと考えることができるからです。

　豊胸手術について、医師から効果が期待できず危険性も高いということが説明されていれば、患者は手術を受けなかったと認められるとして、豊胸手術費用として支払った手術費用・治療費および他院で患者が胸部の醜状を改善するために支払った治療費も説明義務違反と相当因果関係がある損害として認めた判例があります（東京地裁平成17年1月20日判決）。

252

Q66　美容外科手術のミスを理由に賠償請求する場合の留意点は何か

Q66 美容外科手術のミスを理由に賠償請求する場合の留意点は何か

　美容外科手術を受けましたが、手術ミスがあったと思っています。医師や病院に対して賠償責任を追及する場合、誰を相手に賠償を請求すればよいですか。また、責任を追及するにあたってどのような資料を入手し、何を検討すればよいですか。

▶ ▶ ▶ Point
① 　医療機関に注意義務違反がある場合、損害賠償請求ができます。
② 　損害賠償ができる期間（時効期間）は、不法行為責任が３年、債務不履行責任が10年です。ただし、民法改正後（2020（平成32）年４月１日施行）は、不法行為責任も債務不履行責任も５年に変更されます。
③ 　弁護士に相談して助言を得てから、医師との交渉や損害賠償請求をするほうがよい解決ができる可能性が高いです。
④ 　医療機関に注意義務違反があるかを判断するためには、医療記録（カルテ等）の検討が重要です。患者自身が、医師に伝えた要求内容や医師から受けた説明内容を記録しておくことも重要です。

1 損害賠償の請求は誰に対してできるか

　美容外科手術を受けるに際しては、医療機関（クリニック・医師）と患者の間には診療契約（美容医療契約）が成立しており、この契約に伴い、医療機関は、患者に対し、手術当時の医療水準に従って、手術適応を判断して、適切な手術を行う義務、術後管理や経過観察をする義務、手術などに関して説明をする義務等の注意義務が課されます。医療機関が、この義務に違反し

253

第2章　Ⅳ　被害に遭ったらどうすればよいか

て、患者に損害を与えたときには、医療機関に対し、債務不履行責任により損害賠償請求をすることができます（民法415条）。

　加えて、実際に手術を行った医師は、患者に対して、適切な医療行為を行うなどの注意義務がありますので、その注意義務に反して、患者に対して、損害を与えたときには、執刀医である医師や医師の使用者である病院に対しても、不法行為による損害賠償請求をすることが可能です（民法709条・715条）。

　なお、法的に責任を追及する相手を特定するために、診療契約の当事者が誰かについてクリニック（診療所）の開設者や管理医師を調べることが必要になる場合があります。これを調べる簡便な方法として、医療法に基づく医療機能情報提供制度（医療情報ネット）があります。病院等は医療法に基づき、医療機能に関する情報を都道府県知事に報告することを義務づけられ、都道府県知事はその情報を住民・患者に公表することになっています。公表された情報はインターネットで閲覧することができます。

② 損害賠償請求はいつまでできるか

　損害賠償請求ができる期間（時効期間）は、債務不履行による場合は10年、不法行為責任による場合は3年（民法改正後については、Q35参照）です。

　誰に対して、どのような法的責任を追及するのが適切か、時効期間の起算点をどの時点から考えるのかについては、法的な判断が必要ですので、弁護士と相談されることが望ましいと思います。

③ 過失や因果関係の検討

　手術ミスを理由に損害賠償請求をするには、被害の発生原因が医療機関の手術によるものであり（因果関係）、手術により発生した被害に関して、医療機関に注意義務違反があること（過失の存在）が必要です。過失の有無については、手術当時の医療水準に照らして、適切に医療機関がなすべき注意

254

義務を果たしていたのかどうかを検討することになります（Q64参照）。法的手続により責任を追及する場合、追及する側が、医療機関の過失や因果関係、損害を具体的に主張したり証明したりする必要があるのです。

　そのためには、治療や手術内容を記載した医療記録（カルテ、写真、レントゲン写真等）が重要な資料になりますので、これを入手する必要があります。

　また、美容外科手術は、美容外科に特有の問題があり、医師が患者の要求を適切に把握して施術を行ったのか、患者に対して必要かつ十分な説明を行う義務を果たしたのかという観点からも検討する必要があります（Q64参照）。その際には、あなたが美容外科手術を受けるにあたり、医師にどのような要求を伝えていたのか、それに対して医師がどのような説明を行っていたのかが非常に重要となりますので、医療記録以外に、美容外科手術前の写真、手術後の写真や医師とのやりとりを再現できるメモを残しておくことも重要です。

④　医療記録（カルテ等）の入手方法

　医療記録は、手術をした医療機関に請求して、コピーを入手することになります。医療機関によってはカルテ開示制度がある場合がありますので、その制度を利用することもできます。

　最近では、電子カルテが普及しています。電子カルテは改ざんや隠匿のリスクが低いとされていますので、電子カルテを採用している医療機関に対してはカルテ開示制度を利用することが多くなってきました。カルテ開示制度は、医療機関に申し込むだけですので簡便です。コピー費用等の実費を請求されることが多いようです。

　美容外科では、電子カルテを採用していないことも多く、カルテ開示制度を利用しても、すべての医療記録が開示されないことがあります。また、電子カルテを採用していない場合、医療記録を取り寄せる前に、医師や医療機

第2章　Ⅳ　被害に遭ったらどうすればよいか

関と交渉したり、医療機関に直接に医療記録の写しを請求すると、医療記録の改ざんや隠匿される危険性があります。そのような場合、取り寄せた医療記録に、医療記録の改ざんや隠匿がないかについても検討しなければならず、医療記録の検討が煩雑になる可能性があります。

　したがって、医療記録の改ざんや隠匿のおそれがある場合は、医療機関と交渉等をする前に、裁判所に証拠保全を申し立てることを検討する必要があります。

　証拠保全の決定がなされると、裁判官が医療機関に出向いて、医療記録をカメラで撮影したり、コピーをとったりして持ち帰りますので、それ以降の改ざんや隠匿を防ぐことができます。

　医療機関や医師との交渉は、専門的知識が必要ですし、医療記録の取寄方法も適切に選択する必要があります。したがって、医療機関に対して、損害賠償請求をする場合は、あらかじめ、医療記録の取寄方法や法的手続の選択について弁護士に相談することが望ましいと思われます。

5　損害賠償を請求する具体的方法

　医師や病院の責任を追及する法的な方法としては、示談交渉、裁判外紛争解決手続（ADR）、調停申立て、訴訟提起などがあります。

(1)　示談交渉

　示談交渉は、裁判所を通さないで医療機関に対して、医療機関の債務不履行、あるいは不法行為により被った損害の賠償について話合いを申し入れることです。医療機関に対して損害の賠償を請求する場合、カルテ等の医療記録に基づいて過失を具体的に主張し損害額を算定することになります。医療記録等の入手や検討をしないで示談交渉をすることは避けるべきです。具体的な過失を主張・立証しないと、医師や病院が過失を認めることはありませんし、前記のとおり医療記録の隠匿や改ざんのリスクが生じるからです。

(2)　裁判外紛争解決手続（ADR）

256

当事者に納得がいく柔軟な紛争解決を目的として弁護士会が運営している紛争解決センター（ADR）に申し立てることもできます。

(3) 民事調停

民事調停は、裁判所を介して話合いにより解決を図る手続です。医療機関の所在地を管轄する簡易裁判所に申し立てることになります。簡易裁判所は、医療機関に対して、調停期日を指定して呼び出しをしますが、医療機関が出頭しない場合、調停手続は行われませんし、話合いが調わない場合は、調停不成立で終了します。

(4) 訴　訟

訴訟の場合に、被告とする医療機関の所在地を管轄とする裁判所のほか、被害者や遺族の住所地を管轄とする裁判所に提起することもできます。請求する損害額が140万円以下の場合は、簡易裁判所に訴訟を提起することができますが、医療過誤訴訟は、事案が複雑で高度な専門的知識が必要ですので、地方裁判所に訴訟を提起するほうが適切です。

示談交渉、紛争解決センターへの申立て、調停や訴訟のいずれを選択するべきかは、事案ごとに検討する必要がありますので、弁護士に相談することが望ましいと思います。

【資料1】　ガイドライン等一覧

【資料1】　ガイドライン等一覧 ※開業規制に関する通達は【資料2】を参照

(1)　医療広告
  ①　「医療広告ガイドライン」（平成30年5月8日厚生労働省医政発0508第1号）
  ②　「医療広告ガイドラインに関するQ＆A」（平成30年8月作成　厚生労働省）
  ③　「医療機関ホームページガイドライン」（平成24年9月厚生労働省）
  ④　「医療情報の提供のあり方等に関する検討会報告書」（平成24年3月　医療情報の提供のあり方等に関する検討会）
  ⑤　「医療機関のウェブサイト等の取扱いについて（とりまとめ）」（平成28年9月　医療情報の提供内容等のあり方に関する検討会）

(2)　美容医療におけるインフォームド・コンセント
  ①　「美容医療サービス等の自由診療におけるインフォームド・コンセントの取り扱い等について」（平成25年9月27日厚生労働省（医政発0927第1号））
  ②　「美容医療サービス等の自由診療におけるインフォームド・コンセントの取扱い等に関する質疑応答集（Q＆A）」（平成28年5月20日差し換え厚生労働省）

(3)　健康食品
  ①　「健康食品に関する景品表示法及び健康増進法上の留意点について」（平成28年6月30日消費者庁）
  ②　「いわゆる『健康食品』に関するメッセージ」（平成27年12月　食品安全委員会（いわゆる「健康食品」の検討に関するワーキンググループ））

(4)　景品表示法
  ①　「事例でわかる景品表示法　不当景品類及び不当表示防止法ガイドブック」（消費者庁）
  ②　「不当な価格表示についての景品表示法上の考え方」（平成28年4月1日改定消費者庁）
  ③　「不当景品類及び不当表示防止法第7条第2項の運用指針――不実証広告規制に関する指針――」（平成28年4月1日一部改正消費者庁）
  ④　「『おとり広告に関する表示』等の運用基準」（平成28年4月1日変更消費者庁長官決定）
  ⑤　「不当景品類及び不当表示防止法第8条（課徴金納付命令の基本要件）に関する考え方」（消費者庁）

258

【資料1】 ガイドライン等一覧

(5) 特定商取引法
　① 特定商取引に関する法律等の施行について（通達）本文（平成29年11月1日）
　② 特定継続的役務提供（美容医療分野）Q & A（平成29年11月28日）
　③ 特定継続的役務提供 Q & A（特定商取引法ガイド）

(6) 消費者契約法（消費者庁ホームページに掲載）
　① 逐条解説（平成29年12月）
　② 消費者契約法の一部を改正する法律（平成28年法律第61号）に関する一問一答平成28年10月版

259

【資料2】 開業規制に関する通達一覧

【資料2】 開業規制に関する通達一覧

(1) 脱毛行為・ケミカルピーリング・アートメーキング
　① 「いわゆる『永久脱毛』行為について」（昭和59年11月13日厚生省健康政策局医事課長医事第69号）
　② 「医師法上の疑義について（回答）」（平成12年 6 月 9 日厚生省健康政策局医事課長医事第59号）
　③ 「医師免許を有しない者による脱毛行為等の取扱いについて」（平成13年11月 8 日厚生労働省医政局医事課長医政医発第105号）（資料 6 ）

(2) まつ毛エクステンション・まつ毛パーマ
　① 「パーマネント・ウェーブ用剤の目的外使用について」（昭和60年 7 月 1 日厚生省生活衛生局指導課長通知衛指第117号）（資料 8 ）
　② 「パーマネント・ウェーブ用剤の目的外使用について」（平成16年 9 月 8 日厚生労働省健康局生活衛生課長健衛発第0908001号）
　③ 「いわゆる「まつ毛パーマ液」の取り扱いについて」（平成16年 9 月16日厚生労働省医薬食品局審査管理課長薬食審査発第0916003号）
　④ 「まつ毛エクステンションによる危害防止の徹底について」（平成20年 3 月 7 日厚生労働省健康局生活衛生課長健衛発第0307001号）（資料 7 ）

(3) 手技による医業類似行為（マッサージ、整体、カイロプラティック）
　① 「医療類似行為に対する取扱いについて」（平成 3 年 6 月28日厚生省健康政策局医事課長医事第58号）（資料 9 ）
　② 「あん摩マッサージ指圧師、はり師、きゅう師等に関する法律」に関する疑義照会について（回答）」（平成15年11月18日厚生労働省医政局医事課長医政医発第1118001号）

(4) ネイルサロン
　・ 「ネイルサロンにおける衛生管理に関する指針について」（平成22年 9 月15日厚生労働省健康局長健発0915第 4 号）

(5) 美容師法・理容師法
　・ 「理容師法及び美容師法の解釈について」（平成19年10月 2 日厚生労働省健衛発第1002001号）

(6) 医師法
　・ 「医師法第17条・歯科医師法第17条及び保健助産師看護師法等31条の解釈について（通知）」（平成17年 7 月26日厚生労働省医政局長医政発第0726005号）

【資料３】　危害情報等一覧

【資料３】　危害情報等一覧

(1)　国民生活センター
　①　「脱毛エステにご注意！」（平成９年８月１日）
　②　「美しくなるはずが……美顔エステ『ピーリング』でやけど状態に！」（平成12年２月７日）
　③　「エステティックサービスによる危害の現状と安全確保のための方策（概要）」（平成13年６月６日）
　④　「目元ぱっちり、美しくなるはずが……『まつ毛パーマ』による目の炎症や、かぶれ等の事故が増加！」（平成16年９月３日）
　⑤　「美容医療にかかわる消費者被害の未然防止に向けて──概要──」（平成16年９月３日）
　⑥　「医療機関で契約したケミカルピーリング」（平成18年11月20日）
　⑦　「つけ爪による危害──かぶれ、やけど、カビが生えることも──」（平成20年10月16日）
　⑧　「ホクロ取りでの危害──エステや自己処理でやけどや傷──」（平成21年４月９日）
　⑨　「まつ毛エクステンションの危害」（平成22年２月17日）
　⑩　「高額な施術の契約をせかす美容医療サービス──きっかけはキャンペーン価格等の広告──」（平成22年７月７日）
　⑪　「効果が分からないにもかかわらず高額な施術契約をさせた美容外科」（平成23年２月28日）
　⑫　「ブライダルエステで危害発生！──施術を受ける際には、時間的な余裕を持って──」（平成23年７月７日）
　⑬　「アートメイクの危害」（平成23年10月27日）
　⑭　「「美容医療・契約トラブル110番」の実施結果報告」（平成24年３月29日）
　⑮　「契約を急がされる！高額な施術を勧められる！美容医療サービスの勧誘トラブルに注意！──美容医療・契約トラブル110番の実施結果から──」（平成24年６月21日）
　⑯　「手技による医業類似行為の危害──整体、カイロプラクティック、マッサージ等で重症事例も──」（平成24年８月２日）
　⑰　「話を聞くだけのつもりが……即日施術！美容医療のトラブル」（平成24年９月４日）
　⑱　「無料チケットで施術を受けた消費者に対し高額な美容医療契約を締結させるクリニック」（平成24年９月27日）
　⑲　「安い価格を表示して予約を取り、実際は高額な手術代を請求する美容クリニック」（平成24年10月26日）

261

【資料3】 危害情報等一覧

⑳ 「美容医療サービス」（平成27年2月27日、同年6月30日）

㉑ 「後を絶たない、まつ毛エクステンションの危害」（平成27年6月4日）

㉒ 「美容医療サービスにみる包茎手術の問題点」（平成28年6月23日）

㉓ 「60歳以上の女性の美容医療トラブルが高額化！——しわ取り注射で1,300万円もの請求が……——」（平成28年9月15日）

㉔ 「エステサロン等でのHIFU機器による施術でトラブル発生！——熱傷や神経損傷を生じた事例も——」（平成29年3月2日）

㉕ 「なくならない脱毛施術による危害」（平成29年5月11日）

㉖ 「美容を目的とした「プエライア・ミリフィカ」を含む健康食品——若い女性に危害が多発！安易な摂取は控えましょう——」（平成29年7月13日）

㉗ 「美容医療でクーリング・オフが可能なケースも！——特定商取引法に美容医療のルールが加わりました——」（平成29年12月7日）

(2) 消費者庁

① 「株式会社カネボウ化粧品、株式会社リサージ及び株式会社エキップが製造販売した薬用化粧品について（使用中止のお願い及び回収状況のお知らせ）」（平成25年7月23日）

② 「健康被害発生後も継続使用を勧められる美容・健康商品等——『好転反応』等と言われても，健康被害が出たら利用を一旦中止しましょう！——」（平成26年12月10日）

③ 「法的な資格制度がない医業類似行為の手技による施術は慎重に」（平成29年5月26日）

【資料４】　苦情処理委員会等の報告書一覧

【資料４】　苦情処理委員会等の報告書一覧

(1)　東京都消費者被害救済委員会
　　①　「高額な包茎手術の契約に係る紛争案件」（平成20年７月）
　　②　「甲クリニックとの高額な包茎手術の契約に係る紛争案件」（平成24年12月）
　　③　「乙クリニックとの高額な包茎手術の契約に係る紛争案件」（平成24年12月）
　　④　「エステティック契約などの次々契約に係る紛争案件」（平成24年６月）
　　⑤　「脱毛エステの中途解約に係る紛争案件」（平成29年４月）

(2)　国民生活センター紛争解決委員会
　　①　「国民生活センター紛争解決委員会による ADR の結果の概要」（各年度）
　　②　「美容医療サービスの中途解約にかかわるトラブルについて」（平成18年１月12日）

【資料5】 美容エステに関する建議、意見書、調査報告書等一覧

【資料5】 美容エステに関する建議、意見書、調査報告書等一覧

(1) 消費者委員会——内閣府
　① 「エステ・美容医療サービスに関する消費者問題についての建議」（平成23年12月21日）
　② 「エステ・美容医療サービスに関する消費者問題についての実態調査報告」（平成23年12月）
　③ 「美容医療サービスに係るホームページ及び事前説明・同意に関する建議」（平成27年7月7日）

(2) 消費者庁
　① 「美容医療サービスの消費者トラブル　サービスを受ける前に確認したいポイント」（平成30年3月20日）
　② 「脱毛エステ契約のポイント」（平成28年8月24日）

(3) 弁護士会等
　① 第二東京弁護士会「高額美容医療に関する意見書」（平成23年12月12日）
　② 日本弁護士連合会「美容医療・エステにおける表示・広告の在り方及び安全性確保に関する意見書」（平成25年12月19日）
　③ 薬害オンブズパースン会議「美容目的の未承認医薬品に関する要望書」（平成24年9月11日）

【資料6】　通達──医師免許を有しない者による脱毛行為等の取扱い

【資料6】　通達──医師免許を有しない者による脱毛行為等の取扱い

医政医発第105号
平成13年11月 8 日

各都道府県衛生三管部（局）長　殿

厚生労働省医政局医事課長

医師免許を有していない者による脱毛行為等の取扱いについて

（略）

第1　脱毛行為等に対する医師法の適用
　　以下に示す行為は、医師が行うのでなければ保健衛生上危害の生ずるおそれのある行為であり、医師免許を有しない者が業として行えば医師法第17条に違反すること。
　(1)　用いる機器が医療用であるか否かを問わず、レーザー光線又はその他の強力なエネルギーを有する光線を毛根部分に照射し、毛乳頭、皮脂腺開口部等を破壊する行為
　(2)　針先に色素を付けながら、皮膚の表面に墨等の色素を入れる行為
　(3)　酸等の化学薬品を皮膚に塗布して、しわ、しみ等に対して表皮剥離を行う行為

（略）

【資料7】 通達──まつ毛エクステンションによる危害防止の徹底

【資料7】 通達──まつ毛エクステンションによる危害防止の徹底

健衛発第0307001号
平成20年3月7日

都道府県
各　政　令　市　　衛生主管部（局）長　　殿
特　別　区

厚生労働省健康局生活衛生課長

まつ毛エクステンションによる危害防止の徹底について

（略）

……いわゆるまつ毛エクステンションについては、①「パーマネント・ウエーブ用剤の目的外使用について」（平成16年9月8日健衛発第0908001号厚生労働省健康局生活衛生課長通知）において、まつ毛に係る施術を美容行為と位置付けた上で適正な実施の確保を図ることとしていること、②「美容師法の疑義について」（平成15年7月30日大健福第1922号大阪市健康福祉局健康推進部長照会に対する平成15年10月2日健衛発第1002001号厚生労働省健康局生活衛生課長回答）において、いわゆるエクステンションは美容師法にいう美容に該当するとされていることから、当該行為は美容師法に基づく美容に該当するものであることを申し添える。

【資料8】 通達──パーマネント・ウェーブ用剤の目的外使用

パーマネント・ウエーブ用剤の目的外使用について

（昭和六〇年七月一日）

（衛指第一一七号）

（各都道府県・各政令市・各特別区衛生主管部（局）長あて厚生省生活衛生局指導課長通知）

　最近、マツ毛パーマと称して医薬部外品であるパーマネント・ウエーブ用剤を使用し、マツ毛に施術を行う技法が現われ、流行の兆しを見せているが、この施術を行う個所が目に非常に近いところからパーマネント・ウエーブ用剤が容易に目に入る可能性があり、薬剤の成分による視力障害等の被害が懸念されるところである。

　また、医薬部外品であるパーマネント・ウエーブ用剤は頭髪にウエーブをもたせ、保つために使用する目的で製造承認がなされているものであり、かかる施術に使用することは、薬事法に基づく承認内容を逸脱した目的外使用となる。

（略）

[資料9]　通達——医業類似行為に対する取扱い

【資料9】　通達——医業類似行為に対する取扱い

○医業類似行為に対する取扱いについて

（平成三年六月二八日）
（医事第五八号）

（各都道府県衛生担当部（局）長あて厚生省健康政策局医事課長通知）

近時、多様な形態の医業類似行為又はこれと紛らわしい行為が見られるが、これらの行為に対する取扱いについては左記のとおりとするので、御了知いただくとともに、関係方面に対する周知・指導方よろしくお願いする。

記

1　医業類似行為に対する取扱いについて
　(1)　あん摩マッサージ指圧、はり、きゅう及び柔道整復について
　　医業類似行為のうち、あん摩マッサージ指圧、はり、きゅう及び柔道整復については、あん摩マッサージ指圧師、はり師、きゅう師等に関する法律（昭和二十二年法律第二百十七号）第十二条及び柔道整復師法（昭和四十五年法律第十九号）第十五条により、それぞれあん摩マッサージ指圧師、はり師、きゅう師及び柔道整復師の免許を有する者でなければこれを行ってはならないものであるので、無免許で業としてこれらの行為を行ったものは、それぞれあん摩マッサージ指圧師、はり師、きゅう師等に関する法律第十三条の五及び柔道整復師法第二十六条により処罰の対象になるものであること。
　(2)　あん摩マッサージ指圧、はり、きゅう及び柔道整復以外の医業類似行為について
　　あん摩マッサージ指圧、はり、きゅう及び柔道整復以外の医業類似行為については、あん摩マッサージ指圧師、はり師、きゅう師等に関する法律第十二条の二により同法公布の際引き続き三か月以上医業類似行為を業としていた者で、届出をした者でなければこれを行ってはならないものであること。したがって、これらの届出をしていない者については、昭和三十五年三月三十日付け医発第二四七号の厚生省医務局長通知で示したとおり、当該医業類似行為の施術が医学的観点から人体に危害を及ぼすおそれがあれば禁止処罰の対象となるものであること。
2　いわゆるカイロプラクティック療法に対する取扱いについて
　　近時、カイロプラクティックと称して多様な療法を行う者が増加してきてい

【資料9】 通達——医業類似行為に対する取扱い

るが、カイロプラクティック療法については、従来よりその有効性や危険性が
明らかでなかったため、当省に「脊椎原性疾患の施術に関する医学的研究」の
ための研究会を設けて検討を行ってきたところである。今般、同研究会より別
添のとおり報告書がとりまとめられたが、同報告においては、カイロプラク
ティック療法の医学的効果についての科学的評価は未だ定まっておらず、今後
とも検討が必要であるとの認識を示す一方で、同療法による事故を未然に防止
するために必要な事項を指摘している。

　こうした報告内容を踏まえ、今後のカイロプラクティック療法に対する取扱
いについては、以下のとおりとする。

(1)　禁忌対象疾患の認識

　カイロプラクティック療法の対象とすることが適当でない疾患としては、一
般には腫瘍性、出血性、感染性疾患、リュウマチ、筋萎縮性疾患、心疾患等と
されているが、このほか徒手調整の手技によって症状を悪化しうる頻度の高い
疾患、例えば、椎間板ヘルニア、後縦靱帯骨化症、変形性脊椎症、脊柱管狭窄
症、骨粗しょう症、環軸椎亜脱臼、不安定脊椎、側彎症、二分脊椎症、脊椎す
べり症などと明確な診断がなされているものについては、カイロプラクティッ
ク療法の対象とすることは適当ではないこと。

(2)　一部の危険な手技の禁止

　カイロプラクティック療法の手技には様々なものがあり、中には危険な手技
が含まれているが、とりわけ頚椎に対する急激な回転伸展操作を加えるスラス
ト法は、患者の身体に損傷を加える危険が大きいため、こうした危険の高い行
為は禁止する必要があること。

(3)　適切な医療受療の遅延防止

　長期間あるいは頻回のカイロプラクティック療法による施術によっても症状
が増悪する場合はもとより、腰痛等の症状が軽減、消失しない場合には、滞在
的に器質的疾患を有している可能性があるので、施術を中止して速やかに医療
機関において精査を受けること。

(4)　誇大広告の規制

　カイロプラクティック療法に関して行われている誇大広告、とりわけがんの
治癒等医学的有効性をうたった広告については、あん摩マッサージ指圧師、は
り師、きゅう師等に関する法律第十二条の二第二項において準用する第七条第
一項又は医療法（昭和二十三年法律第二百五号）第六十九条第一項に基づく規
制の対象となるものであること。

別添　略

【資料10】 国民生活センター「美容医療サービスチェックシート」（抜粋）

【資料10】 国民生活センター「美容医療サービスチェックシート」
（抜粋）

✎CHECK
美容クリニックの選択に際して（広告やホームページのチェックポイント）

①価格の安さを強調していませんか。 □

②施術のメリットばかりでなく、デメリット（効果の程度・個人差、副作 □
用・合併症、手術跡など）も記載していますか。

③モニター価格やキャンペーン価格について適用の条件等は明記されていま □
すか。

④価格を全面に押し出した広告、施術の前後の写真など、医療広告ガイドラ □
インに違反するような広告を掲載していませんか。

⑤医師の経歴が確認できますか。（形成外科等の経験。所属学会や協会の概 □
要や入会条件等、資格の概要、審査基準等を確認する）

✎CHECK
契約・施術に際して

①医師が身体的な悩み、希望を詳しく聞いて、診察し、施術内容を提案して □
くれますか。

②以下の説明を十分してくれますか。医療の専門的な説明は医師が行いまし □
たか。

施術内容（施術の具体的内容、保険適用の有無等）
副作用・合併症、手術跡の程度、術後のケア、術後から日常生活に戻る
までの期間、効果・施術後の見通し（効果の程度・個人差）、担当医等
の医療体制等
料金（施術料金の全体と明細、支払方法、支払時期、クレジットの場合
の手数料等）
解約条件（解約できるか、いつからいくらの解約料が発生するのか等）

③即日施術を執拗に勧められませんでしたか。契約・施術するか迷った際に □
考える時間を与えてくれましたか。

④施術後の注意点や、ケア方法、副作用・合併症等が起きた場合の対応につ □
いて説明は受けましたか。

ウェブ版「国民生活」2013年9月号
「http://www.kokusen.go.jp/wko/pdf/wko-201309_16.pdf」

【資料11】 特定継続的役務提供の関連商品（特商法施行令抜粋）

【資料11】 特定継続的役務提供の関連商品（特商法施行令抜粋）

エステ関連商品　特商法施行令14条1項別表第5第1号
イ　動物及び植物の加工品（一般の飲食の用に供されないものに限る。）であつ
　　て、人が摂取するもの（医薬品を除く。）
ロ　化粧品、石けん（医薬品を除く。）及び浴用剤
ハ　下着
ニ　電気による刺激又は電磁波若しくは超音波を用いて人の皮膚を清潔にし又
　　は美化する器具又は装置

美容医療関連商品　特商法施行令14条1項別表第5第2号
イ　動物及び植物の加工品（一般の飲食の用に供されないものに限る。）であつ
　　て、人が摂取するもの
ロ　化粧品
ハ　マウスピース（歯牙の漂白のために用いられるものに限る。）及び歯牙の漂
　　白剤
ニ　医薬品及び医薬部外品（医薬品、医療機器等の品質、有効性及び安全性の
　　確保等に関する法律第二条第二項の医薬部外品をいう。）であつて、美容を目
　　的とするもの

※このうち、消耗品として特定されているのは、エステではイ・ロ、美容医療で
　はイ・ロ・ハ・ニ（特商法48条2項ただし書、特商法施行令14条2項）

271

【資料12】　景表法に基づく措置命令一覧（健康食品）（消費者庁）

【資料12】　景表法に基づく措置命令一覧（健康食品）（消費者庁）

時　　期	事業者	対象商品	違反内容	対象表示
平成23年11月25日	株式会社リアル 株式会社ビューティーサイエンス	「黒痩減粒」「ピュアスルー」という痩身効果を標榜する商品	優良誤認	「余分なブヨブヨを燃やして流す！Wのパワー」等と記載し、黒痩減粒を摂取することにより容易に著しい痩身効果が得られると認識される表示
				「決して食事制限はしないでください　このバイオ菌が恐ろしいまでにあたなのムダを強力サポート」等記載し、ピュアスルーを摂取することにより容易に著しい痩身効果が得られると認識される表示
			有利誤認	「通常販売家格12,000円のところインターネット特別価格2980円」と、「インターネット特別価格」と称する実際の販売価格（2980円）に、「通常販売価格」と称する比較対照価格（１万2000円）を併記することにより、通常時よりも安価に購入できると認識される表示
平成25年９月13日	株式会社モイスト	「烏龍減肥」という痩身効果を標榜する食品	優良誤認	①「私たちはたった１粒飲んで楽ヤセしました‼」、「食べたカロリー・溜まったカロリーなかったことに……」、「運動も食事制限も続かな～いという方は必見‼」 ②「運動も食事制限も続かな～い。という方、必見！しっかり食べてもスッキリダイエット‼」、「ダイエット成功者続々！　既に10万人のダイエッターが実感⁉」、「ほんの一粒……まさか、ここまで「実感できる」とは思ってなかった……。」
平成25年12月５日	株式会社コマースゲート	「夜スリムトマ美ちゃんパワーアップ版」という痩身効果を標榜する食品	優良誤認	①「寝ている間に勝手にダイエット⁉」 ②「寝る前に飲むだけで努力なし⁉」 ③「以前着ていた洋服もこんなにブカブカ！」

【資料12】 景表法に基づく措置命令一覧（健康食品）（消費者庁）

平成26年 6月13日	ステラ漢方株式会社	「カロリストン－ＰＲＯ－」という痩身効果を標榜する食品	優良誤認	①「えっ!?　普段の食事のままで……!!」 ②「食べたカロリーを!!　今までにないダイエット ③「今までのダイエットサプリでは実現出来なかった『普段の食事ダイエット』を実現。」 ④「たったの３ヶ月で理想の姿に!!」
平成26年 7月17日	有限会社プライム・ワン	「トリプルバーナー」という痩身効果を標榜する食品	優良誤認	①「飲むだけ簡単！　脂肪燃焼専用サプリ　トリプルバーナー」 ②「３大脂肪 中性脂肪 内臓脂肪 皮下脂肪を３種の脂肪燃焼専用サプリで徹底燃焼」 ③「余分な脂肪は１ｇだって残さない！」 ④「このサプリで失敗した人は1,000人中たった１人だけ！」
平成26年 9月19日	株式会社ハーブ健康本舗	「カロピタスリム オールクリア」という痩身効果を標榜する食品	優良誤認	①「食べたこと、なかったコトに!?」 ②「３大パワーでオールクリア！　『あまい』も『こってり』も『どっしり』もまとめて○○○」 ③「これらの自然植物が、糖分・脂質・炭水化物のカロリーをサポート。」 ④「ダイエット中の"食べたい"気持ちをちから強く応援します。」
平成27年 2月17日	株式会社ライフサポート	「キャルッツ1000」という痩身効果を標榜する食品	優良誤認	①「油っこいものもお好きなだけ、どうぞ召し上がってください。様々な機関で食事で摂り過ぎたアブラの吸収を抑えると発表されている成分、キノコキトサンが、アブラを徹底ガード。さらに、ダイエット素材のリーンガードが、既に体についてしまった余分なアブラもすっきりとさせて、スリムを徹底的にサポートしてくれるんです。」 ②「カロリー制限も激しい運動も無しで、ダイエットが目指せますね。」
平成27年 5月22日	株式会社全日本通販	「すこやか酵母」という痩身効果を標榜する食品	優良誤認	①「ムリな食事制限なしで12kg体重減！」 ②「私のダイエットはもうキツイ我慢なし！」

【資料12】 景表法に基づく措置命令一覧（健康食品）（消費者庁）

平成27年11月10日	株式会社日本イルムス	「薬膳めかぶスープ」及び「薬膳めかぶスープ極」という痩身効果を標榜する食品	優良誤認	①「ネバネバパワーと燃焼力で、強力なスッキリ感！」 ②「16kgも痩せて、お腹スッキリ！」 ③「超低カロリーだから、無理な食事制限なし！　1日1杯でOK！」
平成27年12月3日	源平製薬株式会社	「LAPURA」という痩身効果を標榜する食品	優良誤認	①「ダイエットサポートがこの1粒で！※目安 短期間で−3kgの秘密とは……？」 ②「寝る前にたった1粒。　※目安　短期間ではっきりと変化が」 ③「届いてすぐに飲んでみる。なんのことはない健康食品……と思ったら、短期間ではっきりとした変化が！　続けていると、規則正しくスッキリしはじめたのがよくわかる。」
平成28年3月15日	合同会社アサヒ食品	「スリムオーガニック」という痩身効果を標榜する食品	優良誤認	①「今までにない スッキリの理由とは⁉」、「秘密その1　新成分ガセリ菌SP配合‼」、「新成分ガセリ菌SPが強力にダイエッターを襲う‼ あなたをモテボディに‼」 ②「甘いものは我慢したくない！　という方にオススメ！ 糖質完全サポート成分ギムネマをたっぷり配合！ 砂糖は人間が働くためのエネルギーとしてとても必要な成分ですが、摂り過ぎてしまうと脂肪として蓄えられます。糖質は脂肪よりも先にエネルギー源として代謝されるので、砂糖をたくさん摂ってしまうといつまでも脂肪がエネルギーに変わりません。」

【資料12】 景表法に基づく措置命令一覧（健康食品）（消費者庁）

平成28年3月30日	株式会社えがお	「えがおの黒酢」という痩身効果を標榜する食品	優良誤認	①「運動量は変わらないのに遂に出産前のスタイルに！」 ②「たとえば、脂肪1kg（約7,000kcal）を燃やすにはこんな運動＆食事制限が必要なんです。」、「ウオーキング約63時間！」、「平泳ぎ約13時間！」、「絶食約7日！」、「こんなに？　できない！」 ③「そこで注目したいのが人が本来持っているメラメラ力！という名の力！」、「そうです！このメラメラ力！をサポートすれば本来の力をぐんぐん高めることが出来るのです‼」
平成30年3月30日	株式会社ミーコード	「B-UP」という豊胸効果および痩身効果を標榜する食品	優良誤認	①「バストUPとスリムUPを同時にかなえるスタイルUPサプリの決定版！」 ②バストの下部に手を添えたポーズの女性の画像とともに「魅惑的なメリハリBodyに」と、余裕のあるぶかぶかの短パンを履きお腹周りを指差している女性の画像とともに「キュッ！」、「見てください！　こんなブカブカに！」と「Gカップでも57.8kg→47kg（－10.8kg）」、「女子力UPに胸ふくらむ‼」

275

【資料13】　景表法に基づく措置命令一覧（美容・エステ）（消費者庁）

【資料13】　景表法に基づく措置命令一覧（美容・エステ）（消費者庁）

時　　期	事業者	対象商品	違反内容	対象表示
平成24年 3月8日	株式会社 リソウ	「リペアジェル」という美容効果を標榜する化粧品	優良誤認	「生命体を配合した日本初の化粧品！」「生命体なら62歳でもここまで若く！」「生命体なら54歳でも理想の肌に！」「使うほど驚きを実感！8倍の効果」「日本初の快挙！　国連から特別功労賞！」、「国連から受賞！」
平成24年 6月28日	株式会社 クリスタルジャポン 株式会社 コアクエスト	「アゲハダラインゼロ」と称する抗シワ効果を標榜する化粧品	優良誤認	「気になるシワを一瞬で!? 形状記憶」「継続使用により、シワを引き伸ばされた状態をお肌が記憶してくれます。」、「深く刻まれたシワは、継続使用による形状記憶によって、また正常なターンオーバーが行われることによって徐々に薄くなっていきますので、最低3ヶ月の継続使用（シワの深さや長さにより異なります）をおすすめします。ターンオーバーが乱れている方は、半年以上はお使いください」
平成24年 7月10日	株式会社 コジマ身長伸ばしセンター	「身長伸ばし」および「美顔矯正術」と称する役務	優良誤認	「小顔総合センター」、「銀座コジマオリジナルの高度な施術なので、元に戻る心配もありません」、「顔幅を狭くする高度な技」、「【鑑定資料6の6−1及び6−2では、頭蓋骨の大きさの相違が確認出来る】」
平成24年 8月31日	株式会社 ドクターシーラボ	「ＤＲソニックL・I」と称する美容機器	優良誤認	「微細な振動が角質層を通って真皮層も活性化。新陳代謝が促され、肌の弾力を支えるエラスチンやコラーゲンの産出をサポートします。」「ポッコリお腹がスッキリ！　エクササイズをしても凹まなかったお腹が、超音波の刺激で引き締まってきました。この調子で頑張ります!!」など

【資料13】 景表法に基づく措置命令一覧（美容・エステ）（消費者庁）

平成25年 4月23日	一般社団 法人美容 整体協会	「小顔矯正」と称 する役務	優良誤認	「小顔矯正」、「即効性と持続性に優れた施術です」、「小顔矯正施術は骨に働きかけて、ほうごう線を詰めるだけでなく、主にえらの骨や頬骨に優しく力を加え内側に入れていきます。いくらダイエットをしても骨格が変わらなければ小顔にも限界があります。その限界をなくして理想の輪郭を手に入れることがでるのです。」
平成28年 6 月 28 日・29日	事 業 者 9名	小顔サービス	優良誤認	「1回の施術で顔の横幅を数センチ縮める独自の小顔矯正法です。」など

277

【資料14】 景表法による改善指示一覧（東京都）

【資料14】 景表法による改善指示一覧（東京都）

時　期	事業者	対象商品	違反内容	対象表示
平成25年3月18日	株式会社不二ビューティ	エステ「幹細胞美顔トリートメント」	優良誤認	幹細胞成分配合の化粧品を使用したエステの広告において、「細胞レベルで若返りをめざす」、「素肌の活性力アップ」など
			有利誤認	「特別お試し価格3980円（税込）」、「11月末日まで」、「各サロン先着30名様」等記載し、3980円という価格は、表示された期限までに申し込んだ各サロン先着30名に限って適用されるかのように表示
平成25年3月14日	美容医療クリニック4事業者	脂肪吸引、アンチエイジング治療、部分痩身マシーン、顔面のシワ等への薬剤注入など	優良誤認	「部分痩身マシーンで1週間でウエスト5センチメートル引き締め効果」、「10歳若い私に」
			有利誤認	「今だけ!!脂肪吸引50％OFF11月30日まで」、「アンチエイジング治療3回プラン通常価格180,000→キャンペーン中135,000円」、「今ならトライアルが40％OFF 通常価格68,000円→39,800円10／31まで実施中」、「キャンペーン実施中！（2012年11月30日まで）新しい○○導入キャンペーン通常価格399,000円⇒特別価格320,000円」

【資料15】　景表法に基づく課徴金納付命令一覧（健康食品）（消費者庁）

【資料15】　景表法に基づく課徴金納付命令一覧（健康食品）（消費者庁）

時　期	事業者	対象商品	対象行為	課徴金額
平成30年1月19日	株式会社オンライフ等9社	葛の花由来イソフラボンを機能性関与成分として、痩身効果を標ぼうする機能性食品	あたかも、対象商品を摂取するだけで、誰でも容易に、内臓脂肪（および皮下脂肪）の減少による、外見上、身体の変化を認識できるまでの腹部の痩身効果が得られるかのように示す表示をしたこと	9社合計1億1088万円
平成30年3月23日	株式会社ミーロード	「B―UP」という豊胸効果および痩身効果を標榜する食品	あたかも、対象商品を摂取するだけで、豊胸効果が得られるとともに痩身効果が得られるかのように示す表示をしていたこと	2430万円

279

【資料16】　健康増進法に基づく勧告一覧（消費者庁）

【資料16】　健康増進法に基づく勧告一覧（消費者庁）

時　　期	事業者	対象商品	対象行為
平成28年 3月1日	ライオン 株式会社	「トマト酢生活トマ ト酢飲料」と称す る特定保健用食品	日刊新聞紙に掲載した広告において、あたかも、対象商品に血圧を下げる効果があると表示することについて消費者庁長官から許可を受けているかのように示し、また、薬物治療によることなく、対象商品を摂取するだけで高血圧を改善する効果を得られるかのように示す表示をしたこと

【資料17】 特商法に基づく業務停止命令および指示一覧（消費者庁）

【資料17】 特商法に基づく業務停止命令および指示一覧（消費者庁）

時　期	事業者	対象商品	処分	違反内容
平成28年 8月24日	株式会社グロワール・ブリエ東京	エステ（特定継続的役務）	業務停止9カ月および違反行為の是正指示	契約代金を一括で支払った場合の1カ月あたりの対価が9500円という計算になるにすぎないにもかかわらず、「月額制」、「通常月額9500円」等と表示をするなどの虚偽誇大広告、多数の会員が予約がとれないにもかかわらず、「1カ月に1回は必ず予約が取れます。」等と役務の内容に関する不実告知のほか、概要書面不交付、契約書面の記載不備、解約した消費者への返金に関する債務不履行、施術に関する債務履行の不当遅延、財務内容の不開示

281

【資料18】 クーリング・オフ書式例

【資料18】 クーリング・オフ書式例

通知書

　次のエステ契約を解除します。

①契約年月日　　　　　○○年○月○日

②契約コース　　　　　△△△△

③契約金額　　　　　　○○○円

④（関連商品）　　　　△△△△

⑤事業者名　　　　　　（株）○○○○
　（エステサロン名）　△△△エステサロン○○店　担当者○○○

⑥（クレジット会社）○○○○株式会社

　支払った代金○○円を返金し、商品を引き取ってください。

　　○○年○月○日

　　　　　　　　　　　　顧客住所　　△△市△△区○○町○－○－○
　　　　　　　　　　　　氏名　　　　○○○○　　　　　　㊞

※エステ契約とあわせて関連商品も解除する場合は、④関連商品を記載してください。
※クレジット契約をしている場合は、⑥クレジット会社を記載し、⑤の事業者と⑥のクレジット会社の双方に通知してください。
※はがきに書く場合は両面コピーをとり保管してください。
※通知の出し方は、Q21②(2)、Q23②を参照してください。

〔執筆者紹介〕

（50音順）

赤松　純子　　江戸堀総合法律事務所
　〒550-0002　大阪府大阪市西区江戸堀 1 -17-14　肥後橋 SSK ビル
　TEL：06-6446-6993　　FAX：06-6446-6998

江口　文子　　明日風法律事務所
　〒530-0047　大阪府大阪市北区西天満 3 -14-16　西天満パークビル 3 号館 5 階
　TEL：06-6364-2260　　FAX：06-6364-2270

尾崎　博彦　　尾崎法律事務所
　〒530-0047　大阪府大阪市北区西天満 4 - 1 - 4　第三大阪弁護士ビル404
　TEL：06-6316-8855　　FAX：06-6316-8850

小田　耕平　　小田耕平法律事務所
　〒530-0047　大阪府大阪市北区西天満 4 - 3 -11　梅新パークビル 5 階
　TEL：06-6365-1070　　FAX：06-6365-1071

阪井　千鶴子　　コスモ法律事務所
　〒530-0054　大阪府大阪市北区南森町 2 - 1 -29　三井住友銀行南森町ビル 3 階
　TEL：06-6361-2469　　FAX：06-6361-3313

高瀬　久美子　　コスモ法律事務所
　〒530-0054　大阪府大阪市北区南森町 2 - 1 -29　三井住友銀行南森町ビル 3 階
　TEL：06-6364-1006　　FAX：06-6364-1008

田村　康正　　田村法律事務所
　〒530-0047　大阪府大阪市北区西天満 4 - 1 - 4　第三大阪弁護士ビル204
　TEL：06-6364-6220　　FAX：06-6364-6221

塚田　朋子　　由良・塚田法律事務所
　〒541-0041　大阪府大阪市中央区北浜 2 - 1 - 3　北浜清友会館 8 階
　TEL：06-6201-5111　　FAX：06-6201-5122

執筆者紹介

西村　陽子　　　五月法律事務所

〒590-0077　大阪府堺市堺区中瓦町 1 - 1 -21　堺東八幸ビル 5 階

TEL：072-221-1807　　FAX：072-221-3856

矢倉　昌子　　　アスカ法律事務所

〒530-0047　大阪府大阪市北区西天満 3 -14-16　西天満パークビル 3 号館 9 階

TEL：06-6365-5312　FAX：06-6365-5199

〈トラブル相談シリーズ〉

美容・エステのトラブル相談Ｑ＆Ａ

〔Ｑ＆Ａ美容・エステ110番　改題〕

2019年1月17日　第1刷発行

定価　本体3,000円＋税

編　　　者	美容・エステ被害研究会	
発　　　行	株式会社民事法研究会	
印　　　刷	藤原印刷株式会社	
発 行 所	株式会社　民事法研究会	

〒151-0073　東京都渋谷区恵比寿 3 - 7 -16

〔営業〕TEL03(5798)7257　FAX03(5798)7258

〔編集〕TEL03(5798)7277　FAX03(5798)7278

http://www.minjiho.com/　info@minjiho.com

落丁・乱丁はおとりかえいたします。ISBN978-4-86556-259-0 C2332　￥3000E

■潮見佳男京都大学教授推薦！■

実務解説　民法改正
―新たな債権法下での指針と対応―

改正法条文（抜粋付）

大阪弁護士会民法改正問題特別委員会　編

A 5判・416頁・定価　本体 3,500円＋税

▷▷▷▷▷▷▷▷▷▷▷▷▷▷▷▷▷▷▷ **本書の特色と狙い** ◁◁◁◁◁◁◁◁◁◁◁◁◁◁◁◁◁◁◁

▶120年振りの改正に伴い何が変わったのか、どう対応すべきなのか、128の設問に対する一問一答でわかりやすく解説！

▶改正議論が始まった当初から新たな法制度、実務のあり方の検証をいち早くスタートした弁護士らの10年に及ぶ研究の到達点！

▶法律実務家、裁判官ほか法務に携わる方の羅針盤となる 1 冊！

❖❖❖❖❖❖❖❖❖❖❖❖❖❖❖❖❖❖❖❖❖ **本書の主要内容** ❖❖❖❖❖❖❖❖❖❖❖❖❖❖❖❖❖❖❖❖❖

第 1	公序良俗	第22	契約上の地位の移転
第 2	意思能力	第23	弁　済
第 3	意思表示	第24	相　殺
第 4	代　理	第25	更　改
第 5	無効及び取消し	第26	契約に関する基本原則
第 6	条件及び期限	第27	契約の成立
第 7	消滅時効	第28	定型約款
第 8	債権の目的（法定利率を除く。）	第29	第三者のためにする契約
第 9	法定利率	第30	売　買
第10	履行請求権等	第31	贈　与
第11	債務不履行による損害賠償	第32	消費貸借
第12	契約の解除	第33	賃貸借
第13	危険負担	第34	使用貸借
第14	受領遅滞	第35	請　負
第15	債権者代位権	第36	委　任
第16	詐害行為取消権	第37	雇　用
第17	多数当事者	第38	寄　託
第18	保証債務	第39	組　合
第19	債権譲渡	**keyword**	「契約その他の債権の発生原因及び
第20	有価証券		取引上の社会通念に照らして」
第21	債務引受		

発行　民事法研究会

〒150-0013　東京都渋谷区恵比寿3-7-16
（営業）TEL. 03-5798-7257　FAX. 03-5798-7258
http://www.minjiho.com/　info@minjiho.com

▶国会の議論で参照された好評の初版を、新民法成立後の実務を見据えて改訂！

Q&A 消費者からみた改正民法〔第2版〕

日本弁護士連合会消費者問題対策委員会　編

A5判・141頁・定価　本体1,600円＋税

▷▷▷▷▷▷▷▷▷▷▷▷▷▷▷▷▷ **本書の特色と狙い** ◁◁◁◁◁◁◁◁◁◁◁◁◁◁◁◁◁

▶民法がどう変わるのかについて、消費者に関係する25のテーマを厳選してわかりやすく解説！

▶保証を詳解したQ、新旧法適用関係を解説したQを新設し、民法や消費者契約法改正についての国会の議論等を踏まえた解釈を示して改訂！

▶わかりやすい説明と豊富な図・表で、消費者被害救済に関連する民法改正のポイントをしっかりつかんで納得しながら読み進められる！

▶巻末には、改正後の民法条文、改正法の附則、附帯決議を抜粋して掲載！

〈契約の目的物に瑕疵がある場合の現行法と新民法の規定内容〉

現行法の考え方（法定責任説）

売買の種類（具体例）	特定物売買（中古PC・中古車）	種類物売買（PC・新車（新品））
代替物請求・修補請求	×	○
契約解除権	○（目的不達成のとき）	○
損害賠償	○（限定あり）	○
代金減額請求	○（数量不足の場合のみ）	×
責任の限定	隠れた瑕疵があった場合	限定なし

わかりにくい　　使いにくい

⬇

新民法の考え方（契約責任説）

売買の種類	区別なし	
代替物請求・修補請求	○	
契約解除権	○	
損害賠償	○	
減額請求	○	
責任の限定	「隠れた」場合に限定せず	

↑ポイントを押さえた図表！

❖❖❖❖❖❖❖❖❖❖❖❖❖❖❖ **本書の主要内容** ❖❖❖❖❖❖❖❖❖❖❖❖❖❖❖

Q1　現行法を改正することの意味と理由
Q2　暴利行為
Q3　意思無能力
Q4　錯誤
Q5　第三者による詐欺など
Q6　無効と取消しの効果
Q7　消滅時効（1）──時効期間
Q8　消滅時効（2）──時効の猶予・更新
Q9　法定利率と中間利息控除
Q10　債務不履行による損害賠償責任
Q11　複数契約の解除
Q12　保証（1）──個人保証の制限
Q13　保証（2）──保証人に対する情報提供義務

Q14　保証（3）──保証人の負担軽減
Q15　債権譲渡と債務者の抗弁
　　　──異議をとどめない承諾の制度
Q16　債務の履行の相手方──準占有者への弁済
Q17　説明義務・情報提供義務
Q18　信義則等の適用にあたっての考慮要素
Q19　定型約款（1）──組入要件、開示義務
Q20　定型約款（2）──内容規制・約款変更
Q21　売買──商品の不具合
Q22　消費貸借の成立
Q23　賃貸借契約──原状回復
Q24　請負──注文者の権利の期間制限
Q25　周知期間と適用関係

発行 🅢 民事法研究会

〒150-0013　東京都渋谷区恵比寿3-7-16
（営業）TEL. 03-5798-7257　FAX. 03-5798-7258
http://www.minjiho.com/　info@minjiho.com

ネットとうほく叢書

先端消費者法問題研究
──研究と実務の交錯──

適格消費者団体 特定非営利活動法人 消費者市民ネットとうほく　編

A5判・270頁・定価　本体 3,400円＋税

▷▷▷▷▷▷▷▷▷▷▷▷▷▷▷▷▷▷▷▷▷ **本書の特色と狙い** ◁◁◁◁◁◁◁◁◁◁◁◁◁◁◁◁◁◁◁

▶最新の消費者法にかかわる問題について、ネットとうほく内の研究会にて行われた研究者による理論的解明と法的課題等の提起などに対して、弁護士・消費生活相談員などの実務家が法律実務や被害救済を担う立場から問題を提起するなど、両者の議論を踏まえてまとめられた最先端の消費者問題の解説書！

▶同じテーマについて、研究者が法理論を中心に論究し、弁護士が法律実務の現場でどのように対応していくのかという視点から解説を行っているので、研究者、弁護士、司法書士、消費生活相談員や消費者行政の担当者などにとって至便の書！

❖❖❖❖❖❖❖❖❖❖❖❖❖❖❖❖❖❖❖❖❖ **本書の主要内容** ❖❖❖❖❖❖❖❖❖❖❖❖❖❖❖❖❖❖❖❖❖

1 東日本大震災後の住まいの退去をめぐるトラブル
　　　　　山崎暁彦／吉岡和弘
2 冠婚葬祭互助会の解約規定と消費者契約法9条の関係
　　　　　中里　真／山田いずみ
3 日本放送協会（NHK）の受信契約に関する諸問題
　　　　　小笠原奈菜／高橋大輔
4 広告と消費者契約法──クロレラ事件最高裁判決を契機に
　　　　　窪　幸治／佐藤由麻
5 認知症高齢者を介護する家族の責任──JR東海事件
　　　　　山崎暁彦／鈴木裕美
6 外国為替証拠金取引（FX取引）におけるロスカット・ルールによる消費者保護
　　　　　小笠原奈菜／男津　拓
7 「健康食品の定期購入」を考える
　　　　　窪　幸治／髙橋芳代子
8 民泊制度に伴う法的課題
　　　　　中里　真／後藤雄大
9 民法における定型約款規定新設が消費者取引に与える影響
　　　　　丸山愛博／向田　敏
10 2016年消費者契約法改正と消費者契約の効力
　　　　　羽田さゆり／細江大樹
11 美容医療に関する消費者問題──2016年特定商取引法改正を踏まえて
　　　　　羽田さゆり／高島梨香

発行 🅜 **民事法研究会**

〒150-0013　東京都渋谷区恵比寿3-7-16
（営業）TEL. 03-5798-7257　FAX. 03-5798-7258
http://www.minjiho.com/　info@minjiho.com

■**平成30年までの法令等の改正と最新の判例や実務の動向を収録して大幅改訂！**

詳解 特定商取引法の理論と実務〔第4版〕

圓山 茂夫 著

Ａ５判・764頁・定価 本体7,000円＋税

▷▷▷▷▷▷▷▷▷▷▷▷▷▷▷▷▷▷▷ **本書の特色と狙い** ◁◁◁◁◁◁◁◁◁◁◁◁◁◁◁◁◁◁◁

▶第4版は、法執行の強化等を目的とした平成28年改正法（平成29年12月1日施行）を収録し、最新の判例・情報、多様なトラブル事例と理論・実務を有機的に関連づけつつ、実務の現場で活用いただけるよう具体的・実践的に詳解し大幅改訂！

▶複雑かつ技術的で理解しにくく、一方で脱法的な解釈が行われやすい特定商取引法の条文について、消費者・事業者の双方が法の内容をわかりやすく正しく理解できるよう解説した好個の書！

▶民法・商法等の基本法令や、消費者契約法・割賦販売法等の関連法令にも言及しつつ、一体として詳解した関係者必携の書！

▶本書の主な読者対象である弁護士・司法書士・行政機関および司法関係の専門家の方々に、日常的にどのような紛争が発生しているか知っていただくよう、できるだけ多くの具体的事例を収録しつつ解決策を明示！

▶消費者や事業者の方々、消費生活相談や消費者教育の現場でご活用いただけるよう、法の趣旨・解釈について詳細に理解できるよう図表を多用してできるだけ平易な表現で解説した待望の書！

❖❖❖❖❖❖❖❖❖❖❖❖❖❖❖❖❖❖❖❖❖ **本書の主要内容** ❖❖❖❖❖❖❖❖❖❖❖❖❖❖❖❖❖❖❖❖❖

第1章	特定商取引法の立法・改正の経緯	第7章	業務提供誘引販売取引
第2章	訪問販売	第8章	訪問購入
第3章	通信販売	第9章	ネガティブ・オプション
第4章	電話勧誘販売	第10章	消費者団体訴訟
第5章	連鎖販売取引	第11章	特定商取引法の執行
第6章	特定継続的役務提供		

発行 🈺 民事法研究会

〒150-0013　東京都渋谷区恵比寿3-7-16
（営業）TEL. 03-5798-7257　FAX. 03-5798-7258
http://www.minjiho.com/　info@minjiho.com

■膨大・難解な特定商取引法をわかりやすく解説した、
特定商取引をめぐるトラブル対応の必携書！

【トラブル相談シリーズ】

特定商取引の
トラブル相談Q&A
―基礎知識から具体的解決策まで―

坂東俊矢　監修
久米川良子・薬袋真司・大上修一郎・名波大樹・中井真雄　編著

A5判・291頁・定価　本体3,000円＋税

▷▷▷▷▷▷▷▷▷▷▷▷▷▷▷　本書の特色と狙い　◁◁◁◁◁◁◁◁◁◁◁◁◁◁◁

▶平成28年の特定商取引法改正はもちろん、平成30年までの民法、消費者契約法等関係法令の改正にも対応！
▶訪問販売、通信販売、マルチ商法など特定商取引をめぐる広範なトラブル等について、消費者問題に精通する研究者・実務家が、最新の実務動向を踏まえてわかりやすく解説！
▶巻末の資料には、現行法におけるクーリング・オフ等一覧、全面適用除外となる商品・サービスの一覧を掲載しており、実務に至便！
▶トラブル相談を受ける消費生活センター関係者、自治体担当者のほか、弁護士、司法書士など法律実務家等の必携書！

◇◇◇◇◇◇◇◇◇◇◇◇◇◇◇　本書の主要内容　◇◇◇◇◇◇◇◇◇◇◇◇◇◇◇

第1章　総論
第2章　訪問販売
第3章　通信販売
第4章　電話勧誘販売
第5章　連鎖販売取引
第6章　特定継続的役務提供
第7章　業務提供誘引販売取引
第8章　訪問購入
第9章　その他
【資料1】現行法におけるクーリング・オフ等一覧
【資料2】全面適用除外となる商品・サービス（訪問販売・通信販売・電話勧誘販売）

発行　民事法研究会

〒150-0013　東京都渋谷区恵比寿3-7-16
（営業）TEL. 03-5798-7257　FAX. 03-5798-7258
http://www.minjiho.com/　info@minjiho.com